딤섬으로 점심먹기

딤섬으로 점심먹기

한 · 중 문화비교론

김혜원

고려대학교출판부
KOREA UNIVERSITY PRESS

추천사

의외의 수확이다.

한중수교 후 이십 년이 지났고, 양국 간 문화교류가 예상을 넘어 확대되고 심화되었다. 그런데 막상 한국문화를 중국의 젊은이들에게 그들의 문화와 비교하여 적절히 소개하고, 반대로 중국문화를 우리의 젊은이들에게 우리 문화와 대비하여 알기 쉽게 소개하는 책이 있을까 하고 찾아보면 전혀 그렇지가 않다. 이 저서의 출간으로 이 부분의 오래고 깊은 갈증이 상당 부분 해결될 것으로 기대된다.

이 책은 저자가 홍콩의 대학 강단에서 중국 학생들의 한류로부터 말미암은 한국문화에 대한 궁금증에 답하는 과정에서 구상되었다고 한다. 그러기에 저자는 성형수술, 학벌 위주 사회, 길거리 응원, 한류 등 우리 사회의 익숙한 주제에서부터 문화의 권력구조, 대중문화, 문학과 문화, 언어와 문화 등 문화의 본질적이고도 심층적인 부분들까지 언급하고 있다.

저자의 이력 또한 흥미롭다. 저자는 국어국문학을 전공하기에 앞서, 프랑스문학을 전공한 서구문학 연구자이다. 그래서인지 유럽문화를 예로 들어 한국과 중국문화를 비교하기도 하고, 한국과 중국 이외에도 일본 문화를 비교대상에 넣기도 했다. 이것은 한중 양국을 제 3자적 입장에서, 더 객관적으로 보기 위한 시도로 보인다.

이 책은 우선 한국학 학자가 십수 년간 홍콩에 거주하면서 한·중 양국의 문화를 예민한 관찰로 비교하여, 그 섬세한 분석과 논리를 에세이 형식으로 쓴 한중 비교문화론이라고 할 수 있다. 다른 중국문화론과 달리 중화문화 중 가장 현대적이고 세련된 홍콩문화와의 비교가 많다는 점도 주요 특징 중 하나이다. 이 책은 모두 22개의 소주제로 나누어져 있고, 대부분은 저자가 지난 2007년에서 2009년까지 홍콩대학에서 〈한국 문화와 사회〉라는 과목으로 강의했던 내용인데, 이후 홍콩의 대표적 문학평론지 《홍콩문학》에 2009년부터 2011년까지 2년 동안 중국어로 장기 연재되면서 홍콩 독자들의 큰 호응을 받았다. 북경대학 출판사가 이를 알고 중국 대륙의 젊은이들에게도 읽힐 가치가 있다고 판단하여 적극 출판에 회부하였고, 이는 《中韓文化談》이라는 제목으로 이번 2013년 1월에 출간되었다. 본인이 알기로 이는 한국 학자가 해외에서 출간한 최초의 한중 비교문화론이다. 아울러 한국에서는 고려대학교출판부에서 이를 한국에도 소개하고자 출판하게 되었으니, 본 저서는 에세이적이면서도 그 이론적 수준을 인정받았다 할 수 있겠다. 한중 비교문화론 외에 부록으로 실린 저자의 중국어권 영화 7편에 대한 감상과, 그 내용과 주제를 풀어 가는 감성적 안목이 독특하고 흥미롭다. 학생들을 위해 영화를 통한 문화읽기의 한 방법론을 개척했다는 평가가 전혀 어색하지 않다.

박재우

한국외대 중국어대학 학장
중국사회과학원《當代韓國》한국편집인

서문

1998년 홍콩의 대학으로는 처음으로 홍콩과학기술대학에 한국어 강좌가 개설되고, 내가 그 강의를 맡게 되었다. "홍콩의 대학생들이 도대체 왜 한국어를 배우고자 합니까?"라는 질문을, 나는 그 당시 이곳 한국 교민들로부터 수없이 받았다. 홍콩 학생들은 영어나 북경어 등의 외국어를 배우는데, 물론 이는 한국 학생들과 마찬가지로 취업을 위해 필요하기 때문이다. 남편의 후배 중 독일어를 열심히 공부하는 이가 있다. 공학을 전공한 그는 독일 가곡이 너무 좋아 따라 부르다가 결국 독일어를 제대로 배우기로 했다고 한다. 이렇듯 전공과도 무관하고 시험에도 나오지 않는 외국어를 열심히 공부하는 경우가 간혹 있는데, 이는 그 나라와 문화에 대한 애정이 없다면 결코 시도하기 어려운 일이다. 대개의 경우 어떤 나라에 관심이 생기면 그 나라의 영화를 본다든지, 그 나라를 여행하거나 아니면 그 나라 출신의 친구를 사귀게 된다. 그러다 애정이 점점 더 커지게 되면, 그 다음 단계로 그 나라의 말까지 배우게 된다. 다시 말하면, 별다른 이해관계가 없는데도 외국어를 공부한다는 것은 그 나라에 대한 애정을 아주 적극적으로 표현하는 것이라고 할 수 있다. 나의 한국어 강의를 들었던 홍콩의 학생들이 바로 그러했다.

2001년 나는 홍콩의 City대학(城市大學)에 새로 신설된 한국어학과에 부임했다. 그때 학교 소식지는 나를 '은둔의 나라' 한국에서 왔다고 소개했다. 지금으로서는 상상하기 힘든 상황이지만, 불과 십여 년 전만하더라도 한국은 그들에게 그저 은둔의 나라였을 뿐 거의 관심의 대상이 아니었다. 그러다 한국 경제가 다시 성장하고, 월드컵이 열리고, 한류가 밀려 들어왔다. 이러면서 한국은 꽤나 매력적인 나라라는 인식이 퍼지게 되었고, 한국어를 배우려는 학생들이 엄청나게 늘어나기 시작했다. 물론 그 학생들의 대부분은 시험을 보기 위해서가 아니라 한국 문화가 좋아서 한국어를 배우기 시작했다. 그리고 한국 문화에 관심이 많은 학생들은 당연히 나에게 한국에 대해 이것저것 물어보기 시작했다. 이것이 서양 언어와 문학을 전공했던 내가 한국어에 이어 한국 문화를 가르치면서 또한 본격적으로 공부하게 된 계기이다.

그런데 홍콩 학생들에게 한국 문화를 가르친다는 것이 처음엔 그리 쉽지 않았다. 먼저 적당한 교재가 없었다. 한국 문화를 소개하는 대부분의 책자들은 서양인들을 대상으로 하고 있다. 그들에게 한국 사람들은 설날과 추석을 음력으로 쇠고, 빵이 아닌 쌀밥을 먹고, 유교 전통이 있다고 알려주면 되겠지만, 이런 것들을 중국이나 홍콩 학생들에게 한국 문화라고 소개했다가는 오히려 오해를 사기 십상이다.

얼마 전 중국의 네티즌들을 대상으로 한국이라 하면 떠오르는 인상을 물었더니, 가장 많이 나온 대답이 '역사 왜곡'이었다고 한다. 역사 왜곡이라면 한국인이 일본에 대해 갖는 인상인데, 이제 중국인이 한국에 대해 갖는 인상이 되었다. 한국 사람들은 고대국가 시절 일본에게 많은 문화를 전해 주었던 사실을 자랑스럽게 생각하며, 이를 애써 외면하는 일본인들을 보면 분개하기도 한다. 마찬가지로 중국은 한국에 많은 것들을 전해 주었으나 이러한 사실을 한국인이 무시한다면 중국인도 화가 날 것이다. 이런 이유로 홍콩 학생들에게 한국 문화를 가르치기 위해 나는 중국 문화에 대해서 공부해야 했고, 그들에게 양국 문화가 어떤 것이 비슷하고 또 어떤 것이 어떻게 다른가를 가르쳐야 했다.

한편, 중국의 느닷없는 '동북아공정'으로 한국 사람들이 엄청나게 상처를 받았는데, 중국이 오히려 한국을 역사 왜곡의 주범으로 몰고 있으니, 이것은 도대체 어찌된 일인가? 얼마 전 대만 출신 동료 교수가 한국에서는 역사수업에서 "공자는 한국인이다"라고 배우느냐고 물어 나를 무척이나 당황케 했다. 이와 같은 경우처럼 많은 중국 사람들이 한국을 오해하고 있는 측면이 분명히 있다. 한국인이나 중국인 모두가 워낙 민족주의가 강하다 보니, 인터넷에서 상대국을 헐뜯는 온갖 소문과 비방이 떠돌고 있는 것이 또한 현실이다.

일본이 그러하듯이, 한국도 과거 중국으로부터 무엇을 어떻게 배웠는지를 역사수업을 통해 제대로 배우지 않는다. 과거 초강대국이었던 중국과 이웃하면서 한국은 자연스레 그들로부터 많은 것들을 배웠는데, 이러한 역사적 사실이 중국인에게는 당연히 자랑스러운 것이지만, 그렇다고 한국인이 이를 부끄러워해야 할 이유도 없다. 또한 최근에 이르러 한국은 전례없이 전 세계인들의 많은 관심을 받고 있는데, "공자는 한국인이다"와 같은 무리한 주장으로 오해를 살 필요는 더욱 없다. 아무튼 상대방을 비난하기에 앞서, 먼저 사실 여부를 제대로 확인할 필요가 있고, 이것이 한국과 중국의 문화를 제대로 비교해야 하는 이유이다.

오랫동안 준비해 온 〈한국 문화와 사회〉를 나는 홍콩대학에서 2008년에 한국학 부전공의 한 과목으로 개설했는데, 수강을 원하는 학생이 너무 많아 인원을 제한해야 할 정도로 학생들의 큰 호응을 얻었다. 그리고 그 강의했던 내용을 다시 정리, 보완하여 2009년부터 약 2년간 《홍콩문학》에 〈中韓문화비교론〉이라는 제목으로 매월 연재를 했다. 《홍콩문학》은 홍콩의 대표적인 문학평론지로 어지간해서는 연재물을 싣지 않는데, 처음으로 내가 비교적 장기간, 그것도 한국 문화라는 주제로 연재를 한 것이다. 그것이 가능했던 이유는 아마도 홍콩의 지식인들에게도 한국 문화가 이제 어느 정도 관심의 대상이 되었기 때문일 것이다.

홍콩을 비롯한 중화권에 한류가 상륙한 지도 10여 년이 넘었지만, 그동안은 중진학자들조차 한국에 대해서 피상적 지식만을 가지고 있었다. 그러던차에 나는 한국 문화를 우리 현대사회의 언어, 사고방식, 생활의식, 문화의 속성 등의 다양한 주제를 통해 중국(또는 일본) 문화와 비교하고, 그 실제적 예시를 통해 설명 논의한 본

문화론을 소개했다. 그후 이 글들이 중화권 인문학자들 사이에서 한국 문화를 알기 위한 필독서로 인정받는 한편, 그동안 단순히 한국어 강좌와 문화행사만을 하던 홍콩과 중국의 대학들이 자극을 받아 한국 인문학 강좌 개설을 서두르게 된 것은 나름대로 큰 성과이자 보람이다.

애초에 젊은 학생들의 궁금증에 답해 주려는 의도로 썼기 때문에 이 글은 박물관이나 민속촌에 가야 찾아볼 수 있는, 한국 사람들도 낯설어 하는 그러한 전통문화를 자세하게 다루지는 않았다. 중국 문화와 비교하기 위해 역사적으로 어떻게 흘러왔는지 그 근원을 살펴보기는 하지만, 대부분은 현재의 사회적 그리고 문화적 이슈 등을 통해 한국인과 그 문화를 설명하고자 했다. 이런 나의 글에는 몇 가지 특징이 있다. 나는 마흔이 넘은 나이에 박사과정에 진학해 국어국문학으로 전향했지만, 이전에는 프랑스문학을 전공했다. 나는 한국과 중국의 문화를 비교하면서 자연스레 내가 경험하고 배웠던 유럽문화와 비교하기도 했다. 이러한 시도가 한-중 양국을 제3자적 입장에서 좀더 객관적으로 보는 데 도움이 되었기를 기대한다. 또한 언어를 주제로 한 3편의 글을 따로 모았고, 다른 주제의 글에서도 우리가 사용하는 언어 속에 어떤 문화적 코드가 숨겨져 있는가를 자주 다루었다. 물론 이는 내가 언어학 분야에 많은 관심을 갖고 있기 때문이다.

금융도시 홍콩은 이제 국제적인 문화도시로도 성공하려고 노력 중이다. 문화 방면에서 홍콩이 나름대로 자신 있어 하는 분야는 바로 '영화'이다. 과거 70, 80년대와 비교하면 많이 쇠퇴했지만,

그래도 홍콩 사람들의 영화에 대한 관심과 애정은 여전하다. 나는 홍콩에 살면서 홍콩 영화의 팬으로서 그리고 인문학자로서 홍콩의 여러 영화 관련 학술회의에 참석해 왔는데, 그러면서 홍콩 사람들에게 나의 홍콩(중국) 영화 감상기를 들려주고 싶어졌다. 이런 이유로, 홍콩의 또 다른 문학평론지인 《성시문예》(城市文藝)에 〈한국 인문학자의 중국 영화 읽기〉라는 이름의 연재를 시작했다. 홍콩 사람들에게 들려주려고 썼던 그 글들을 지난 몇 년간 한국의 중문과 학생들에게 강연할 기회가 있었는데, 그때마다 학생들의 큰 관심과 호응을 받았다. 중국 영화를 통해 중국 문화를 이해한다는 취지에서 그 글들을 썼고, 그런 이유로 이 책의 후반부에 실린 영화 관련 글들은 전반부의 한중 문화비교 관련 글들과 크게 이질적이지 않으리라 생각된다.

이 책에 실린 글들은 원래 홍콩(중국) 독자들을 위해 중문으로 쓰여졌던 것들인데, 이번에 한국 독자들을 위해 한국어로 수정, 보완했다. 그러나 홍콩 잡지에 실렸을 때의 그 느낌을 한국 독자들에게도 그대로 전하는 것도 의미가 있을 듯하여 손질을 최소화했다. 다만 한국 사람들에게 생소한 중국이나 홍콩에 대한 기본적인 상황들에 대해서는 설명을 덧붙였다.

2013년 1월
홍콩에서

저자 김혜원

차 례

나의 어머니 윤정선 여사께

Ⅰ. 동아시아인의 문화적 선택

오리엔탈리즘은 극복되고 있는가?

문화와 문명

문명과 문화는 그 구분이 모호해서 종종 서로 혼동하여 쓰이기도 한다. 편의상 문명은 과학기술과 관련된 것(물질적인 것)이고, 문화는 예술을 포함한 인문학과 관련된 것(보다 정신적인 것)으로 구분하는 경우도 있고, 문명을 문화의 결과물로 보는 견해도 있다. 9·11 테러 이후, 미국과 아랍국가들 간의 긴장이 고조되면서 일약 유명해진 《문명의 충돌》이라는 책에서, 저자인 미국인 정치학자 새뮤얼 헌팅턴(Samuel P. Huntington)은 "냉전 이후 문화와 종교적인 정체성이 분쟁의 주요 원인이 될 것이다"라고 주장했다. 그의 주장에 동의하느냐 않느냐를 차치하고, 그가 책 제목을 왜 '문화의 충돌'이 아닌 '문명의 충돌'이라고 했는지 궁금하다.

고대 서구세계의 중심이었던 지중해 지역 역사를 주요 소재로 글을 쓰는 일본의 여류작가 시오노 나나미는 "문명은 만인에게 공통될 수 있지만, 고유한 것이 특징인 문화는 그만큼 완고한 데가 있다"라고 했다. 그녀는 비록 전문학자가 아닌 작가이지만, 그녀의 이러한 비교는 문명과 문화의 속성을 알기 쉽게 잘 설명해 주고 있다.

나는 한국을 떠나 음식 천국 홍콩에서 십여 년 이상 살고 있지만, 여전히 나에게는 그저 소박하기만 한 한국 음식이 편하고 익숙하다. 이렇듯 한번 길들여지면 어지간해서는 바꾸기 어려운 것을 우리는 습관이라고 부른다. 문화라는 것은 어떤 사회 또는 지역에서 공통적으로 발견되는 일종의 습관이라고 할 수 있는데, 이것이 바로 시오노 여사가 "문화는 완고하다"라고 지적한 이유이다.

물론 문화는 끊임없이 변한다. 나이가 들면서 건강상의 이유로 기름진 음식을 멀리하게 되는 경우처럼, 사람들은 어떤 동기가 생기면 불편을 무릅쓰고 자신의 습관을 바꾸기도 한다. 마찬가지로 문화도 어떤 (주로 경제적인) 동기에 의해 변화 또는 진화하는데, 사회학자들은 "하부구조에 의해 상부구조가 결정된다"는 유물론인 해석으로 이를 설명하곤 한다 (이 책의 '박정희와 등소평'에서 관련된 예를 자세히 언급한다).

어떤 습관을 갖고 있느냐에 따라 자신의 취향이 결정되기도 하지만, 습관을 바꾸지 않더라도 취향은 바뀔 수 있다. 이에 적당한 예로 '의복'을 들 수 있다. 소위 유행이라는 것은 어떤 시기에 여러 사람들이 공유하는 일종의 취향이라 할 수 있는데, 습관이 아니기 때문에 완고하지 않고 따라서 수시로 변할 수 있다. 그런데 때로 어떤 유행은 일정한 지역에서 오랫동안 생명력을 유지하여 그 지역 문화의 일부가 되기도 한다. 실제로 우리가 전통문화라고 부르는 것들도 따지고 보면 그 당시에 '새롭게' 유행하던 것들이 용하게도 지금까지 살아남은 것들이다. 한편, 유행은 몇몇 선도자들에 의해 만들어진 후 대중들이 이를 모방하면서 지속되는데, 유행을 전파시키는 동력은 대개의 경우 사람들의 허영심으로부터 나온다.

정리하자면, 문화는 다층적인 구조를 가지고 있는데, 그 안쪽에는 한 사회나 지역의 정체성을 대표할 정도로 고유하고 어지간해서 변하지 않는 것이 있고, 그 바깥 층에는 바뀐다고 별로 불편을 주지 않아 상대적으로 쉽게 변하는 것들이 있다고 할 수 있다. 그리고 바깥 층의 것들은 그것이 지적(知的)이든 아니든 우리의 허영심을 채워주는 방향으로 변화 또는 진화한다. 안쪽에 해당되는 것들은 음식, 언어, 신앙 등이고, 바깥쪽의 대표적인 것이라면 아마도 예술 분야일 것이다.

오리엔탈리즘

꽤 오래 전부터 홍콩에서는 '미스아시아'(亞州小姐)라는 미인대회가 매년 열리고 있다. 이 대회에는 중국과 한국을 포함한 여러 아시아국가에서 선발된 미인들이 참가하는데, 모두가 한결같이 보통 사람들보다 머리 하나는 더 커 보인다. 키만을 놓고 보면 미스아시아는 서양 미인과 별반 차이가 없어 보인다. 또한 체형뿐 아니라 그들의 얼굴도 '가늘고 긴 눈과 작은 입'을 특징으로 하는 중국(또한 한국)의 전통 미인과는 분명 거리가 멀어 보인다. 이렇듯 중국인을 비롯한 아시아인의 미인의 기준, 즉 심미관(審美觀)은 서구식으로 바뀌었다. 당나라 시대에는 뚱뚱해야 미인으로 대접받았다는데 이때를 제외한다면, 심미관에 있어서 중국 역사상 가장 큰 변화가 최근 몇십 년 동안에 일어난 셈이다.

아시아인은 근대화라는 이름으로 서양의 과학기술, 제도 등 이른바 문명을 '의도적으로' 배웠고, 더불어 그 문명을 낳게 한 그들의 문화를 '무의식적으로' 동경하게 되었다. 반면, 서양에서는 오리엔트라고 하면 원래 '문명이 시작된 곳'이란 의미였지만, 이제 '문명이 없는 곳'으로 그 의미가 바뀌었다. 이렇게 서구의 문명과 문화가 더 우월하다는 인식, 즉 오리엔탈리즘은 서양에서는 물론 아시아에서도 자리잡게 되었다. 한편, 서구화가 진행되는 동안 적어도 동아시아에서는 (그것이 문명 간이건 문화 간이건) '충돌'이라 할 만큼 지속적이거나 조직적인 저항은 거의 찾아볼 수 없었고, 지금은 심미관의 경우처럼 비교적 덜 완고한 것들은 이미 서구식으로 바뀌었으며, 완고하여 문화적 정체성을 구성하는 것들조차도 얼마간의 변화를 겪고 있는 상황이다.

외국 문화에 의해 자국 문화의 정체성이 점차 희미해지는 현상은 서구에서도 일어나고 있다. 프랑스는 불과 몇십 년 전까지만 해도 세계 문화의 중심지였고, 요즘도 외국인에게 문화훈장(Légion d'honneur)을 수여하는 등 외국에 자국 문화를 알리는 데 열심이다. 하지만 자국 문화에 대해 강한 자긍심을 가지고 있는 프랑스조차도 이젠 외국 문화 특히 미국 문화의 범람으로부터 자국 문화를 보호하기 위해 고심하고 있다.

사람들이 느끼는 국가 간 문화의 우열, 즉 문화의 권력은 그 국가의 경제력으로부터 나온다는 사실을 부인하기는 어렵다. 아무리 찬란한 역사와 문화전통이 있다고 해도 현재의 경제 수준이 높지 않으면 그 국가의 문화는 외국인에게 관심의 대상이 되지 못하고 자국민들에게도 무시당하게 된다. 왜냐하면, 앞에서 언급했듯이, 문화에는 끊임없이 우리의 허영심을 채우는 쪽으로 변화하려는 속성이 있기 때문이다.

아시아인의 심미관이 바뀌었는데 그것을 기반으로 한 예술 분야가 온전하기를 기대하기란 어렵다. 이런 상황에서 아시아의 예술가들은 두 가지 중 하나를 선택해야 하는 기로에 서게 되는데, 그 하나는 철저히 서구화하는 것이고, 다른 하나는 서양인이 아시아인에게서 기대하는 모습을 보여주는 것, 즉 '자발적 오리엔탈리즘'(Self-Orientalism)이다.

철저히 서구화하여 성공한 대표적인 사례가 바로 한류 즉, 한국의 대중문화일 것이다. 한국의 대중문화가 주변 아시아 국가에서 크게 인기를 얻고 있는데, 그들이 한국의 대중문화를 통해서 보는 것은 전통적인 한국의 모습이라기보다는 오히려 매우 서구화된 한국의 모습이다. 즉, 한국의 대중문화상품이 인기를 얻는 이유는 다른 아시아 국가 사람들도 보편적으로 동경하는 서구화된 모습이 거기에 '보기 좋게' 담겨 있기 때문이다.[1] 경제적으로 한국보다 앞서 있는 일본에서도 한국의 대중문화 상품이 경쟁력이 있다고 하는데, 그 이유도 일본 사람들이 한국의 텔레비전 드라마나 대중가요에서 자신들보다도 더 서구화된 모습을 발견하기 때문이지 그들이 한국 전통문화에 매료되었기 때문은 아닐 것이다.

---

1) 다음 장 '한류가 죽지 않는 이유'에서 이를 자세히 다룬다.

현대 중국 문화에 대한 활발한 연구로 유명한 북경대학 다이진화(戴錦華) 교수는 "장이모[張藝謀]를 비롯한 제5세대 감독들의 작품에는 서양에 의해 만들어진 동방의 모습이 있을 뿐이지 중국의 진짜 모습은 찾아볼 수 없다"[2] 고 비판한 바 있다. 그들의 영화작품은 세계적인 유명 영화제에서 상도 받고 중국인은 물론 한국인에게도 많은 재미와 감동을 주었지만, 그 성공의 이면에는 자발적인 오리엔탈리즘이 엄연히 존재한다는 것이다.

또한, 십여 년 전부터인가 중국 현대미술 작가들의 작품이 서양인에게 많은 호평을 받고 매우 비싼 가격으로 팔리고 있는데, 그런 작품들을 보면 중국과 중국인의 모습이 지나치게 익살스럽게 그려져 있는 것을 자주 볼 수 있다. 이것도 한국인인 나의 눈에는, 왠지 중국인 자신이 생각하는 중국의 모습이라기보다는, 서양인이 보고 싶어하는 중국의 모습처럼 보인다 (자조적인 사회비판이 잘못되었다는 것이 아니라, 그 빈도가 너무 잦다 보니 의심스럽다는 것이다).

어쨌든, 중국의 예술가들이 그들만의 독창적인 작품을 아무런 가감 없이 외국인 특히 서양인들에게 보여 주고, 그들로부터 객관적인 평가를 받기에는 예술과 무관한 여러 가지 외적 요인들이 너무 많다는 것이고, 이것이 자발적인 오리엔탈리즘에 대한 변명이 될 수 있다. 물론 철저한 서구화와 자발적 오리엔탈리즘이 각각 한국과 중국의 대표적인 상황이라고 말할 수는 없다. 다만, 중국은 전통적으로 자문화중심주의(Ethnocentrism)가 워낙 강한 데다가

---

2) 戴錦華, 2007, 《霧中風景: 중국영화문화 1978-1998》. (이현복 외 역), 산지니: 291.

서양 제국주의로부터 수탈도 경험했기 때문에, 한국이 그랬던 것처럼 철저하게 서구화하는 방식을 택하지는 않으리라 예상된다.

자포니슴

앞에서 언급한《문명의 충돌》이라는 책의 저자가 만든 '세계의 문명지도'라는 것이 있다. 그 지도를 보면, 중국, 한국과 베트남은 중국문명으로 분류되어 있는 반면, 일본은 별도의 독립된 문명을 가지는 것으로 나타나 있다. 일본을 포함한 4개국이 한자문명권(또는 유교문화권)을 형성한다는 아시아권 학자들의 견해와는 다소 차이가 있다. 이는 일본이 아시아에서보다 서양에서 더 나은 대접을 받고 있다는 것을 의미한다.

19세기 말 일종의 풍속화라 할 수 있는 일본의 우키요에(浮世絵)가 유럽에 알려지면서 일본식 화풍이 인상파 화가를 비롯한 당시 유럽의 예술가들에게 엄청난 영향을 주었는데, 이를 '자포니슴'(Japonisme)이라고 한다. 이것은 아마도 근대 이후 오리엔탈리즘을 극복한 몇 안 되는 사례 중 하나라 할 수 있다. 20세기에 이르러 일본은 중국과 한국에 한발 앞서 근대화에 성공하여 아시아의 맹주가 되었고, 이어서 세계 2위의 경제대국이 되었다. 비록 일본이 경제적으로 우위에 있다 하더라도, 중국문명의 원조인 중국이나 이를 일본에 전달해 준 한국은, 일본의 문화는 자신들과 별 다를 것이 없다고 평가절하한다. 그러나 서양인의 일본 문화에 대한 인식은 크게 다르다. 1980년대에 서양인은 자신들보다도 더 큰 경제적 성공을 이룬 일본을 목격하고는 일본 문화에 대해 상당한 호감을 갖기 시작했다.

현재 서양에서 일식(日食)은 프랑스 요리를 제치고 최고급 요리의 지위를 차지하게 되었으며, 일본 만화에 열광하는 전 세계의 많은 젊은이들 덕분에 '아니메'(Anime)라는 새로운 장르까지 생겨났다. 또한 몇 년 전부터 전 세계적으로 불고 있는 아이팟(Ipod) 열풍도 따지고 보면 1980년대 이미 일본의 한 전자회사가 만든 워크맨(Walkman) 열풍의 복사판이라 할 만하다. 일본은 경제 분야의 성공에 이어 문화 분야에서도 뚜렷한 흔적을 남기고 있으며, 자포니슴은 아직까지는 계속되는 듯 보인다.

서양인에게 일본 문화를 좋아하는 이유를 물어보면, 대부분은 일본 문화의 독특함 때문이라고 대답한다 (남에게 폐를 끼치지 않으려는 일본의 예절문화도 서양인들의 일본 문화에 대한 거부감을 덜어주는 데 중요한 역할을 했다고 생각한다). 한국인인 내가 보기에도 일본 문화는 독특한 면이 많다. 그러나 일본의 경제력이 뒷받침해 주지 않았다면 그것은 독특한 것이 아니라 괴이한 것이라고 놀림의 대상이 되었을지도 모른다. 예를 들어 일본의 스모를 보면, 비대한 거구들이 보기 민망한 차림으로 나오지만 이것을 보고 비웃는 서양인은 거의 없고 오히려 고유한 일본의 문화라고 치켜세워 준다. 만약 다른 아시아 국가에서 그와 비슷한 것을 보여 준다면 서양인의 반응이 전혀 달라질 수도 있을 것이다. 문제는 '무엇을 하느냐'가 아니라 '누가 하느냐'라는 것이며, 이는 '유행의 선도자는 아무나 되는 것이 아니다'라는 것을 의미한다. 역사는 강한 자에 의해 쓰여진다고 하는데, 마찬가지로 유행은 동경의 대상이 될 만한 사람들에 의해서 만들어지기 때문이다.

어느 중국인 학자가 다도(茶道)를 예로 들면서, "일본인은 중국 것을 가져다가 더욱 발전시켰다"라고 칭찬하는 것을 들은 적이 있다. 나에게는 그의 말이 마치 중국이라는 선생님이 일본이라는 학생은 잘 배웠는데 한국이라는 학생은 그렇지 못했다고 꾸중하는 것처럼 들렸다. 이에 대한 변명을 하자면, 일본과는 달리 한국은 (또한 중국도) 근대화 과정이 순탄하지 못했기 때문에 그렇게 되었다는 것이다.

근대화 과정에서 한국은 외세(즉, 일본)에 의해 굴복당했고, 이런 이유로 '자신을 부정'하고 서양 것을 배워야만 했다. 다도건 스모건 그것이 세련되게 보이는 것은 그것이 '격식으로 포장'되었기 때문인데, 이러한 격식은 왕이나 귀족, 아니면 돈 많은 상인들이 향유하던 문화가 일반 백성들에게까지 전파되었을 때 가능해진다. 그런데 한국은 (또한 중국도) 자신을 부정하느라 이러한 상하계층 간의 고리가 끊겨 버렸고, 필요 이상으로 많은 것들과 단절하게 되었다. 반면 일본은, 그들이 부정한 것은 자신이 아니라 이웃이었던 중국과 한국이었기 때문에, 서양을 배우더라도 자신들이 오랫동안 가꾸어 왔던 문화와의 단절은 별로 없었고, 덕분에 일본의 고유문화는 전반적으로 격식을 차린 매우 세련된 모습으로 남아 있을 수 있었다.

문화는 외부로부터 자극을 받아야 더 풍요롭고 다양하게 발전될 수 있는 것이기 때문에 문화교류는 누구에게나 유익한 것이다. 그래서 '이국적'이란 말은 서양에서든 동양에서든 좋은 의미로 쓰인다. 다만 문제는, 우리가 일인당 국민소득(GDP)을 기준으로 다른 나라의 문화를 평가하다 보니 진흙 속에 감추어진 진주를 발견하지 못하고 자꾸 놓친다는 것이다.

한류가 죽지 않는 이유

한류

대중문화(Pop Culture)란 '대중매체를 통해 생산되어 대중이 대량으로 소비하는 문화'라고 할 수 있는데, 텔레비전 프로그램, 영화, 대중음악 등이 이에 해당된다. 그리고 여기서 '대중성'이라고 하는 것은, 예술가 또는 작가가 소비자인 대중의 취향에 맞추기(entertain)위해 자신의 예술적 의도를 희생시킨다는 것을 의미한다. 이런 이유 때문에 일부 정통 예술가들은 대중문화에 대해 비판적이다. 한편 대중문화는, 마치 자동차가 여러 단계의 공정을 거쳐 조립되듯이, 상당히 분업화된 시스템을 통해 만들어진다. 따라서 대중문화상품의 경쟁력은 예술가의 재능뿐만 아니라 "상품을 어떻게 하면 효율적으로 만들어 소비자에게 배급할 수 있느냐" 하는 산업적인 측면에도 크게 의존한다.

나의 학창 시절에는 한국의 대중문화상품이 전혀 경쟁력이 없었다. 당시 한국의 젊은이들은 이해하지도 못하는 팝송을 따라 불렀고, 미국 헐리우드에서 만든 영화에 열광했다. 또한 당시 한국의 젊은이들은 반일감정에도 불구하고 중고서점에서 구한 일본 잡지를 보면서 물질적으로 풍요로운 선진사회를 동경했다. 1980년대가 되자 일본에 이어 아시아에서 서구식 자본주의를 꽃피운 홍콩의 영화들이 한국의 영화관을 휩쓸기도 했다. 영화관에서 간간히 한국산 영화가 상영되기도 했지만 별로 인기가 없었다. 당시 한국의 영화감독들은 돈을 벌려고 영화를 만드는 것이 아니라, 자신만의 어떤 예술행위를 위해 영화를 만드는 것처럼 보였다.

1993년 〈쥐라기 공원〉이라는 영화가 나왔다. 유전공학을 이용해 수백만 년 전 이미 멸종된 공룡을 다시 재생시킨다는 그럴듯한 줄거리와, 진짜 공룡이 살아 있는 것처럼 화면에 생생하게 보여주는 뛰어난 영상기술로 이 미국산 영화는 한국의 관객을 완전히 사로잡았다. 그리고 이 영화 한 편이 올린 수익이 현대자동차가 일 년간 수출로 벌어들인 수익보다도 더 많다는 사실을 알게 되고는 많은 한국 사람들이 놀라워했다. 이러면서 한국 사람들은 영화를 포함한 대중문화가 매우 수지가 맞고 부가가치가 높은 산업임을 조금씩 깨닫기 시작했다. 당시는 한국의 기업가들이 소위 굴뚝산업이라고 불리는 제조업으로부터 좀더 부가가치가 높은 지식산업으로의 전환을 꾀하고 있을 때였다. 물론 이 영화 한 편이 끼친 영향 때문만은 아니었겠지만, 관련 법규가 정비되고 대중문화 관련 사업에 돈과 인재가 몰리기 시작한 때가 바로 이 즈음이었다.

몇 년 후인 1999년 한국산 블록버스터의 시초인 〈쉬리〉의 성공으로 한국 영화로도 큰 수익을 낼 수 있다는 것이 증명되었고, 영화계로 더 많은 투자와 더 많은 인재가 몰려들었다. 한편, 대형 연예 기획사가 생기면서 재능있는 가수와 연기자들을 체계적으로 양성하는 시스템도 점차 갖추게 되었다. 이러한 일련의 '자본에 의한 체제의 변화'로, 한국의 대중문화 상품은 경쟁력을 갖추게 되었다. 덕분에 나의 세대와는 달리, 요즘의 한국 젊은이들은 이제 한국인 가수가 부르는 대중가요를 듣고, 한국산 텔레비전 드라마와 영화를 본다. 그리고 한국은 그 다음 단계로 이웃 아시아 국가로 대중문화 상품을 수출하기 시작했고, 결국 한류라는 이름까지 얻었다.

한류는 사회학을 포함한 문화 관련 분야의 학자들에게 주목받았다. 한류가 홍콩에 상륙하고 얼마 지나지 않았던 2003년, 홍콩에서 열렸던 어느 학회에서 한 교수는 한류는 몇 년 안에 사라질 것이라고 예상했다. 왜냐하면 그 교수는 크게 히트한 몇 개의 한국산 텔레비전 드라마를 분석해 보았으나, 거기서 이렇다 할 만한 어떠한 특별함도 발견하지 못했기 때문이다. 그러나 그 교수의 예상과는 달리 한류는 아직도 건재하다. 그러면 그 이유는 무엇인가? 흔히들 한국인은 논리적이기보다는 감성적이라고 말하는데, 그렇다면 한국인이 가무나 연기에 남달리 뛰어난 재능을 가진 것일까? 아니면 결국, 자본의 힘인가?

한국산 문화상품 특히 텔레비전 드라마가 아시아 지역에서 인기를 끌고 있는 이유를 '문화 또는 정서의 유사성' 때문이라고 보는 견해도 있다. 중국인을 비롯한 아시아인에게는, 미국 등 서구에서 만든 드라마보다는 한국산이 좀더 친근하다는 주장이다. 그러나 이것은 "다른 아시아 국가들이 만든 작품들에 비해 한국산 드라마가 왜 더 인기가 있는가?"라는 물음에 대한 대답이 될 수 없다. 또한, 유교식 종법(宗法)제도를 경험하지 못한 서구인도 장이모 감독의 〈홍등〉(大紅燈籠高高掛)을 보고 감동받을 수 있듯이, 문화나 정서의 유사성이 텔레비전 드라마 (또는 영화)의 재미와 감동을 담보하지는 않는다. 항상 그러했듯이, 좋은 작품의 필수적 요소는 짜임새 있는 줄거리, 거슬리지 않는 배우의 연기 등이라고 생각된다. 즉, 완성도가 높은 작품이 감동과 재미를 준다.

홍콩의 젊은이들도 좋아하는 한국의 대중가요(K-Pop)를 보면, 내용면에서는 미국의 그것과 거의 비슷하다. 실제로 미국인 작곡가와 안무가의 도움을 받는 경우도 많이 있다. 지역별로 취향의 차이는 당연히 존재하겠지만, 대개의 경우 경쟁력이 있다는 대중문화 상품은 탈지역적이다. 오히려 '유행'이라는 말 그대로 대중의 취향은 수시로 변하기 때문에, 대중문화는 장소보다는 시간에 훨씬 더 많은 구속을 받는다. 따라서 경쟁력을 유지하기 위해서는 대중이 무엇을 원하는지 정확하게 파악하여 이를 바탕으로 신속하게 상품으로 만들어 낼 수 있는 '효율적인 시스템'이 필요하다. 한류가 여전하다는 것은, 한국의 경우 이 시스템이 자본화 덕분으로 어느 정도 갖추어졌고 아직은 정상적으로 작동되고 있다는 것을 의미한다.

한국과 홍콩은 반세기 이상 긴밀한 경제교류를 해왔고, 많은 수의 한국인 관광객이 홍콩을 방문해 왔지만, 한류 이전에는 홍콩인의 한국에 대한 관심은 거의 없었다. 홍콩 사람들은 한국인에게 "일본 사람이냐"고 물었고, "한국 사람이다"라고 대답하면 "남한

인지 북한인지"를 되물었다. 내가 1998년 홍콩과학기술대학에서 한국어 강좌를 개설했을 때, 서울이 한국의 수도라는 것을 알고 있는 학생조차 그리 많지 않았을 정도였다. 그러나 지금은 한류 덕분에 홍콩 사람들의 한국에 대한 이해 수준은 많이 높아졌고, 그들의 한국에 대한 인상도 매우 좋아졌다. 택시에서 내가 한국 사람이라고 하면 대부분의 기사는 이제 몇 마디의 한국어 인사를 건넬 수 있을 정도로 상황이 변했다.

작가와 문화도시

세계적인 금융도시 홍콩은 이제 문화도시로도 성공하고 싶어한다. 현재 서구룡(西九龍) 지역에 대규모 문화예술 단지가 조성되고 있는데, 이를 통해 홍콩은 아시아 지역의 문화 예술 관련 허브도시로 발돋움하고자 한다. 홍콩의 벤치마킹 대상은 아마도 영국의 런던이 아닌가 싶다. 난 아직 가 보지는 못했지만, 주요 국제금융도시이기도 한 런던에는 (대부분이 무료로 관람할 수 있는) 각종 박물관과 전시관도 널려 있고, 뮤지컬 공연장이 모여 있는 '웨스트 엔드'(West End)라는 유명한 곳도 있다고 한다. 또한 몇 번이나 전 세계인의 이목을 집중시켰던 〈브리티시 갓 탤런트〉(British Got Talent)라는 텔레비전 오락프로그램에서도 알 수 있듯이, 보기와는 다르게 영국인은 대중문화에서도 남다른 안목이 있는 것 같다.

그렇다면 문화도시로서의 런던의 강점과 그 비결은 무엇일까? 흔히들 "미국문화는 다소 경박하다"고 말하는데, 그 이유는 아마도 정통 고급문화에 비해 대중문화가 너무 비대해졌기 때문일 것

작가 진용(가운데), 2009년 홍콩에서 열렸던 〈국제진용연구회〉에서.

이다. 반면, 영국은 고급문화와 대중문화가 비교적 균형 있게 발달되어 왔다. 요즘은 고급문화와 대중문화를 구분하는 경계가 점점 희미해지고 있는데, 현대미술가 데미안 허스트(Demien Hirst), 뮤지컬 작가 앤드류 로이드 웨버(Andrew L. Webber) 등 걸출한 예술가들을 배출하고 있는 영국은 이러한 추세를 선도하고 있다. 탄탄한 연기력을 가진 연극배우 출신의 연기자가 영화의 완성도를 높여 주듯이, 고급문화예술이라는 자양분을 한껏 받고 자란 '고급스러운 대중문화'가 영국의 강점이라고 생각된다.

또한, 영국문학을 빼놓고 영국문화를 이야기할 수는 없다. 비틀스 이후 영국의 가장 성공적인 문화상품은 바로 〈해리포터〉라고 한다. 유명한 고전음악 작곡가들 중 영국인은 거의 없지만, 영국은 문학 분야에서는 일일이 열거할 수 없을 만큼 많은 수의 위대한 작가들을 배출했다. 영국 런던이 최고의 문화도시이고, 영국이 문화선진국이 될 수 있었던 것은, 전통적으로 강한 그들의 문학이 큰 몫을 해 왔기 때문에 가능했을 것이다.

주지하듯이, 연극과 영화는 물론이고 다른 형태의 예술도 문학과 어느 정도 관련이 있다. 형식만 있고 내용이 없는 예술작품도 있기는 하지만, 대개의 예술작품 또는 문화상품 속에 녹아있는 내용은 '문학작품을 통해 일차적으로 검증된 이야기'에서 차용되는 경우가 많기 때문이다. 즉, 문학작품을 통해 알려진 재미있거나 감동을 주는 이야기는, 다른 분야의 예술가들을 통해 그림, 음악, 영화 또는 컴퓨터게임으로 만들어지는 경우가 허다하다. 앞에서 소개한 〈쥐라기 공원〉이라는 영화도 동명의 소설이 있었기에 가능했다. 홍콩 작가 진용(金庸)의 무협소설은 한국에서도 아직까지 회자되는데, 그의 작품이 홍콩의 영화 및 다른 문화 분야에 끼친 영향은 실로 대단하다. 이것이 아마도 문화라는 말에 '문'(文)자가 들어 있는 이유일 것이다.

한국도 오래전부터 문화선진국이 되고자 많은 노력을 하고 있다. 정부는 문화 관련 예산을 꾸준히 늘려 왔고, 삼성과 같은 대기업들도 공익을 위한 문화사업에 적극적이다. 덕분에 공연장이나 전시장의 수가 전에 비해 많이 늘었고, 연중 각 지방자치단체마다 다양한 공연행사를 개최하고 있다. 특히, 광주비엔날레와 부산국제영화제는 관객들의 뜨거운 성원에 힘입어 주요 국제행사로 완전히 자리잡았다. 요즘은 직장동료와의 회식을 술자리가 아닌 공연장에서 하는 경우도 있다고 한다. 이런 식으로 더 많은 시간을 할애해 문화생활을 향유하다 보면 한국의 대중문화도 좀더 고급스러워질 것임에 틀림없다.

그러나 한국인으로서는 안타깝게도, 문화의 가장 기본이라 할 수 있는 문학 분야에서는 아직 그 변화의 속도가 다소 더딘 것 같다. 그동안 한국의 작가들은 이념이나 사회문제 등에 치중하느라 요즘 젊은이들의 다양한 취향을 제대로 따라잡지 못했다.[3] 일본의 유명작가 무라카미 하루키의 작품은 일본과 거의 시차 없이 한국에서도 베스트셀러가 되고 있다. 그의 소설들은 대중성과 작품성을 모두 갖춘 흔치 않은 예일 것이다. 대중성이 과하다는 이유로 오히려 자국인 일본에서는 그를 이단이라고까지 평가한다지만, 그의 '고급스러운 대중소설'에서 일본 문학의 저력을 엿볼 수 있다. 일본은 출판왕국이라는 명성에 걸맞게 다양한 소재의 만화며 소설이 출판되고 있는데, 열심히 책을 읽는 일본의 독자들이 하루키와 같은 재능 있는 작가를 발굴한 셈이다. 그리고 이것이 한국이 가장 고심하고 있는 부분이기도 하다(다른 나라에서는 찾아 보기 힘든 '도서상품권'과 같은 제도를 운영하고 있는 나라가 한국이기도 하다).

찬란한 문화전통을 가진 중국은 문화대국임을 자랑스럽게 생각하고 있다. 머지않아 중국도 영국이나 일본과 같은 문화선진국이 될 것이다. 중국이 가진 비장의 무기는 바로 풍부한 중국의 고전문학이라는 데 별 이견이 없을 것이다. 영국에서 〈해리포터〉가 나올 수 있었던 이유는《반지의 제왕》과 같은 판타지 소설의 전통이 영국에 있었기 때문이다. 마찬가지로 진용의 무협소설이 나올

---

3) 다음 장 '상상력이 부족한 한국인?'에서 이를 자세히 다룬다.

수 있었던 이유도《수호지》와 같은 중국의 고전이 있었기 때문일 것이다. 미래의 문화 허브 도시를 꿈꾸는 홍콩에서 제2, 제3의 진용이 계속 나올 수 있기를 바라 마지않는다.

상상력이 부족한 한국인?

인문학의 위기

나는 1980년대에 대학시절을 보냈는데, 그때만 해도 한국에서 인문학 관련 학과가 꽤나 인기가 있었다. 내가 전공했던 불문학의 경우, 한국에서 매년 배출되는 박사 졸업자 숫자가 본국인 프랑스보다도 많았을 정도였다. 그러다 1997년의 경제위기를 겪으면서 상황이 급변했고, 사회 전체가 구조조정을 겪으면서 인문학에도 시장논리가 도입되었다. 결국 대학의 인문학 관련 교수들이 모여서 "인문학이 위기를 맞고 있다"라며 공개적으로 성명서를 발표하기까지 했다.

또한, 인문학 관련 서적이 팔리지 않게 되자 출판업계에도 위기가 찾아왔고, 거기다 디지털 영상매체와의 경쟁이라는 구조적인 문제까지 더해졌다. 이제 출판업자들은 외국 유명작가의 작품처럼 이미 상품성이 검증된 것만 골라서 출판하려고 한다니, 한국의 인문학자나 작가들은 여러 가지로 쉽지 않은 상황을 맞게 되었다.

중국의 경우 문화혁명이 진행되는 동안 인문학은 숨소리조차

내지 못했었지만, 그 힘들었던 시기도 이미 오래전에 지나갔고 그 때의 상처를 되돌아보고(傷痕문학) 성찰(反思문학)하면서 한 걸음씩 앞으로 나아갈 수 있었다. 반면, 한국인에게 남북의 분단은 아직도 진행되고 있는 현실이며, 민족과 이념이라는 주제는 다른 모든 것들을 항상 압도해 왔다. 이런 이유로, 한국의 문학사가들은 지난 50여 년간의 한국 현대문학을 '분단문학'이라고 정의하기도 한다. 한국 문학의 특징은 '진지함'이라 할 수 있는데, 문제는 너무 진지하고 경직되어 있다 보니 다양성이 많이 부족하다. 그리고 이것이 좁게는 문학, 그리고 넓게는 인문사회학이 위기를 맞게 된 좀 더 근본적인 이유라고 할 수 있다.

소설 — 영상매체와의 공생

젊은이들이 컴퓨터 화면만 쳐다보고 책은 통 읽지 않는다고 그들을 나무랄 수도 없다. 왜냐하면 나도 요즘은 책 읽기에 게을러져서 장편소설과 같이 오랜 시간 집중이 필요한 책은 멀리하게 되었으니 말이다. 나는 대신 두 시간 남짓이면 한 편을 끝낼 수 있는 영화를 주로 보게 되었다. 책을 통해서만이 얻을 수 있는 감동이 있다는 것을 잘 알고 있지만, 나로서도 그 편리함의 유혹을 물리치기가 쉽지 않다. 백여 년 전만 해도 문학의 꽃은 시(詩)였고, 시에 뒤이어 지난 20세기는 산문, 그중에서도 '소설의 시대'였다고 할 수 있는데, 이제는 소설이 다시 자신의 자리를 영상매체에게 내주려 하고 있다.

먼 옛날 텔레비전은 물론이고 책조차 흔치 않았던 시절에는 마을마다 어김없이 한두 명씩의 이야기꾼이 있었고, 이들이 들려주는 재미있는 이야기는 힘든 일상을 잠시나마 잊게 해 주는 최고의 휴식이었다. 또한 운이 좋아 어디서 판소리라도 한 마당 볼 수 있게 되면, 이미 몇 번이고 들어서 다 아는 내용일지라도 한 순간도 놓치지 않으려고 열심히 보았다.

한국에는 중국의 경극이나 일본의 가부키와 같은 가무극의 전통은 없고 대신 판소리와 같은 창극이 있을 뿐이다. 볼거리가 많은 경극이나 가부키와는 달리, 판소리는 가수가 혼자 하는 일인극이니 단정하기 그지없는데, 이는 고지식한 유학자들에 의해 통치되었던 당시 조선 시대의 분위기와 무관하지 않다. 판소리는 당시 돈과 권력을 쥐고 있던 양반들이 아닌, 글도 잘 모르던 무지렁이 민중들에게 책을 대신해서 재미있는 이야기를 들려 주었다. 판소리가 생성된 시기도 소위 산문정신에 의해 평민문학이 대두되고 소설이 막 발달하기 시작한 때와 정확히 일치한다.

조선 시대 소설이 막 태동할 무렵부터 중국의 전기(傳奇) 소설이 들어왔고, 이후엔 무협소설이 꾸준히 소개되었다. 이러한 소설들 덕분에 한국인은 "중국인은 과장이 심하고 그것은 그들의 대륙적 기질 때문이다"라고 평하는 반면, 이러한 한국인에게 중국인은 "한국인은 상상력이 부족하다"라고 대꾸한다. 한국인에게 가장 잘 알려진 중국의 고전은 《삼국지》이며, 판소리의 5대 주요 레퍼토리 중에도 〈적벽가〉가 포함되어 있다. 반면, 중국에 가장 잘 알려져 있는 한국의 고전은 《춘향전》이라 할 수 있다.

단순한 서술 구조를 가진 《춘향전》에 비해, 《삼국지》는 그 스케

일이나 짜임새에서 실로 대단한 수작임에 틀림없고, 읽을수록 재미도 있어 여러 번 다독하는 경우도 많다. 그러나 이런 세계적인 수준의 고전도 현대문학의 관점에서 보면, 뭔가 결핍되어 있는 것이 하나 있다. 왜냐하면 이제 문학은 독자에게 재미보다는 '감동을 통한 자기성찰'의 기회를 주어야 하기 때문이다.

판소리가 유행하던 시기에는 작가에게 뛰어난 상상력만을 요구했지만, 언제부터인가 작가는 시대적 아픔을 몸소 치열하게 경험해야 했고, 이러면서 (순수)문학은 대중문화와 다른 길을 걷게 되었다. 각자의 길을 가면서 문학은 오랜 동반자인 책이란 매체에 계속 의지해 온 반면, 대중문화는 새로운 매체를 적극 이용했다. 그러다가 문학과 대중문화는 다시 조우하게 되는데, 이는 대중문화가 문학의 전유물인 감동이라는 요소를 필요로 하게 되었기 때문이다. 대중문화의 문학 수용은 문학의 입장에서도 도움이 되는데, 문학도 점차 세력을 더해가고 있는 영상매체를 이용할 수 있게 되었기 때문이다.

무협소설로 유명한 홍콩의 진용[金庸] 이외에, 한국에 가장 잘 알려진 중국 현대 소설가는 모옌[莫言]이라고 할 수 있는데, 이는 장이모 감독의 영화를 통해 그의 원작이 알려진 후 그의 다른 작품들이 앞다투어 번역 출간되었기 때문이라고 한다. 이 경우는 문학과 영상매체의 아주 이상적인 협력관계를 보여 준다.

어느 신문기사에 따르면, 한국 소설 중 웬만한 것들은 이미 영화나 텔레비전 드라마로 만들어졌거나 저작권이 팔린 상태라고 한다. 모든 문학작품이 영상물로 다시 만들어질 필요는 없겠지만,

홍콩의 한 서점에 진열되어 있는 공지영 작가가 쓴 소설 〈도가니〉의 중국어판. 한국 소설이 번역되어 홍콩에서 출간되는 경우는 매우 드물다. 영화 〈도가니〉가 흥행에 성공한 덕분에, 그 원작인 소설 〈도가니〉가 이렇게 홍콩에 소개될 수 있었을 것이다.

글로 쓰여진 작가의 소중한 이야기가 영상매체를 통해서도 독자들과 만날 수 있다면, 이것은 작가에게는 물론 독자에도 좋은 일이다. 또한 이는 문학이 충분히 뒷받침해 준다면 대중문화도 한층 고급화될 수 있다는 것을 의미하기도 한다.

문학은 문화의 일부분일 뿐이지만, 감동이라는 효과적인 수단을 통해 우리에게 자기성찰의 기회를 주기 때문에, 문학은 문화를 올바른 방향으로 이끌어 주는 길잡이 역할을 할 수 있다. 한편, 문학 중에서도 소설은 당시의 사회상을 자세하게 반영할 수 있기 때문에 그 나라의 문화를 이해하는 데 유용하며, 특히 비슷한 사회변화를 경험한 국가의 작가가 만든 작품이라면 거기에서 많은 것을 배울 수도 있다. 이런 점에서 한국인과 중국인은 서로의 문학 (또

작가 가오싱젠(아랫줄 가운데), 2008년 홍콩에서 열렸던 〈가오싱젠 초청 간담회〉에서.

는 이를 원작으로 한 영화작품)에서 공감할 만한 것들을 많이 찾을 수 있을 것이다.

시 — 아직 죽지 않았다

매해 가을, 각 분야별 노벨상 수상자가 차례로 발표되는데, 많은 기대에도 불구하고 아직 고은 시인의 문학상 수상 소식은 없다. 그런데 여기서 흥미로운 점은, 지난 반세기 동안 세 명의 아시아인 (일본의 가와바타 야스나리, 오에 겐자부로 그리고 중국의 가오싱젠)에게 노벨 문학상이 수여되었는데 이들 모두는 소설가이고, 비록 아직 수상은 하지 못했지만 한국의 유력한 후보는 시인이라는 사실이다.

세계의 어디서나 마찬가지로 한국에서도 요즘은 전업시인으로 생계를 꾸려가기란 거의 불가능한 일이다. 그렇지만 인문학의 위기라고 하는 지금도 시집은 꾸준히 발행되고 있고, 많은 양은 아닐지라도 팔리고 있으니 신기할 따름이다. 우연인지 모르겠지만, 최근 가장 주목받은 한국 영화 가운데 이창동 감독이 직접 시나리오를 써서 만든 〈시〉라는 영화도 있었다.

한글은 15세기에 창제되었다. 한글 창제 이후에도 당시 조선의 양반계층은 중국에서 온 한시(漢詩)를 주로 즐겼지만, 한글이 보급되면서 그동안 구전으로만 명맥을 유지해 오던 시조(時調)가 크게 유행하게 되었다. 이 시조는 한국인이 가장 사랑하는 한국의 대표적인 정형시라 할 수 있다. 조선 시대 최고의 시조 작가로 황진이를 꼽는 경우가 많다. 영화나 TV드라마에서는 시화보다 가무에 능한 미녀로 묘사되기도 하지만, 그녀는 시조는 물론 한시에도 매우 능했고, 그녀가 쓴 시조는 불과 6편이 전해질 뿐이나 모두 걸작으로 평가받고 있다. 그런데 황진이는 중국 당나라의 설도(薛濤)와 여러 모로 비견될 만하다. 설도도 시화에 능한 기녀였으며, 당시 최고의 문인들과 교류했다는 것도 황진이와 비슷한 점이다. (그녀가 남긴 〈춘망사〉(春望詞)는 한국어로 번역된 뒤 〈동심초〉라는 이름의 가곡으로 만들어져 한국인의 사랑을 받고 있다.) 참고로, 한국에는 시화에 능한 기녀와 부용화에 얽힌 몇 편의 설화가 전해져 오고 있는데, 아마도 부용화로 유명한 중국 사천성의 청두[成都]에 살면서 부용화로 물들인 붉은색 종이(이를 설도전[薛濤箋]이라 한다)에 편지를 썼다는 설도와 관련이 있는 것 같다.

조선 시대에 중국식 한시도 널리 쓰여졌는데, 한시로 가장 유명한 시인이라면 김삿갓으로 더욱 유명한 방랑시인 김병연을 들 수 있다. 한편, 한국인에게 가장 잘 알려져 있는 중국 시인은 당연히 이백과 두보이다. 특히 두보의 시는 그가 죽은 지 천년이 지난 조선 시대에 왕명에 의해 한글로 번역되어 책으로도 출간되었는데, 이것이 바로 《두시언해》(杜詩諺解)이다.

일전에 나는 한중합작 영화인 〈호우시절〉(好雨時節)을 소재로 글을 쓴 적이 있다.[4] 그 글에서 영화의 한 장면으로 등장하는 두보의 〈춘망〉(春望)을 언급했다. 나의 고등학교 시절에는 '고전'이라는 과목이 있었고, 이 고전 교과서의 《두시언해》에는 한글로 번역된 〈춘망〉이 실려 있었다. 두보는 중국인들도 놀랄 만큼 한국인들이 사랑하는 시인이라 하겠다.

아직도 왕성한 활동을 하고 있는 고은 시인은 어느 인터뷰에서 "시가 아직 죽지 않았다는 것을 보여 주고 싶다"고 했다.[5] 나도 시간을 내어 시를 쓰고자 노력하는데, 시가 소설과 다른 점 중 하나라면 읽어 줄 독자가 없더라도 시를 쓸 이유가 충분하다는 것이다. 소설은 남들이 읽어 주지 않는다면 쓰는 의미가 크게 반감되겠지만, 시는 쓰는 과정에서 자신의 감정을 정리할 수 있기 때문에 독자가 아닌 자신을 위해서라도 시를 써야 할 이유가 존재한다. 사람들이 점점 시 쓰기를 멀리하는 요즘, 한국에서 '창원KC국제시문학상'이라는 새로운 상이 만들어졌고, 그 첫 번째 수상자로 중국의 저항시인 베이다오[北島]가 선정되었다. 천안문사태 이후 중

---

4) 이 책 부록의 '청두와 시인' 참조.

5) 저자는 홍콩의 대표적 문학지 중 하나인 《城市文藝》와 시인 고은에 대한 특집을 기획하여 2012년 12월호에 〈韓國詩人高銀小輯〉이 게재되었다(김혜원·김종회, 〈韓國詩人高銀小輯〉, 《城市文藝》 62期, 2012年 12月).

국을 떠나야 했던 베이다오 시인은 현재 홍콩에서 왕성한 활동을 하고 있다.

박정희와 등소평

동아시아국가의 경제발전

2008년 9월 미국의 투자은행 리만브라더스가 도산하고 금융위기가 심화될 무렵, 영국의 파이낸셜타임스를 비롯한 여러 외신은 한국이 1997년에 이어 제2차 외환위기를 맞게 될 것이라고 경고했다. 당시 홍콩의 지인들은 한국인인 나를 크게 걱정해 줄 정도였다. 한국 경제에 대해 외신들이 크게 우려했던 이유는, 세계 10위권의 경제대국이었던 한국이 1997년에 있었던 외환위기에 힘없이 무너지는 것을 목격하고 이에 크게 실망했었기 때문이라 한다.

1997년의 경제위기가 일어나기 이전, 한국 경제는 많은 이들로부터 찬사를 받았다. 한국전쟁 직후 세계 최빈국이었던 한국이 산업화를 통해 빠른 경제성장을 이루어 세계를 놀라게 했기 때문이다. 지금은 거의 잊혀져 버렸지만 한때 '한강의 기적'이란 말이 회자되곤 했다. 한국전쟁 후, 별로 가진 것이 없던 한국이 어떻게 한강의 기적을 이루었을까? 그리고 한국의 성공 사례와 지금 중국이 보여 주고 있는 놀라운 경제발전과는, 특히 양국의 문화적인 측면에서 어떤 공통점이 있는 것은 아닐까?

경제학자들에 의하면 '동아시아개발모델'이라는 것이 있다. 동아시아의 일본, 한국, 그리고 대만이 경이로운 경제발전을 이룩하자 이를 설명하고자 경제학자들이 만든 가설이다. 이 모델을 만든 학자들은, 한국 등 동아시아 국가들이 시행했던 '정부주도형 수출 위주의 경제정책'이 주효했다고 주장한다. 또한 학자들은 근면, 절약, 집단의식 등 동아시아 국가들이 공통적으로 가지고 있는 유교적 전통에도 주목했다. 그러다 1997년 한국이 경제위기를 맞자, 동아시아경제모델은 한국 경제와 함께 그 위상이 형편없이 추락했고, '신자유주의'와 '신경제'라는 새로운 조류에 떠밀려 완전히 잊혀졌다. 그러나 유교적 덕목과 한국을 포함한 동아시아 국가의 경제발전과의 관계는 한동안 상당히 그럴듯하게 보였다. 경제학자가 아닌 인문학을 전공한 나는 "문화가 경제발전에 영향을 준다"는 이러한 문화주의식 주장에 동조했었다. 그러다 몇 년 전 나는 책 한 권을 읽고 이에 대한 나의 생각을 바꾸었는데, 그 책은 이 글의 말미에 소개하도록 하고, 먼저 잊혀진 한강의 기적을 이야기해 보자.

한강의 기적

박정희 전 대통령을 빼놓고 한국의 경제발전을 이야기할 수는 없을 것이다. 독재자라는 비판에서 자유롭지 못하지만, 그가 추진했던 '정부주도형 수출중심 경제정책'이 오늘날의 한국 경제발전을 이루게 한 가장 큰 성공요인이었다는 데에 대부분의 한국인이 동의하고 있기 때문이다.

당시 많은 반대에도 불구하고 박정희 정권은 중화학공업을 육성하기로 했는데, 이는 결과적으로 매우 탁월한 결정이었다고 평가받고 있다. 문제는 중화학공업을 시작하려면 엄청난 자금이 필요한데, 당시 가난했던 한국은 어디에서도 차관을 얻을 수 없는 형편이었다. 결국 박 대통령은 서독으로 갔고 당시 그곳에 파견되어 있던 광부와 간호사들의 월급을 담보로 간신히 돈을 빌려 올 수 있었다고 한다. 이때의 유명한 일화—먼 곳으로 돈을 빌리러 온 가난한 나라의 대통령이 그곳에서 힘들게 일하는 동포들을 보고는 너무도 서럽다고 느껴 그들과 함께 눈물 흘렸던 일—는 아직도 가끔씩 신문 등에 소개되곤 한다.

잠깐, 주제를 살짝 벗어난 이야기 하나를 소개하겠다. 내가 살고 있는 홍콩에서는 결혼한 여자도 대부분 밖에서 일을 하는데, 집안 일을 해결하기 위해 동남아 지역 국가로부터 가사도우미를 수입하고 있다. 영어를 할 수 있다는 장점 때문에, 홍콩의 가사도우미 대부분은 필리핀 출신이다. 이들 중에는 대학을 졸업한 나름대로 고등교육을 받은 사람도 상당수인데, 열심히 일하는 이들을 볼 때면 예전 서독 등지에 파견되었던 나의 한국인 선배들이 생각난다.

몇 년 전의 일이다. 필리핀의 대통령이 한국에서 큰 행사를 마치고 귀국하는 도중에 홍콩에 이틀 간 머물게 되었다. 이에 홍콩에 있는 필리핀 가사도우미들은 자국의 대통령을 만나 하소연도 하고 몇 가지 부탁도 하려고 했다. 그러나 그 대통령은 이번은 사적인 방문이라며 그들과의 만남을 사양하고 홍콩에 새로 개장한 디즈니랜드에서 하루를 쉬고는 필리핀으로 그냥 돌아가 버렸다. 만약 한국의 대통령이 그렇게 했다면 어떻게 되었을까? 그냥 본국으로 돌아간 대통령이나 이를 별로 개의치 않는 국민이나, 한국식에 비하면 분명 서구식 사고방식이라고 해야 할 것이다.

다시 한강의 기적에 대해 이야기하자면, 산업화 시기, 한국의 젊은이들이 땀흘려 일한 곳은 서독뿐만이 아니었다. 그들은 1960년대에는 월남으로 그리고 1970년대에는 중동으로 떠났고, 결국 그들 덕분에 산업화 초기의 여러 고비를 넘길 수 있었다. 바로 근면했던 그들이 없었다면 한강의 기적은 일어나지 않았을 것이다.

몇 년 전 설문조사에 의하면, 한국인이 가장 존경하는 경제인으로 (얼마 전에 작고하신) 포항제철 창업자인 박태준 전 회장이 뽑혔다. 1978년 중국의 등소평 주석은 포항제철 건립 시 기술을 지원했던 일본의 신일철(新日鐵)을 방문하여 "중국도 포항제철과 같은 세계적인 제철소를 갖기를 희망한다"고 부탁했는데, 이에 신일철의 이나야마 요시히로[稲山嘉寛] 회장이 "박태준과 같은 기업가가 중국에도 있느냐"고 물었다고 한다. 포항제철 건립시, 박회장이 "만약 성공하지 못하면 영일만 앞바다에 빠져 죽겠다"라고 말했듯이, 당시 그들은 죽기를 각오하고 열심히 일했다. 이렇듯 한국의 눈부신 경제성장은 박태준과 같은 걸출한 인물들과 이름 모를 수많은 보통 사람들의 헌신적인 노력이 있었기에 가능했다.

박정희와 등소평

앞에서 언급한 문화와 경제발전의 관계에 대한 나의 생각을 바꾸게 한 책은, 영국 케임브리지대학의 장하준 교수가 쓴 베스트셀러《나쁜 사마리안》이라는 책[6]이다. 그 자신이 한국의 경제발전을 직접 체험한 바 있는 장 교수는 한국 경제발전의 성공요인을 '적절한 정책'이라고 평했다. 또한, 그는 "문화는 고정불변의 것이 아니고, 경제발전이 문화에 미치는 영향이 훨씬 더 크며, 근면성과 같은 경제발전을 설명하는 행동특성은 경제발전의 원인이 아니라 경제발전의 결과이다"라고 했다. 이것은 하부구조가 상부구조를 결정한다는 유물론적인 주장이라고 할 수 있다. 요약하자면, 한국의 놀라운 경제성장이 박정희 대통령의 등장으로 시작되었다면, 그가 만들고 강력하게 시행했던 정책들이 당시의 유교적 덕목보다 더욱 유효했다는 것이다.

박 대통령 시절에 여러 가지 구호와 표어가 많았는데, 그중 가장 유명한 것이라면 바로 "하면 된다"일 것이다. 돌이켜보면 그 당시는 보통 사람들이 개인의 능력만으로도 사회적 신분상승이 가능했던 시기였고, 이것이 1960년대 중반 이후 20여 년간을 한국 역사상 가장 역동적인 시기로 만들 수 있었다.[7] 당시 농촌의 많은 젊은이들이 정든 고향을 뒤로 하고 서울을 비롯한 대도시로 갔다. 그리고 열심히 일을 하고, 나름대로의 성공을 이루었다. 이러한 사람들의 성공이 모여 한국의 경제발전이 이루어진 것이다.

---

6) 장하준,《나쁜 사마리아인》, Bookie(2007).

7) 탁석산,《한국인은 무엇으로 사는가》, 창비(2008):37.

한국은 이제 그때의 역동성을 잃어버렸고, 그러한 역동성을 찾으려면 중국으로 가야 할 것이다. 중국에서는 지금 많은 젊은이들이 열악한 여건에서도 열심히 일하고 있다. 이들이 이토록 열심히 일하게 된 까닭은, '열심히 일하면 무엇인가를 이룰 수 있다는 희망'을 보았기 때문이다. 그리고 이렇게 국민들에게 희망과 비전을 줄 수 있었다는 점이 바로 박정희나 등소평을 위대한 지도자로 평가하는 이유일 것이다.

빨리빨리와 만만디

나는 홍콩에서 몇 년간 살다가 남편의 직장일로 싱가포르로 이주하여 한동안 그곳에서 살았다. 여러 가지 분야에서 홍콩과 경쟁관계에 있는 싱가포르였기 때문인지, 내게 그곳 지인들은 홍콩에 대해 이것 저것 자신의 생각을 말하고, 제삼국 출신인 나의 의견을 묻곤 했다. 그중 가장 기억에 남는 말은, "홍콩 사람들은 걸음을 아주 빨리 걷는다"였다. 일 년 내내 더운 싱가포르에서야 당연히 빠르게 걷기가 힘들겠지만, 싱가포르 사람들은 홍콩 사람들의 빠른 걸음걸이에서 '홍콩의 효율성'을 발견하는 모양이다. 하지만 십여 년 전 처음 홍콩에 와서 내가 받은 인상은 좀 다른 것이었다.

홍콩에 오자마자 세들 집을 정하고 침대와 가구 몇 가지를 산 후 나는 깜짝 놀랐다. 왜냐하면 내가 방금 산 가구는 앞으로 2주일 후에나 배달이 된다는 사실을 알았기 때문이다. 돈을 지불하고 2주 후에야 물건이 배달되는 것이라면 유럽에 비하면야 신속한 것이라고도 할 수 있겠지만, 성미 급한 한국인에게는 어림없는 시간이다. 그리고 며칠 후, 아침 출근시간 버스정류장에서 하얀 셔츠에 넥타이를 맨 직장남성들과 정장 차림의 직장여성들이 무더운 날씨에도 불구하고 불평없이 줄을 서서 기다리는 모습이 나의 눈에 들어 왔고, 이때 내게 깊은 인상을 준 것은 이런 홍콩 사람들의 '조급해하지 않는 모습'이었다.

나의 경우와는 반대로 한국에 거주하는 외국인은 한국의 '빨리빨리문화'에 가장 먼저 적응해야 한다. 예전에는 "군자는 아무리 급해도 대로서행(大路徐行)해야 한다"고 믿었으나, 이제 한국인은 식당에 가서 음식을 주문하고 5분만 지나도 "왜 음식이 안 나오느냐?"하고 재촉할 정도로 매사에 서두르게 되었다. 장하준 교수가 지적했듯이 이러한 행동양식의 극적인 변화는 고속 경제발전의 결과일 것이다. 무엇이든지 빨리빨리를 외치게 된 한국인은, 한동안은 중국인을 보면 '만만디'라고 말하기도 했다. 그러나 한국인이 변했던 것처럼 중국인도 변했고, 이제 더 이상 한국인이 중국인을 보고 만만디를 떠올리지 못하게 되었다.

내게 깊은 인상을 준 홍콩인의 인내심은 중국식 만만디에 뿌리를 둔 것은 분명 아닐 것이다. 영국 통치 시절 "규칙은 누구나 지켜야 하며 지름길은 없다"는 사실을 철저히 배웠기 때문이리라. 지난 한 세대 동안 한편으론 경제개발하느라 또 한편으론 민주화투쟁하느라 한국인은 정말 숨가쁘게 달려 왔다. 그러나 지금은 그때와는 상황이 바뀌었고, 한국인은 이제 더 이상 조급해질 필요가 없다. 내가 홍콩에 와서 그러했듯이, 이제는 한국인이 좀 더 인내심을 가지고 기다리는 법을 배우고 거기에 익숙해져야 할 때이다.

경마와 골프

보는 운동

홍콩의 방송국에서는 경마경기를 정기적으로 중계해 준다. 버스나 지하철에서 경마 관련 신문기사를 꼼꼼히 읽는 홍콩 사람들의 모습을 자주 볼 수 있다. 아마도 경마에 대한 인기가 홍콩만큼 높은 지역은 아시아는 물론이고 전 세계적으로도 찾아보기 힘들 것이다.

고대로마 시대에는 검투사의 피 튀기는 경기가 최고의 여흥이었다고 한다. 새 황제가 즉위하면 시민들의 환심을 사기 위해 큰 돈을 들여 검투사 시합을 열었는데, 여기서 '빵과 서커스'라는 말이 유래되었다. 1980년대 초 새로이 정권을 잡은 한국의 신군부 세력은 일련의 시책들을 쏟아냈고, 이런 와중에 한국 최초의 프로 스포츠인 프로 야구가 출범했다. 당시 사람들은 이것을 국민의 정치 사회에 대한 관심을 희석시키려는 '우민화 정책'이라고 의심했다.

1988년에는 서울에서 올림픽이 개최되어 한국인들은 한동안 스포츠 열기에 들뜨기도 했다. 그리고 프로 야구의 성공에 뒤이어 프로 축구, 프로 농구 등이 차례로 출범했고, 몇 년 전엔 컴퓨터게임조차도 'e-Sport'라는 이름으로 프로화되었으니 이제 한국에는 서커스가 넘쳐난다. 한편, 홍콩은 시장규모가 작다 보니 이렇다 할 만한 프로 운동경기가 아직 없는 상황이고, 아마도 이것이 경마가 홍콩에서 인기를 누리고 있는 이유일 것이다.

홍콩에는 아직 한국의 '스포츠신문'이라는 것이 없다. 그런데 한국의 스포츠신문을 보면, 스포츠가 아닌 텔레비전 드라마나 가요 등 연예 분야에도 많은 지면을 할애하고 있다. 이것은 스포츠와 연예가 관객들에게 각기 다른 방식으로 재미와 감동을 주지만 그것이 소비되는 방식은 서로 똑같다는 것을 의미한다. 영국의 유명 축구선수인 데이비드 베컴의 아내는 유명 가수 출신이다. 베컴 부부처럼 한국에도 유명 남자 운동선수와 유명 여자 연예인 사이의 결혼이 드물지 않은데, 이 또한 스포츠가 대중문화의 일부분이 되었다는 것을 상징적으로 보여 준다. 반면 유명 스포츠 스타가 없는 홍콩에서는 남자 재벌 2세와 유명 여자 연예인의 떠들썩한 결혼이 더욱 익숙한 광경이다.

다른 분야에서도 마찬가지이겠지만, 운동선수로 크게 성공하려면 오랜 기간의 고된 훈련을 견뎌내야 한다. 이런 이유로 선수들의 타고난 재능 못지않게 동기 부여 또한 아주 중요하다. 전통적으로 한국은 학력 위주의 사회이고 신분상승을 위해서는 열심히 공부를 해야만 한다. 그런데 요즘은 아무리 똑똑한 학생이라도 고비용의 사교육을 받지 않고서는 명문대학에 진학하기가 아주 힘들다. 이런 상황에서 운동은 하나의 좋은 대안이 될 수 있다. 또한 전업 운동선수에 대한 사회적인 인식도 과거에 비해 많이 개선되었기 때문에, 한국의 많은 어린 아이들은 운동을 자신의 진로로 선택하고 있다. 그런데 이런 학력 위주 사회에서 전업 운동선수로 성공하는 것 또한 녹록지 않은 일이고, 따라서 아이의 장래를 걱정할 수밖에 없는 부모는 아이의 훈련과정에 적극적으로 개입하게 된다. 한국의 성공한 운동선수들에게서 공통적으로 발견되는 것이 바로 이들 부모의 헌신적인 뒷바라지이다.

누군가가 "당신은 어떤 운동을 좋아하냐?"고 물어보면, 언제부턴가 우리는 "보는 운동(경기)이냐 아니면 하는 운동(체력단련)이냐?"고 되묻게 되었다. 검투사 시합처럼 자신의 목숨을 걸어야 한다면 곤란하겠지만, 그렇지 않다면야 당연히 자신이 직접 뛰는 '하는 운동'이 더 재미있어야 한다. 그런데도 우리는 전문선수들의 상업화된 경기인 '보는 운동'에 더 많은 시간과 관심을 쏟고 있다. 왜 그렇게 되었을까? 그 까닭은 자신이 응원하는 팀이나 선수를 통해서 대리만족을 느끼고, 또한 냉혹한 승부의 세계에서 살아남기 위해 열심히 땀 흘리는 선수들의 모습을 보면서 위안을 받을 수 있기 때문이다. 이렇듯 우리는 소설이나 영화와 같은 대중문화 매체를 통해서 얻을 수 있는 감동과 재미를 '보는 운동'을 통해서도 똑같이 얻을 수 있다.

문제는 상업화를 위해 소설이나 영화가 점점 자극적이 되어가듯이 '보는 운동' 또한 점점 자극적이 되고 있다는 것이다. 몇 년 전부터 한국에서는 '이종격투기'라는 새로운 경기가 인기를 끌고 있다. 한때 프로야구를 '국민을 바보로 만드는 서커스'라고 비난했던 한국인은 이제 진짜 서커스에 열광하게 된 것이다.

하는 운동

식습관 때문인지 서양인들은 쉽게 살이 찌는 편이고, 그래서 '하는 운동'은 그들의 일상이 되었다. 반면, 상대적으로 아시아인들은 '하는 운동'에 그리 적극적이지 않다. 그런데도 홍콩이나 서울에 '짐'(gym)이라 불리는 실내 체력단련실이 성업 중인데, 이는 서구식 도시화의 한 현상이라고 할 만하다.

홍콩이라고 하면 연상되는 운동은 바로 '타이치[太極拳]'이다. 이른 아침 주택가 공원에서 일군의 장 · 노년층 훈련생들이 사부의 동작에 따라 이리저리 몸을 흐느적거리면서 움직이는 것을 보면 같은 아시아인인 내가 보아도 신비스럽다. 그 이유는 아마도 물 흐르듯 천천히 움직이는 그 동작과 근육질의 젊은이들이 런닝머신 위에서 땀을 흘리는 모습이 너무도 대조를 이루고 있기 때문일 것이다.

홍콩에 타이치가 있다면, 한국에는 태권도가 있다. 타이치에 비하면 태권도는 유연함보다는 절도와 박력을 추구하는 듯하다. 그래서인지 한국에서 태권도는 혈기왕성한 아이들을 위한 운동이고, 타이치와는 달리 나이가 들어 중, 장년이 되면 아무도 태권도에 관심을 갖지 않는다. 그렇다면 한국인들이 나이가 들어서도 하고 싶어하는 운동은 무엇일까? 아마도 많은 한국인들이 '골프'라고 대답할 것이다. 물론 한국인들은 등산도 하고 배드민턴도 치지만, 한국인의 골프에 대한 열정은 외국인들이 이해하기 어려운 수준이다.

한국에서는 골프장 이용료에 특별소비세가 붙기 때문에 골프는 매우 비싼 운동이다. 이런 사치스러운 운동을 한국인들은 기를 쓰고 하려고 한다. 골프를 좋아하는 이들은 "나이 들어서 부부가 같이 할 수도 있고 또한 비즈니스를 위해서 꼭 필요하다"고 골프에 대한 찬사를 늘어 놓는다. 그러나 한국인들이 골프에 지나칠 정도의 관심을 보이는 이유는 바로 골프가 '부(또는 성공)'를 상징하는 고급 운동이기 때문이다. 이미 여러 번 언급했듯이, 한국인은 "네가 하면 나도 한다"는 의식(일체감)이 매우 강하다.[8] 한국인들이 비싼 명품 브랜드의 옷을 입는 것은 "남들이 가지고 있는 것을 나도 가지고 있다"는 것을 남들에게 알리기 위함인데, 똑같은 심리가 골프에도 적용된다.

홍콩에선 찾아보기 힘든 골프 연습장이 서울 시내 곳곳에 있고, 요즘엔 실내 스크린 골프장이라는 곳도 우후죽순 생겨났다. 홍콩의 한국 교민들도 골프에 열심이다. 운동에 전혀 소질도 관심도 없는 나의 남편은 골프를 쳐 본 적이 없는 소수의 한국인이라 할 수 있는데, 다른 한국인들을 만날 때마다 "왜 골프를 치지 않느냐"는 질문을 받아 매번 곤혹스러워한다. 검게 그을린 얼굴은 홍콩에서 한국 남자를 상징하는 모습이기도 하다. 한국인의 골프에 대한 열기는, 골프가 대중화되어 더 이상 부와 성공을 상징하지 않을 때 비로소 시들해질 것이다.

---

8) 이 책의 '장래 희망은 펀드매니저'에서 이와 관련된 이야기를 주로 했다.

스포츠와 집단주의

영국인(또한 아일랜드인)들은 일과 후 펍(pub)에서 동료나 친구들과 어울려 맥주를 마시며 축구경기를 본다는데, 이런 영국식 펍문화는 이제 전 세계적으로 가장 보편화된 사교문화가 되었다. 이렇듯 축구의 종가 영국에서, 축구는 사교를 위한 훌륭한 매개가 되고 있다. 그러나 축구는 또 한편으론 과격한 축구팬들(훌리건)의 집단행동을 야기하기도 한다.

한국에서도 축구와 관련된 독특한 문화가 있는데, 그것은 바로 '길거리 응원'이다. 2002년 월드컵에서 붉은색 옷을 입은 수천 명이 일사불란하게 응원하는 모습을 보고는 외국인들뿐만 아니라 한국인 자신들도 무척이나 놀랐고 또한 자신이 그 일부분이 되었다는 것을 자랑스럽게 생각했다. 이후 주요 국가대항 축구경기가 있을 때면 한국인들은 길거리로 나와 응원하게 되었고, 이것은 하나의 새로운 문화가 되었다. 그런데 여기서 한 가지 언급하고 싶은 것은, 조국을 응원한다는 순수한 열정 때문에 사람들이 거리로 나오지만, 그 이면에는 '집단히스테리'가 엄연히 존재하고 있고 이것이 과도한 민족주의(집단주의)를 야기할 수도 있다는 것이다.

스포츠는 민족주의에 민감하다. 역사적으로 위정자들은 스포츠를 서커스로도 이용해 왔지만 또한 민족주의를 조장하는 수단으로도 애용해 오고 있다. 올림픽과 같은 국가대항 스포츠 행사에서 좋은 성적을 얻기 위해 많은 국가에서 정책적으로 소수정예의 스포츠 전사를 육성하기도 하는데, 중국이나 한국이 이에 해당한다. 반면, 일본은 대다수 국민의 건강증진(즉, '보는 운동'보다는 '하는 운동')에 더욱 힘쓰는 쪽으로 정책을 바꾸었다고 하는데, 이는 분명 칭찬할 만한 일이다. 지난 베이징올림픽에서 있었던 일이다. 태권도 경기에서 대만의 유력한 우승 후보가 애매한 이유로 실격되었고, 이에 대만에서는 반한 감정이 고조되었었다. "참여하는 데 의의가 있다"고 하는 올림픽에서조차도 이렇듯 성적에 민감한데, 이는 그것이 개인의 문제를 넘어 국가와 민족의 문제가 되었기 때문이다.

중국은 이제 세계 제일의 스포츠강국이라 할 수 있지만, 축구에서만은 아직도 지지부진한 편이다. 이를 두고, "중국인은 개인주의적이기 때문에 개인경기에는 강하지만 단체경기에는 약하다"고 평한 것을 본 적이 있다. 나는 이 말에 동의하지 않는다. 체면을 중시한다는 것은 (자신이 속한 집단의) 다른 사람들의 시선 때문에 하기 싫은 일이라도 해야 한다는 것을 의미한다. 즉, 중국인이 체면을 중시하는 한 개인주의적이 되기는 어렵다.[9] 또한 축구경기와 선수들의 개인주의적인 개성은 서로 별로 연관성이 없어 보인다. 브라질이나 이탈리아가 축구 강국이 된 이유가 그들이 단체의식이 강하기 때문은 분명 아닐 것이다.

일본의 초등학생들에게 아주 인기 있는 '30인31각'이라고 하는 운동경기가 있는데, 홍콩의 텔레비전에서도 자주 방영해 주었다. 경기방식은 30명의 초등학생이 양 옆 사람과 다리를 묶은 채 일렬로 50미터를 달리는 것으로, 어느 팀이 가장 빠르냐를 가린다. 인상적인 장면은, 매 경기가 끝날 때마다 어린 학생들 모두가

9) 3장의 '혼자 밥 먹지 못하는 한국인'에서 이를 자세히 다루었다.

한결같이 좀더 잘할 수 있었음을 아쉬워하며 눈물을 흘린다는 것이다. 각 개인의 개성을 절대로 용납하지 않는 이 운동경기는 어린 학생들에게 협동심, 즉 단체의식을 키워 주기 위해 고안된 것이다. 그런데 울고 있는 그 아이들을 보고 있으면, 그들의 발을 묶는 그 끈이 마치 '집단의 이익을 위해 각 개인을 억압하는 장치'와 같다는 생각이 들어 마음이 무거워진다(물론 이것은 나의 지나친 상상일 수도 있다).

일본이 비록 진보적인 스포츠정책을 시행하고는 있지만, 일본에서 이런 운동경기가 인기가 있다는 것은 일본인이 단체의식이 강하다는 것을 의미한다. 또한 한국인이나 중국인(또한 홍콩인)도 최선을 다해 열심히 달리는 일본의 어린 아이들을 보면서 쉽게 감동을 받기도 하는데, 이는 그 운동경기가 추구하는 미덕—개성을 인정하지 않는 협동심—에 공감한다는 뜻이다. 즉, 동아시아 3개국 모두가 단체의식이 아주 강하다는 것을 보여준다.

얼마 전 이곳 홍콩에서 단오를 맞아 용선(龍船)경기가 열렸다. 용선경기에서도 북소리에 맞추어 모두가 똑같은 속도로 노를 저어야 더 빠르게, 즉, 효율적이 될 수 있다. 다행히도 어느 팀도 똑같이 박자를 맞추겠다고 앞뒤의 선수들의 팔을 끈으로 묶어 놓지는 않았고, 덕분에 나는 용선경기를 그저 하나의 스포츠경기로 즐겁게 관람할 수 있었다.

Ⅱ. 언어와 문화

한국어와 중국어

한국어와 한글

한류 특히 한국 드라마의 영향으로 택시를 타거나 상점에 가면 혹시 한국인이 아니냐며 먼저 한국어로 인사하는 홍콩 사람들이 제법 많아졌다. 지난 십여 년간 홍콩에서 한국어와 한국문화를 가르쳐 온 나로서는 정말 감격스러운 변화이다. 지금은 홍콩의 여러 대학과 언어 교육기관에서 앞다투어 한국어 강좌를 열고 있는데, 매년 약 5천 명 이상의 수강생이 몰리고 있다.[10)]

홍콩 정부는 습득권장어(習得勸獎語)라는 것을 지정하고, 공식어로 영어, 광동어, 북경어가 지정되었고, 외국어로는 독어, 불어, 일어, 스페인어와 함께 한국어가 지정되었다. 몇 년 전 홍콩경제일보에서 한-홍콩 간의 긴밀한 경제 · 관광 · 대중문화 교류를 언급하며 한국어 학습의 유용성을 강조한 바도 있다.[11)] 그러나 아직

---

10) Hyewon Kang Kim, "Korean Language and Korean Studies in Hong Kong (1998-2009)", The Teaching and Learning of Asian Languages, Electronic Journal of Foreign Language Teaching, Vol. 7, Suppl. 1: 141. National University of Singapore, Singapore (2010).

11) Hong Kong Economic Times, "No worry of unemployment for the local Korean proficiency personnel", 2006년 11월 6일 자.

많은 중국인들(또는 홍콩인들)은 한글의 생김새가 예쁘고 귀엽다고 말한다. 한글은 한자에 비해 시각적으로 훨씬 단순하고, 또한 한자에는 없는 동그라미 모양이 있기 때문이라고 한다.

대다수의 홍콩 사람들은 텔레비전 드라마에서 가끔씩 비쳐지는 한글이 여전히 생소하다고 말한다. 사실 중국인이나 일본인이 한국을 방문하면, 길거리의 간판이나 이정표 등이 한자로 표기되어 있지 않아 불편하다고 불평한다. 한국의 신문을 보아도, 일본의 신문과는 달리 한자가 거의 없는 것을 알 수 있다. 한국인은 이것을 너무도 당연한 것으로 여기고 있지만 중국인(그리고 아마도 일본인)에게는 그리 당연한 것이 아닐 수도 있다.

한국인에게 가장 자랑스러운 문화유산이 무엇이냐고 묻는다면 많은 이들이 '한글'이라고 대답할 것이다(한 설문조사에 따르면, 대다수의 중국인도 그들의 문자인 '한자'가 가장 자랑스러운 문화유산이라고 대답했다고 한다). 또한 가장 존경하는 역사상의 한국인은 누구냐고 묻는다면 많은 이들은 한글을 창제하신 '세종대왕'이라고 대답할 것이다. 위대한 지도자였던 세종대왕은 한글 창제 이외에도 과학, 기술 등 많은 분야에 탁월한 업적을 남기셨다. 그런데 왜 그 바쁘신 세종대왕께서 친히 한글을 만드셔야 했을까? 잘 알려져 있듯이 훈민정음의 서문에 그 이유가 나와 있는데, 한마디로 요약하자면 한국어가 중국어와 다르기 때문에 한자로 한국어를 표현하기가 힘들다는 것이다. 그러면 과연 중국어와 한국어는 어떻게 다르다는 것인가?

문법적인 측면에서 보면, 목적어(또한 보어)가 문장의 어디에 위치하느냐에 있어서 한국어와 중국어(漢語)는 큰 차이점을 보인다. 영어와 마찬가지로, 중국어에서도 동사 바로 다음에 목적어가 위치한다. 이 때문에 중국어가 영어와 비슷하다고 주장하는 사람들도 있지만, 이 점을 제외하고는 중국어의 어순(語順)은 영어보다는 한국어와 더 비슷하다. 한국어에는 격조사(格助詞)가 있어, 목적어가 동사와 따로 떨어져 있어도 별 문제가 없다. 이런 격조사의 사용은 중국어는 물론이고 다른 언어에서는 찾아볼 수 없는 한국어(와 일본어)만의 독특한 특징이기도 하다. 한글이 창제되기 이전, 한자로 한국어를 표기할 때 어려움을 주었던 것 중 하나가 바로 이런 격조사(를 포함한 다른 여러 종류의 조사)이기도 했다.

한편, 한국어에서 동사의 시제, 존칭형, 서법(敍法) 등은 더욱 세분화된 표현을 위해 아주 유용한 '문법적 기능'인데, 동사 어미(語尾)의 형태를 변화시켜 이를 구현한다(이를 '동사의 어미 활용'이라고 한다). 한국어에서는 이런 어미 활용이 아주 복잡하고 정교하게 발달되어 있고, 표음문자 체계인 한글로 이를 구현하는 데 아무런 제약이 없다. 반면, 중국어에서는 이런 어미 활용이 없기도 하거니와, 그들이 사용하는 표의문자 체계인 한자로는 이를 구현할 방법도 아예 없다.[12)]

---

12) 이런 이유로 언어 유형학에서는 중국어는 고립어(孤立語)로 한국어는 교착어(膠着語)로 분류한다. 이 주제에 대해서는 이 책 '쉬운 한글, 어려운 한국어'에서 자세히 논의한다.

한자는 배우기 쉽지 않아 문맹률이 높아질 수밖에 없고, 이에 중국 정부는 꽤나 고심했다고 한다. 그러다 중국은 1958년 한자병음(漢字倂音)이라는 것을 내놓았는데, 이는 로마자를 이용한 일종의 표음문자 체계로 영어의 발음기호와 비슷한 것이라 할 수 있다. 로마자로 표기되어 있지만 영어와는 그 읽는 방법이 조금은 다르다(그래도 중국 거리의 이정표 등에는 한자와 이 병음이 같이 표기되어 있어, 한자를 전혀 모르는 외국인이라도 병음을 영어식으로 발음하면 현지 중국인이 어느 정도 짐작할 정도는 된다). 정리하자면, 중국어가 별도의 표음문자 체계가 필요했을 정도라면, 당연히 한국어도 그와 비슷한 표음문자 체계가 필요했다는 것이고, 특히 한국어의 격조사나 동사의 어미 활용 등을 제대로 표기하기 위해서라면 그 필요성은 더욱 클 수밖에 없었다는 것이다. 그리고 이것이 바로 한글이 만들어진 계기와 이유 중 하나라고 해야 할 것이다.

한국어와 한자

한국이나 일본은 한자문명권에 속한다. 한국인이 사용하는 어휘의 70% 이상이 한자 표기가 가능한, 즉 중국에서 수입한 단어이다. 이러한 한자어는 과거 한국이 중국으로부터 선진 사상이나 문물을 수입할 때 그것들을 표현하고 이해하기 위해서 같이 수입한 것들이다. 지금도 한국에서는 일상생활 용어가 아닌 추상적인 개념이나 전문적인 용어는 대부분 한자어로 되어 있다. 인지(認知) 발달 이론으로 유명한 구 소련의 심리학자 비코츠스키(Lev Vygotsky)는, "인간의 사고(思考)가 문화마다 다른 이유는 언어가 다르기 때문이며, 사고는 언어가 내면화된 결과이다"라고 주장했다. 즉, 두 집단이 문화적으로 얼마나 유사한가를 알려면, 그들이 사용하는 언어를 비교해 보면 알 수 있다는 것인데, 중국으로부터 많은 한자어를 수입하여 사용하고 있는 한국이 중국과 매우 유사한 문화(및 사고방식)를 가질 수밖에 없다는 것(즉, 같은 문명권 또는 문화권에 속한다는 것)을 의미한다.[13)]

일본이 중국과 한국에 앞서 근대화를 이루었기 때문에, 한국은 근대화 이후 서양으로부터 들여온 신문물과 관련된 어휘를 일본으로부터 수입했다. 문제는 자존심 강한 중국이 자신들 방식대로 어휘를 따로 만드는 바람에, 중간에 낀 한국이 가끔씩 혼란을 겪기도 한다는 것이다. 예를 들면, 우리말의 기차(氣車)는 일본식 한자어인데 중국에서는 같은 대상물을 '후어츠어'[火車]라고 부른다. 반면, 중국어에서 氣車는 '치츠어'라고 읽고 자동차를 의미한다.

한국에서만 다르게 사용되는 한자 어휘도 있다. 중국 무술을 의미하는 '쿵푸'는 원래 한자어 '工夫'에서 왔는데, 이는 중국어로 '꽁푸'라고 읽고 주로 '노력하다'라는 의미로 사용된다. 물론 이것을 한국에서는 '공부'라고 읽고 '배우고 익힌다'라는 의미로 사용한다. 반면 중국어에서 '공부하다'에 해당하는 한자어는 '학습'(學習)이고, 일본에서는 '열심히 애쓴다'는 의미를 가진 '벤쿄'[勉强]가 이에 해당한다. 한편, 중국에서는 서양식 외래어를 자신들의 한자 발음에 따라 음차(音借)로 표기하기도 한다. 예를 들면, 햄버거는 '한빠오빠오'[漢堡包]라고 하는데, 중국어를 처음 배우는 한국

13) 뒤의 '한국식 피클'에서 자세히 다룬다.

사람들이 자주 골탕먹는 부분이기도 하다.

한자는 배우기가 쉽지 않지만 한자로 표기하면 가독성(可讀性)을 높일 수 있다. 예를 들면, 그냥 '정'이라고 발음하거나 한글로 쓰면, 이것이 '正'인지 아니면 동음이의어(同音異義語)인 '情'이나 '亭'인지 분별하기 어렵다. 한국어는 중국어보다 훨씬 더 다양한 발음을 표현할 수 있으나, 대신 중국어의 성조(聲調)와 같은 것이 없다. 그래서 한국어에서도 중국어만큼이나 동음이의어가 많다. 그러나 한 글자가 아닌 여러 글자로 이루어진 단어의 경우, 이러한 동음이의어의 수는 현저히 줄어들어, 글이 아닌 말[言]로 의사소통할 때도 큰 불편이나 혼동은 없다. 이런 이유로 한국 신문을 보면, 한 글자짜리 단어의 경우, 동음이의어로 인한 혼동을 줄이고자 한글보다는 한자로 표기하거나 한자를 병용하는 경우가 많다. 그러나 두 글자 이상의 단어인 경우는 동음이의어로 인한 혼란이 별로 없기 때문에 한자를 굳이 병용하지 않는다. 그래서 신문을 포함한 인쇄물이나 전자우편 등에서도 한자의 사용은 극히 제한적이다.

한편, 일본어의 경우는 사정이 조금 다르다. 일본 문자인 히라가나는 매우 제한된 수의 발음만을 표기할 수 있고, 중국어와 같은 성조도 없다. 따라서 여러 글자로 이루어진 단어라 하더라도 동음이의어가 상대적으로 훨씬 많다. 예를 들면, 두 글자로 된 한자어 光州, 抗州, 口臭, 公衆, 甲州, 講習의 한국어와 중국어는 각각 [광주/꽝조우], [항주/캉조우], [구취/코우초우], [공중/꽁종], [갑주/지아조우], [강습/지앙시]로 여섯 개 모두 다르게 발음된다. 그러나 이

들 여섯 개의 한자어는 일본어로는 모두가 '고우슈우'(こう-しゅう)로 발음되는 동음이의어라고 한다.[14] 이렇듯 일본어에서는 동음이의어가 아주 많은데, 이것이 한국과 달리 일본에서 더욱 적극적으로 한자를 사용하는 이유 중 하나이다.

한국의 한자교육 열풍

일본만큼은 아니지만 한국에서도 학생들은 어느 정도의 한자를 배워야 한다. 한국의 한자 교육정책은 계속 바뀌어 왔는데, 덕분에 나처럼 한자를 많이 배운 세대도 있고, 전혀 배우지 않은 세대도 있다. 홍콩인 친구 중 말레이시아 출신 화교가 한 명 있는데, 그녀는 광동어는 능숙하지만 한자를 거의 읽지 못한다. 말레이시아는 화교의 비중이 꽤 높지만 한동안 정부정책에 따라 한자(중국어) 교육을 하지 않았던 시기가 있었다. 이 때문에 그녀는 집에서 부모나 친구들과 광동어로 이야기하면서 말을 익힐 수는 있었지만, 학교에서 한자를 배우지는 못했다고 한다. 화교인 그녀가 읽지 못하는 홍콩 거리의 간판이나 광고를 나는 읽을 수 있는데, 이렇게 한자를 이해하는 능력이 중국과 홍콩의 문화를 이해하는 데 많은 도움이 되었음은 물론이다. 중국이 세계 무대에 부상하고 한국 경제의 중국 의존도도 계속 커지고 있어서, 한동안 무시되었던 한자 교육에 대한 필요성이 한국에서도 다시 대두되고 있다.

학자들에 의하면, 표음문자는 논리로 의미를 전달하기 때문에 논리의 간결함과 정확함을 요구하며 청각에 의존하는 반면, 표의

14) http://detail.chiebukuro.yahoo.co.jp/qa/question_detail/q1346670993를 참조했다.

문자는 복잡 다의적(多義的)이고 텍스트의 해석이 중요하며 시각에 의존한다고 한다. 한국어(와 일본어)는 기본적으로 표음문자 체계(청각과 논리)이면서도 많은 표의문자 어휘(시각과 해석)를 사용한다. 즉, 한 언어에 두 특성이 공존하는 언어이다. 이런 언어는 단일체계 언어보다 인간 뇌의 복합감각 훈련에 훨씬 도움을 준다고 한다.[15] 이러한 학계의 주장이 한자교육 강화 정책에 힘을 더해 줄 것 같다.

한국인과 한글

한국인은 영어 교육에 엄청나게 많은 시간과 돈을 쓰고 있고, 이제는 중국어나 한자에도 신경을 써야 하니 외국어 교육에 대한 부담은 더욱 커져만 가고 있다. 게다가 외래어도 계속 늘어만 가고 있어 한국에서 한국어의 위상은 계속 낮아지기만 하는 것처럼 보인다. 그러나 외국에 살면서 새삼 느끼는 것은, 한국인의 남다른 한글 사랑이다. 특별히 한글날을 제정하여 한글의 고마움을 일깨우고 있으며 최근 다시 공휴일로 지정했다. 또한 최근에는 오지의 소수민족에게 한글을 보급하기 위해 많은 노력을 한다고도 하는데, 이러한 일들은 한글에 대한 자부심이 없다면 결코 할 수 없는 것들이다.

한국인이 한글을 자랑스럽게 여기는 이유는 한글이 매우 과학적인 체계에 의해 만들어져 있어 배우고 쓰기가 아주 쉽다는 것이다(내가 외국 학생들에게 한국어를 가르칠 때면 장황하게 설명하는 한국어의

15) 김정운, 《일본열광》, 프로네시스(2007):305.

특성과 장점을 여기서 한국 독자들에게 자세하게 언급하지는 않겠다). 그러나 한국인이 한글을 사랑하고 세종대왕을 존경하는 가장 큰 이유는, 일국의 군주가 백성들을 '어여삐 여겨' 손수 만들어 주신—그것도 아주 훌륭하게—문자가 바로 한글이기 때문일 것이다.

한국식 피클

음독(音讀)과 훈독(訓讀)

몇 년 전에 〈나의 그리스식 웨딩〉이라는 아주 유쾌한 미국 영화 한 편을 본 적이 있다. 이 영화의 여주인공은 결혼을 앞둔 그리스계 미국인인데, 그녀의 가족인 그리스 사람들의 정감 있는 모습이 매우 인상적이었다. 특히 그녀의 아버지는 가부장적이고 겉으로는 무뚝뚝하지만 속으로는 가족을 끔찍이 아끼는 아주 재미있는 인물이었다. 그런데 자신이 그리스 출신임을 무척이나 자랑스럽게 생각하는 그녀의 아버지는 영어 어휘들 중 대부분은 그 어원이 그리스어에서 왔다고 주장한다. 민주주의를 발명했고 철학과 예술을 발전시켰던 그리스가 서양 문명의 원조이다 보니, 그의 주장처럼 영어나 프랑스어와 같은 서양 언어에는 그리스어에서 파생된 어휘들이 적지 않다. 문제가 있다면, 그는 '기모노(着物)'와 같은 아시아에서 온 어휘조차도 그리스어와의 연관성이 있다고 주장한다는 것이다. 물론 그의 이런 과장된 언행은 영화의 재미를 위해서 단지 설정된 것일 뿐이다. 어쨌든 이런 것을 '자문화중심주의(自文化中心主義, Ethnocentrism)'라고 부를 수 있는데, 한국을 포함한 주변국들이 중국의 중화사상을 보면서 우려하는 것이 바로 이것이기도 하다.

영어의 철자 'A', 'B', 'C'와 같은 음소문자를 알파벳이라 부르는데, 이는 그리스 문자의 맨 앞 첫 번째와 두 번째가 각각 '알파'와 '베타'이기 때문에 붙여진 이름이다. 그런데 이 서양 문자체계의 시초인 그리스의 알파벳은 고대 페니키아 문자로부터 유래되었다. 페니키아의 문자도 음소로 이루어져 있지만, 처음 만들어질 때는 상형문자를 기초로 하였다고 한다. 예를 들면, 그리스어 철자 '알파'는 '알레프'(aleph)라고 하는 페니키아 철자에서 유래되었는데, 이는 원래 황소를 뜻하는 상형문자였다고 한다 (영어 'A'자를 위아래로 뒤집으면 '뿔 달린 황소머리'의 모양이 된다). 즉, 원래는 어떤 의미를 상징하는 문자였지만, 나중에 그 의미는 없어지고 음소만 남은 표음문자가 된 것이다.

한자의 형상을 단순화시켜 만든 일본의 히라가나와 가타가나도 그리스의 알파벳과 유사한 과정을 거쳤다고 할 수 있는데, 각각의 한자가 가지고 있던 원래의 의미는 없어졌지만 발음의 유사성은 아직 남아있다. 한편, 일본 문어(文語)에서는 가독성을 높이기 위해 한자를 많이 사용하는데,[16] 그 한자를 읽을 때 그것을 어떻게 발음해야 하는가로 어려움을 겪을 때가 많다. 왜냐하면 일어에서는 하나의 한자가 한 가지 이상의 발음을 가지고 있기 때문이다.

일본인(또한 한국인)이 한자를 배울 때는, 각 글자가 상징하는 의

16) 이 책 '한국어와 중국어' 참고.

미인 훈(訓)과 그 발음을 같이 배운다. 외래어인 한자를 이해하기 위해 사용되는 훈은 대개의 경우 일본(또는 한국)의 고유어이다. 그런데 옛날 일본(또한 한국)에서는 자신들의 고유어를 표기할 다른 방법이 없었기 때문에 한자로 써놓고 그 훈에 해당하는 고유어의 발음으로 읽었는데, 이를 '훈독'이라 한다 (반면, 한자의 원래 발음대로 읽는 것을 '음독'이라고 한다). 일본어에는 이런 훈독의 전통이 아직 남아 있어서, 어떤 한자는 원래의 중국식 발음과는 전혀 무관하게 발음되기 때문에 한자를 잘 아는 중국인도 일본어 배우기가 쉽지 않다.

한국인의 경우, 세종대왕 덕분에 한자와 체계도 다르고 형상도 완전히 다른 문자인 한글을 갖게 되었다. 그런데 한글은 15세기가 되어서야 만들어진 것이고, 그 이전에는 한국에서도 한자를 이용하여 고유어를 표기할 수밖에 없었는데, 그중 가장 대표적인 방법이 바로 이두(吏讀)이다. 일본어의 음독과 훈독이 있는 것과 마찬가지로, 이두 역시 한자의 음이나 훈을 빌려 한국의 고유어를 표기했다. 그러나 한국에서는 한글이 만들어지고 난 후, 한자로 표기하기 어려웠던 고유어는 한글로 표기할 수 있게 되었고, 이에 훈독은 자연스럽게 없어지게 되었다. 반면 일본에서는 히라가나가 완전히 보급된 후에도 훈독이 여전히 남아있는데, 이는 워낙 오랫동안 훈독이 광범위하게 활용되었기 때문에 이를 쉽게 대체하지 못하는 것으로 추측된다.

일본인은 한자를 이리저리 재단하여 자신들의 문자체계도 만들었고, 한자를 자신들의 방식에 따라 훈독도 하고, 또한 약체(略

體)라고 하는 일본식 간체(簡體)도 만들어 오래전부터 쓰고 있으니, 중국의 한자가 일본으로 건너가 많은 변화를 겪은 셈이다. 반면, 한국은 한자를 옛날 원래의 형태 그대로 쓰고 있고, 발음도 중국에서처럼 한 글자에 하나뿐이며, 한자에 손대지 않고 아예 한자와는 전혀 다르게 생긴 한글을 만들어 사용하고 있다. 일설에 의하면, 이는 과거 한국의 선조들이 중국에서 온 한자를 신성하게 여겨, 어떠한 변형도 주지 않으려 했기 때문이라고 한다.

한(韓)과 한(漢)

십여 년 전 싱가포르에서 살 때, 우리 가족을 여러 모로 보살펴 준 아주 고마운 현지인 친구가 있었는데, 그녀의 남편 성은 '한'(韓) 씨였다. 물론 그는 중국계 싱가포르인으로 한국과는 아무 관계가 없다. 아마도 그의 성은 전국(戰國)시대 칠웅(七雄) 중 하나였던 '한(韓) 나라'와 관계가 있을 것이다. 그렇다면 대한민국과 전국시대 한나라와는 어떤 연관이 있는 것인가? 한편, 지금은 한국의 서울을 한자로 '首爾'이라고 표기하고 '쇼우얼'이라고 읽는데, 불과 몇 년 전까지만 해도 중국 사람들은 '漢城'이라 쓰고 '한청'이라고 읽었다. 물론 서울의 옛 조선 시대 지명이 바로 '한성(漢城)'이다. 몇 년 전 북경대학이 한국의 서울대학교에 공문을 보냈는데, 그 공문이 엉뚱하게도 다른 대학으로 배달되었다고 한다. 왜냐하면 북경대학이 한국에 보내는 우편에 서울대학교를 그들 식으로 '漢城大學校'라고 썼기 때문이다.

그렇다면 왜 조선 시대에 수도를 '한성'이라고 했을까? 몽골의 위대한 영웅 칭기즈칸[成吉思汗]의 마지막 글자 '汗'은 '커한'[可汗]의 준말로 왕을 뜻하는 몽골어 '칸'을 음차(音借)로 표기한 것이다. 고대 한국의 신라에서도 최고 우두머리를 '마립간'(麻立干)이라고 음차로 표기했고, 또한 터키어로도 '칸(kağan 또는 hakan)'은 '왕'이라는 의미를 가지고 있다. 한국어에서 '汗'은 '韓', 또한 '漢'과 마찬가지로 모두 '한'으로 발음된다. 한국 고유어로 '한'은 '큰 것, 유일한 것' 등의 의미를 가지고 있다. 따라서 나라 이름으로 '한'이라 하면 한국인에게는 아주 좋은 의미를 가지는 셈이며, 이것이 '韓'이 된 것은 단지 음차로 표기하면서 생긴 일이지 전국시대의 한(韓)나라와는 무관하다. 칭기즈칸의 후손들이 중앙아시아에 세운 나라이름들은 한자로 표기하면 모두 '무슨 무슨 한국(汗國)'이 되는데, 이것도 한자의 음차표기에 따른 것으로, 특별히 '땀[汗]을 많이 흘려 세웠다'는 의미는 아닐 것이다.

한편, 서울의 한강은 한자로 '漢江'으로 표기되는데, 이 역시 고유어 '한'에서 유래되었을 뿐, 중국의 유방이 세운 한(漢)나라와는 아무 관계가 없다. 옛날에는 서울 지역(지금의 강북 지역)을 '한강의 북쪽'이라는 의미로 '한양'(漢陽)이라 불렀다고 한다. 즉, 서울의 옛 지명은 한강의 이름을 따서 '한양'이었다. 그러다 조선이 개국하면서 한양이 수도로 정해졌고, 그 둘레에 성(城)을 쌓으면서 '한성'(漢城)이라는 이름을 갖게 되었다고 한다. 다시 말하면, '漢江, 漢陽, 漢城'은 모두 한국 고유어 '한'을 음차 표기하면서 '漢'이라는 글자를 썼을 뿐이고 중국의 '漢'과는 관계가 없다.

점심

중국에 이웃한 한국(또한 일본)은 중국의 선진 사상과 문물을 열심히 받아들였고, 이와 함께 수입된 한자어가 한국어(또한 일본어)의 근간을 이루게 되었다. 한국어의 경우, 어휘의 약 70%가 한자어라고 알려져 있다. 특히 일상 용어가 아닌 전문 용어는 한자어에 전적으로 의존하고 있다. 일상 용어에도 한자어가 제법 있는데, 그 중 가장 재미있는 예가 바로 '점심'(點心)이다 (또한 '내일'도 아주 좋은 예이다).

중국에서 '點心'[띠엔신]이라고 하면 '간식'(間食)이라는 뜻이 되고, 광동어 발음으로 '딤섬'이라고 하면 '홍콩식 점심'을 뜻한다. 흥미로운 사실은, 한국어에서 조식(早食)과 석식(夕食)에 해당하는 '아침밥'과 '저녁밥'은 한국 고유어이지만, 중식(中食)은 한국 고유어로 '낮밥'이라 하지 않고 한자어인 '점심'이라고 한다는 것이다. 한편, 지금은 사용하지 않지만 예전에는 '낮에 먹는 새참'이란 의미의 '낮참'이라는 말이 있었다.

인류학자들의 주장에 따르면, 농경사회에서 중식(즉 지금의'점심')을 먹기 시작한 것은 그리 오래된 일이 아니라고 한다. '점심'이라는 말은 처음 한국에 건너왔을 때는 (중국에서와 마찬가지로) 조식과 석식 사이에 '간단하게 먹는 간식'이란 의미로 사용되었다가, 중식이란 개념이 정착되면서 이를 '점심'이라고 부르게 되었을 것이다. 어쨌든, 한자어인 '점심'은 '중식'이라는 조금 다른 의미의 말로 전용되어 살아 남았으나, 고유어인 '낮참'은 '새참'이라는 의미로만 쓰이다가 점차 사라졌다. 이제 '점심'이란 말은 한국어에서 '정오 시간대(=낮)'를 의미하는 단어로 활용되기도 하는데, 이 중국에서 온 한자어가 한국인에게 마치 고유어처럼 아주 익숙하게 사용되고 있는 셈이다. 이렇듯 외래어는 수입될 당시 비슷한 의미를 가진 기존의 고유어가 없을 경우 더 쉽게 정착할 수 있게 된다.

한자어의 비중이 매우 높기는 하지만, 한국인은 여전히 한국어를 구사하고 중국어를 어려워한다. 언어는 민족의 정체성을 나타내는 가장 중요한 요소라고 할 수 있다. 그런데 한국인이 중국에서 수입한 한자어의 범람으로부터 모국어인 한국어를 지켜낸 것과 한국인이 아주 강한 민족 정체성을 가졌다는 것은 별개의 문제이다.

북방 이민족인 만주족이 중국에 청(淸)나라를 세워 한족(漢族)을 한동안 지배했고, 그 결과를 보면 한족의 의복 습관은 바뀌어 이제 중국인(한족)은 만주족의 복식(服飾)을 자신들의 전통이라 여기게 되었다. 그러나, 의복과는 달리, 한족의 언어인 중국어(漢語)는 여전히 건재하다. 앞의 '오리엔탈리즘은 극복되고 있는가'에서도 언급했지만, 문화에는 쉽게 변할 수 있는 것과 그렇지 못한 것이 있는데, 언어는 한번 익숙해지면 웬만해서는 바뀌기 어려운 것 중 하나이다. 이것이 한국어가 역사의 기복에도 불구하고 아직까지 살아남은 주요한 이유일 것이다. 한국어와 중국어의 가장 큰 차이점 중 하나는 바로 어순(語順)인데, 바뀌기 어려운 언어의 속성을 설명하기에 가장 적당한 예가 바로 '어순'이기도 하다.

만약 어느 외국인이 영어에 익숙하지 않은 당신에게 영어로 말을 건넨다고 가정해 보자(다행히도 그는 당신이 알고 있는 쉬운 영어 어휘만을 사용해서 천천히 말한다고 가정하자). 이럴 경우, 당신은 그가 한 문장을 완전히 끝낼 때까지 그가 허공에 내뱉은 모든 어휘들을 기억한 후, 그것들을 (머릿속에서 가능한 재빠르게) '한국어 어순'으로 재정렬한 후에야 비로소 그가 무슨 말을 했는지 이해할 수 있게 된다. 이렇듯 자신의 모어(母語)와 어순이 다른 외국어는 배우기가 더욱 힘들다.(참고로, 한국어에는 격조사가 있기 때문에 문장 속에 단어들의 순서가 바뀌어도 격조사를 통해 각 단어의 문장 성분이 파악되어 그 의미를 이해할 수 있지만, 격조사를 사용하지도 않고 한국어와 어순도 다른 외국어는 한국인에게 어렵게 마련이다). 정리하자면, 한국어와 어순이 다른 중국어(또는 영어)가 한국인에게는 배우기 어려운 언어인 것은 당연한 것이고, 이 덕분에 한자(또는 영어) 외래어(즉, 어휘)가 아무리 범람해도 중국어(또는 영어)가 한국어(의 문법)를 완전히 대체하기는 쉽지 않다는 것이다.

한국인이 중국어로 말하지 않고 한국어로 말한다고 해서 한국이 그동안 중국으로부터 받은 영향을 과소평가할 수는 없다. 예절이나 축제와 같이 소위 '전통'이라고 부르는 것들을 자세히 들여다보면, 그것들은 일련의 '의식'(儀式)으로 이루어져 있다는 것을 알 수 있다. 의식이란 그 자체로는 아무 의미 없는 행위이지만 그것에 어떤 상징적 가치가 부여된 것이다. 그런데 이 '상징적 가치'라는 것은 바로 언어(그중에서도 어휘)를 통해 만들어진다. 언어는 소통을 위해 '사회적으로 약속한 상징체계'라고 정의할 수 있는데, 이런 점에서 '의식'은 '언어의 확장된 한 형태'에 불과하다.

따라서 한국이 중국과는 다른 (일련의 의식으로 이루어진) 전통이 있지만, 한국인이 사용하는 어휘의 70%가 한자어라는 것은 그만큼 한국인이 중국인과 사고방식을 공유하고 있다는 것을 의미한다.

과거 한국과 일본은 중국으로부터 많은 어휘를 수입했지만, 이제는 그 대상이 서양으로 바뀌었다. 외래어를 수출만 하던 중국도 이제는 처지가 바뀌어 상당한 양의 외래어를 수입하게 되었는데, 중국식 외래어 표기법은 다른 나라의 그것과는 상당히 다르다. 예를 들면, 한국의 '김치'는 대부분의 다른 나라에서도 그것과 비슷한 발음으로 표기하며, 그것을 '한국식 피클(pickle)'이라 하는 경우는 아주 드물다. 반면, 중국에서는 이를 '한국식 泡菜[파오차이]'라 부른다. 이렇듯 중국에서는 가능한 그들이 가지고 있는 어휘를 활용하여 신조어를 만듦으로써 외래어의 사용을 줄이려 한다. 중국어로 컴퓨터를 '전자두뇌'라는 의미의 '電腦 [띠엔나오]'라고 하는데 이 또한 마찬가지의 예라고 할 수 있다.

또한, '漢堡'([한빠오], 햄버거)나 '可口可樂'([커코우커러], 코카콜라)의 경우처럼 중국어에서는 원음과 비슷하게 음차(音借)로 표기할 때에도 가능하면 어떤 의미를 부여하려고 한다. 이는 표의문자 체계인 한자가 가지고 있는 독특한 특성 때문인데, 이러한 방식을 따르게 되면 결국 외래어가 가지고 있던 원래의 상징이 중국식으로 재해석된다. 다시 말하자면, 앞에서 언급했던 그리스와 마찬가지로, 중국이 자신의 찬란한 역사와 문화를 자부하여 자문화중심주의적이 되는 측면도 있지만, 중국인이 사용하는 한자체계를 이용하면 외래의 것들도 자신의 관점에서만 보게 되어 중국이 자문화중심적이 될 수밖에 없다는 것이다.

오래전 한국에서 '우리말 사랑'이란 거국적 캠페인이 있었다. 그 당시 축구 경기 중계방송 진행자는 축구 용어를 전부 한국 고유어로 고쳐서 사용했는데, 예를 들면, '골키퍼'는 '문지기'로 '코너킥'은 '구석 차기'라는 식이었다(북한은 예나 지금이나 이런 식으로 한국 고유어만을 사용하고 있다). 현재 상용하는 고유어가 있는데도 불구하고 굳이 외래어를 쓴다면 문제가 되겠지만, 새로운 개념이나 문물에 억지로 고유어를 끼워 맞추면 변별력(辨別力)이 떨어질 수 있다(예를 들면, 한국에서 '식당'과 '레스토랑'은 각기 다른 상황의 다른 의미로 사용된다). 참고로, 한자어인 '고유어'의 순우리말은 '순우리말'인데, '순우리말'에서 '순'(純)은 또한 한자어로 이에 해당하는 순우리말은 '참'이다. 부디 한국의 정책 담당자가 '자장면의 교훈'을 잊지 않기를 바란다.

쉬운 한글, 어려운 한국어

종이와 인쇄술

전문 학술 용어로 인류를 '호모 사피엔스'라고 하는데, 이는 '현명한 사람'이라는 뜻의 라틴어이다. 고대 로마제국의 공용어였고 영어나 불어 등 서양 언어에 지대한 영향을 끼쳤던 라틴어는 이제 말로는 거의 사용되지 않지만 이렇게 글로는 아직까지 사용되고 있다. 라틴어는 그 소유주인 로마제국이 더 이상 존재하지 않아 정치적으로 영국인이나 프랑스인 등 서양인 모두에게 중립적이라 할 수 있기 때문에 학술 용어로나마 살아남은 셈이니 역사의 아이러니라고도 할 수 있다.

서기 476년 로마제국이 망하고 야만족이 유럽을 지배하게 되자, 유럽에는 라틴어를 읽을 수 있는 사람들의 수가 점차 줄어들었다. 이후 오랫동안 라틴어로 쓰여진 책을 읽을 수 있는 사람은 일부 성직자를 제외하고는 없었다. 당연히 더 이상 새로운 책은 쓰여지지 않았고, 외딴 수도원의 수도사들이 로마 시대에 쓰여진 귀중한 고서를 양피지에 필사했는데, 실은 그런 수도사들조차도 글(라틴어)을 몰라 무슨 내용인지도 모른 채 무작정 베끼는 경우도 많았다고 한다.

1440년경 구텐베르크라는 독일인이 금속활자를 발명하여 라틴어로 쓰여진 성경책을 대량으로 인쇄했다. 곧 이어 수도사들이 몰래 보관해 왔던 그리스와 로마의 고전들도 대량으로 다시 인쇄되었다(또한, 동로마제국에서 보전되어 왔던 그리스어로 쓰여진 많은 고전들이 라틴어로 번역된 후 대량으로 인쇄되었다). 이렇게 해서 금속활자는 유럽에 르네상스 시대가 열리는 데 큰 역할을 했다. 한편, 1517년 마틴 루터는 부패한 로마교황청을 비판하는 '반박문'(反駁文)으로 알려진 장문의 글을 독일어로 썼는데, 이 글도 금속활자로 대량 인쇄되어 전 유럽으로 퍼져 나갔고, 결국 종교개혁의 도화선이 되었다. 이런 이유로 서양 역사가들은 지난 천 년 간 일어났던 일들 중 세상을 바꾼 가장 위대한 발명으로 바로 이 금속활자를 꼽는다.

그런데 현존하는 가장 오래 된 금속활자본은 《직지심체요절》(直指心體要節)이라는 불교 서적으로, 구텐베르크의 성경책보다 약 80년 정도 앞서 고려에서 인쇄된 것이다. 고려보다 시기적으로는 늦었지만 구텐베르크의 금속활자가 더 중요한 역사적 의미를 갖게 된 이유는, 당시 대량으로 인쇄된 책이 유럽인의 인식을 크게 변화시켰기 때문이다. 반면, 고려의 금속활자는 커다란 사회적 파급효과를 주지는 못했는데, 이는 유럽과는 달리 한국(또한 중국)은 '암흑시대'라 불릴 만한 문명의 단절을 겪지 않았기 때문이다. 다시 말하자면, 금속활자 이전에도 종이와 목판을 이용한 인쇄술의 발달로 한국(또한 중국)에서는 책이 이미 어느 정도 보급되어 있었다.

중국은 이미 당나라 때부터 과거제도를 통하여 관리를 선발했고, 한국도 8세기에 중국의 과거제도를 도입하여 시행했다. 과거란 누가 얼마나 고전을 많이 읽고 그것을 암송할 수 있느냐를 가리는 일종의 '읽기와 쓰기' 능력평가 시험인데, 이는 종이와 책이 보급되지 않았다면 생각할 수 없는 제도이다. 서양에서는 고대 그리스부터 수사학(修辭學)이 발달했고 정치가의 덕목으로 웅변술이 꼽힐 정도로 '말하기'를 더욱 중요하게 여겨 왔다. 또한 중세 시대에는 책은 물론이고 종이조차 귀했으니 유럽인에게 문자문화의 전통은 동아시아에 비해 훨씬 짧다고 할 수 있다(이에 대해서는 이 글의 후반에서 더 자세히 논의하겠다).

유럽의 제국(諸國)을 '라틴어문화권'이라 하지 않고 '기독교문화권'이라 부른다. 반면, 중국과 그 주변국인 한국, 일본, 베트남을 '유교문화권' 또는 '한자문화권'이라고 하는데, 이는 종교만큼이나 한자라는 문자가 문화(또는 문명)의 형성에 지대한 영향을 끼쳤다는 것을 의미한다. 물론 한국 등 주변국들이 배우기 어려운 한자를 굳이 배웠던 가장 큰 이유는 중국어(漢語)로 말하기 위해서가 아니라 중국에서 건너온 책들을 읽고, 그것을 통해 새로운 지식을 얻기 위함이었다.

미국인 신부(神父)이자 영문학자였던 월터 옹(Walter Ong)은 그의 역작 《구술문화와 문자문화》[17]에서 "그 어떤 발명보다도 쓰기와 인쇄가 인간의 의식을 가장 크게 변화시켰다"고 주장했다. 소

17) 원제는 *Orality and Literacy: The Technologizing of the Word* 로 1982년에 출판되었다.

리만으로 이루어졌던 말이 문자라는 '시각적 장치'를 얻게 되면 인간의 사고가 변하게 되고 따라서 생활방식이 변한다는 것이다. 그렇다면 가장 '시각적인 문자'라고 할 수 있는 한자를 사용하고 문자문화의 전통 또한 남달랐던 한자문화권의 중국인과 한국인은 과연 어떠한 사고방식을 가지게 되었을까?

한자문화

말보다 글이 더 정확할 수 있는 이유는, 글로는 풍부한 어휘와 세련된 표현을 더욱 자유롭게 사용할 수 있기 때문이다. 또한 글은 한번 쓰여져 기록으로 남으면 고칠 수 없기 때문에 저자의 의도가 왜곡되지 않고 고스란히 독자에게 전달될 수 있다. 그런데 바로 이런 특성 때문에 글은 보수적이 되곤 한다.

서양 언어에 비해 한국어는 구어와 문어 간의 차이가 크다. 먼저 문어에서는 구어에서보다 한자어의 사용이 빈번하다. 반면, 구어에서는 축약형의 사용이 많고, 주어나 목적어의 생략도 빈번하여, 문어에서 요구되는 엄격한 문법이 구어에서는 다소 느슨해진다. 이렇듯 보수적인 문어는 격식을 중요시하고, 구어는 형식보다는 편리함을 선호한다. 문어가 갖는 보수성이 너무 지나치게 되면, 글의 내용보다는 형식을 더 중요시하게 된다. 중국이 백화(白話)운동[18]까지 벌여야 했던 이유는, 오랜 문자문화의 전통으로 말보다는 글을 더 존중했고, 그러다 보니 글이 더욱 보수적으로 변했기 때문이다.

---

18) 20세기 초, 예로부터 지식인들이 독점하던 문어문(文語文)을 배제하고 구어문(口語文)으로 새로운 문학을 창조하려는 일련의 운동이었다.

서양 언어에서 구어와 문어 간의 차이가 비교적 적다는 것은 그만큼 문자문화의 전통이 짧았기 때문이라 할 수 있다(이에 대한 더 자세한 논의는 이 글의 후반부에서 다시 전개하겠다).

국제도시라는 명성에 걸맞게 홍콩은 웬만한 곳에서는 대개 영어가 통용되며, 대학에서도 영어로 강의가 이루어져 학생들의 영어 실력은 한국 학생들보다 훨씬 높다. 그런데 이렇게 영어에 별 문제가 없어 보이는 홍콩 학생들이 자주 틀리는 기초 문법이 하나 있는데, 그것은 바로 '동사의 시제'이다. 영어의 경우, 주어의 인칭과 수 그리고 시제에 따라 그 뒤에 오는 동사의 형태가 달라지는데, 이렇게 다른 동사의 형태들을 '동사의 활용'이라고 한다.[19] 한국어에서는 인칭과 수에 따른 동사의 활용은 없지만 과거시제에는 동사 어미에 '었/았'이 붙는다. 반면, 중국어에서는 이러한 동사 활용이 존재하지 않기 때문에 시제에 따른 형태적 혹은 문법적 차이가 없다. 따라서 중국어에서는 그것이 현재시제인지 과거시제인지를 앞뒤 문맥을 통해 확인할 수 있을 뿐이다. 이것이 중국어를 모어(母語)로 하는 홍콩(또는 중국) 학생들이 영어의 시제 변화에 실수가 빈번할 수밖에 없는 이유이다.

언어유형학에서는 중국어를 '고립어'(孤立語)로 분류하는데, 이는 중국어에는 어휘의 형태적 변화 또는 활용이 없다는 것을 의미한다. 그런데 흥미로운 사실은, 중국인이 한자를 계속 사용하는 한, 그들의 말인 중국어는 계속 고립어로 유지될 수밖에 없다는 것

19) 불어 등 몇몇 서양 언어의 경우, 인칭과 수에 따른 동사활용은 물론, 형용사도 이에 일치시켜야 하기에 문법체계가 더욱 복잡하다.

이다. 왜냐하면 표의문자인 한자로는 어휘의 형태적 변화를 구현할 수 없기 때문이다. 표의문자인 한자는 말(소리)을 표기하기에 아주 제한적이며 또한 표기될 수 없는 말은 자연히 살아남지 못하게 되므로, 결국 말로서의 중국어(漢語)는 그의 문자인 한자로 표기될 수 있는 범위 안에서만 진화할 수 있다. 즉, 한자라는 글이 그들의 말 중국어의 진화를 제한한다는 것이다. 따라서 말로서의 중국어에 동사 시제를 나타내는 표지(標識)가 없는 이유는, 고립어인 중국어가 갖는 특성 때문이라고 할 수도 있겠지만, 그보다는 표의문자인 한자로는 동사의 활용이 불가능하기 때문이라고 설명하는 것이 더 타당하다. 이렇듯 다른 문자 체계보다도 한자는 더 보수적이고, 한자가 가진 표의문자적 특성 때문에 말로서의 중국어도 보수적일 수밖에 없는 것이다.

중국인은 자신들이 보수적이라고 자평한다. 일반적으로 전통이 길수록 보수적인 경향이 있는데, 보수적인 한자를 사용하기 때문에 그들이 보수적이 되었는지, 아니면 그들 자신이 보수적이기 때문에 한자를 사용하고 있는지는 분명치 않다. 중국인은 고사성어를 즐겨 인용하는데, 이것도 보수적인 언어 습관과 무관하지 않다.

옹(Ong)이 주장했듯이 문자문화가 발달하면 추상적인 개념이 좀더 세분화될 수 있는데, 표의문자인 한자는 여기에 남다른 강점이 있다. 예를 들면, 유교의 인(仁)이나 도(道), 도교의 기(氣), 음(陰), 양(陽) 등은 서양 언어로 정확하게 번역하기가 쉽지 않다. 한자와 같은 문자가 없었다면 유교나 도교도 체계적으로 발달하기 어려웠을 것이다.

언어와 문화

앞에서 예로 들었던 동사의 활용에서 알 수 있듯이, 서양 언어는 그 문법적 체계가 까다롭지만 매우 짜임새가 있어 보인다. 특히 '조건문'을 보면, 시제에 따른 다양한 상황들이 엄격하게 구분되어 있는데, 이 조건문이야말로 수학이나 논리학의 핵심이기도 하다. 또한 서양인의 언어 습관도 매우 합리적이고 분석적으로 보인다. 그런데 이러한 서양 언어의 특징을 설명하는 데 두 가지 상반된 의견이 양립하고 있다.

첫 번째 그룹의 학자들은, 서양인의 언어 습관이 합리적이고 서양 언어의 문법 체계가 잘 짜여져 있는 이유는 문자문화의 전통이 그리 길지 않기 때문이라고 주장한다. 말보다는 글로 써야 좀더 정확하게 표현할 수 있는데, 글을 사용할 수 없었으니 자연히 말이 더욱 정교해져야만 했고, 결국 체계적인 문법이 만들어졌다는 것이다. 중세 시대에 서양은 문명의 단절을 겪었고, 종이나 인쇄술이 동아시아에 비해 늦게 보급되었다는 것이 이 주장의 근거이다.

반면, 두 번째 그룹의 학자들은 이와는 정반대로, 서양인의 언어 습관과 서양 언어의 특징은 오랜 문자문화의 전통에서 나온 결과라고 주장한다. 이들의 주장은 서양인의 언어 습관과 서양 언어의 문법 체계는, 옹(Ong)이 언급한 '시각적 장치들'이 일찍이 있었기에 더욱 합리적이고 짜임새 있게 진화될 수 있었다는 것이다. 그렇다면 두 가지 상반된 주장 중 어느 것이 옳은 것인가? 이 문제를 풀기 위해서는 역으로 생각해 볼 필요가 있다. 즉, 한국이나 중국이 서양에 비해 오랜 문자문화의 전통을 가지고 있음에도 불구하고, 왜 한국어와 중국어는 그 문법이 (서양 언어에 비해) 체계적이지 못한지, 그리고 한국인이나 중국인의 언어 습관은 왜 (서양인에 비해) 합리적이지 못한지를 설명할 수 있어야 한다.

먼저 문자문화가 언어 습관에 어떻게 영향을 주는가에 대해 논의해 보자. 서양인이 중국어를 처음 배울 때, 그들에게 중요한 단어인 그(他), 그녀(她), 그것(它)이 모두 똑같이 '타'라고 발음되는 것을 알고는 무척 당황스러워한다. 실제 일상생활에서 중국인은 이러한 대명사들을 자주 쓰지도 않고, 쓰더라도 앞뒤 문맥으로 그것이 세 가지 중 어느 것을 의미하는지 쉽게 짐작할 수 있다.

서양과 비교했을 때, 중국과 한국의 전통적인 사회규범은 자신의 의견을 노골적으로 표시하지 않는 것이다. 그러다 보니 '언불진의'(言不盡意)라고 해야 할 정도로 말이나 글만으로는 화자(話者)의 속뜻을 정확히 헤아리기 어렵고, 앞뒤 문맥과 정황을 잘 파악하고 행간에 숨겨져 있는 속뜻을 이해할 수 있는 통찰력이 발달하게 되었다. 중국인과 한국인의 이러한 수동적인 언어 습관은 언중(言衆)의 가치관 즉, 사회규범과 문화를 반영하고 있는 것이지, 그 반대로 그들의 수동적인 언어 습관 때문에 중국이나 한국에서 유교 전통이 발전할 수 있었던 것은 아니다. 즉, 언어 습관은 그 사회의 규범이나 통념을 반영한 결과이지 그 원인이 아니라는 것이다.

서양 언어에서 성(性), 수(數) 그리고 시제 등을 꼼꼼하게 따지는 이유는, 그러한 정보가 청자(聽者)나 화자에게 중요하기 때문이고, 이는 사회적 통념이나 규범이 그러하기 때문이다. 즉, 서양인의 언어 습관이 더 논리적이고 분석적인 이유는 그들이 숫자나 시간에 대한 정보를 중요시하기 때문이지 문자문화의 직접적인 영향 때문이 아니라는 것이다. 마찬가지로, 한국인이나 중국인의 언어 습관이 서양인에 비해 비합리적인 이유는 문자문화의 전통이 짧기 때문이 아니라, 예로부터 합리성을 중요시하지 않았던 당시의 사회규범 때문인 것이다.

한국어의 가장 큰 특징 중 하나는 '높임법'이 복잡하게 발달되어 있다는 것인데, 물론 이는 유교 전통에 따른 것이다. (한국어만큼 복잡하지는 않지만, 일본어에도 높임법이 있다.) 이 높임법은 시제와 마찬가지로 동사의 어미 활용을 통해 구현된다. 유교의 종주국인 중국에서 높임법이 발달하지 않은 이유는, 이를 구현할 동사의 활용이 말로서의 중국어에는 존재하지 않고, 글로서의 한자로도 불가능하기 때문이다. 이것은 '기술적인' 이유로 말미암아, 언어 습관이 그 사회의 규범을 충분히 반영하지 못한 아주 예외적인 경우에 해당한다.

자신보다 윗사람에게 경어체로 이야기하면서 자유로운 토론을 기대하기는 어렵다. 이 때문에 한국의 대학 강의실에서 교수와 학생 간의 활발한 토론은 찾아볼 수 없다(이것은 자신의 의사 표현에 익숙하지 않은 아시아 학생들에게서 공통적으로 발견되는 문제점이기도 하다). 경로사상이라는 사회규범의 요구로 높임법이라는 언어 습관이 생겨났고, 이로 인해 수평적이고 합리적인 토론문화가 자리잡지 못했다. 여기서 유의할 부분은, 토론문화는 사회규범과 비교했을 때 하위(下位) 개념의 문화이다. 즉, 사회규범이 언어 습관에 영향을 주고, 언어 습관은 다시 하위 개념의 토론문화에 영향을 준다.

언어의 진화

앞에서 언어 습관에 대해서 논의했다. 이제 문자문화가 언어의 문법 체계에 영향을 줄 수 있는가에 대해서 논의해 보자. 이는 즉 문자문화가 어떻게 언어의 진화 과정에 영향을 주는가에 관한 논의가 되겠다. 문화를 구성하는 다른 요소들에 비하면 언어는 쉽게 변하지 않는 속성을 지녔다고 할 수 있다. 그렇다 해도 변화 속도가 상대적으로 더딜 뿐이지, 언어도 끊임없이 진화할 수밖에 없다. 이때 진화는 "언중이 요구하는 내용을 효과적으로 전달할 수 있는 방향"으로 진행되며, 여기서 '효과적'이라 함은 '변별(辨別)할 수 있는 범위 안에서의 단순화'를 의미한다.

언어의 진화는 크게 어휘(의미)의 진화와 문법(형태)의 진화로 구분할 수 있다. 사회가 복잡해짐에 따라 더욱 세분화된 표현이 요구되고, 이때 새로운 어휘뿐만 아니라 기존에 없던 새로운 문법이 만들어지기도 한다(문법의 진화는 어휘의 진화보다도 더 오랜 시간이 필요하다). 이에 대한 좋은 예는 앞에서 언급했던 '동사의 활용'이다.

표음문자(글)는 그 태생에서 알 수 있듯이 말을 모방하는 속성이 있다. 보수적인 글보다는 말이 좀더 쉽게 변하고 진화할 수 있기 때문에, 언어의 진화는 말이 주도하고 글은 이미 진화해 버린 말을 뒤따른다. 글도 언어의 진화 과정에 개입하는데, 이때 글은 두

가지 상반된 역할을 한다. 그 첫 번째는 '전파자'(傳播者)의 역할로, 글은 효과적인 '대중매체'로서 새로 만들어진 말(어휘나 문법)을 좀더 빠르고 정확하게 전파시킬 수 있다. 그리고 두 번째는 '제어 또는 여과(濾過) 장치'의 역할로, 글은 말을 뒤따라가며 너무 앞서가는 말의 변화를 제어한다. 진화라는 것은 "선택받아 살아남느냐를 결정하는 과정"이다. 일부에서만 사용되는 새로운 문법(또는 어휘)은 일종의 돌연변이라고 할 수 있는데, 그런 돌연변이들 중 언중의 지지(支持)를 받는 것들만 글로 표기(즉, 선택)되어 살아남아 그 언어의 일부분으로 고착(固着)될 수 있다. 이와 같은 글의 '여과' 과정 덕분에 문법은 좀더 체계화되곤 한다.

한편, 중국어에는 동사의 활용과 같은 문법적 기능이 없다. 이는 '지나치게' 보수적인 한자가 (말인) 중국어의 문법적인 진화를 '지나치게' 제어했기 때문이다. 다시 말하자면, 표의문자인 한자는 어휘의 진화에는 많은 도움을 주었지만, 중국어는 물론이고 한글 창제 이전 오랫동안 그것을 차용했던 한국어의 문법적인 진화에는 별 도움을 주지 못했다.

이제 앞에서 제기한 문제를 다시 떠올려 보자. 한국과 중국은 모두 오랜 문자문화의 전통을 가지고 있다. 그런데 오랜 문자문화의 전통에도 불구하고, 한국인과 중국인의 언어습관은 합리적이거나 분석적이지 못한데, 이는 한국과 중국의 사회규범이 그러한 것들을 중요하게 요구하지 않았기 때문이다. 또한, 문자문화의 전통은 남달랐지만, 표의문자인 한자의 특성 때문에 중국어와 한국어의 문법 체계가 '체계적으로' 진화할 수 없었다. 반면, 서양은 문자문화의 전통이 동아시아에 비해 짧았지만, 알파벳에 기초한 서양식 표음문자와 뒤늦게 나온 인쇄술 등 '시각적 장치들'이 서양 언어를 지금처럼 체계적으로 진화시키는 데 도움을 주었다. 또한 전통적으로 합리성을 추구하는 그들의 사회규범은 언어 습관에도 그대로 반영되었고, 동시에 이런 언어 습관을 효과적으로 구현하기 위한 방향으로 서양 언어의 문법이 진화되어 왔다.

동서양 언어의 특징은 문자문화의 물리적인 시간 개념으로 설명할 수는 없다. 언어의 특성을 '어떤 내용을' 담고 있는지 즉, 사고와 그것을 '어떤 방법으로' 표현하는지 즉, 어휘와 문법체계로 구분한다면, 그 '내용'은 언중이 그동안 어떤 것들을 요구해 왔는지에 의해 일차적으로 결정되며, 문자나 인쇄 매체 등 '시각적 장치들'은 그 '내용'보다는 그 '방법'에 더 큰 영향을 준다(물론 시각적 장치들은 '간접적'으로 언중의 사고에 영향을 주어 결국 그 '내용'을 변화시킬 수 있다).

쉬운 한글, 어려운 한국어

한국어에서 과거시제 표지인 '었/았'이 사용되기 시작한 것은 한글 창제 이후라고 알려져 있다. 표음문자인 한글은 한자에 비하면 (어휘나 문법의) 진화에 대한 저항이 훨씬 덜하다. 또한 한글은 새롭게 만들어진 문자였으니 말의 변화를 제어할 만한 지배력이 그다지 크지 않았을 것이다(지금의 맞춤법과 같은 보수적인 규칙이 없었다는 의미이다). 따라서 한글은 (말인) 한국어에서 일어나고 있던 (어미 활용을 비롯한) 여러 새로운 문법적인 시도를 크게 제어하지 않았다.

한편, 한자로는 표기할 수 없었던 과거시제 표지 등 새로이 만들어진 문법은, 한글이 보급됨에 따라 더욱 많은 사람들에게 '정확하게' 알려지게 되고, 결국 한국어에 정착될 수 있었다. 즉, (한자와는 달리) 한글이라는 새로운 '시각적 장치'는 (말인) 한국어의 문법적 진화에 개입하여, '제어'보다는 '전파'에 더 많은 역할을 했다는 것이다. 이것은 한글 창제 이후 한국어가 중국어와는 전혀 다른 차원의 진화 과정을 겪게 되었다는 것을 의미한다.

외국인에게 한국어를 가르치다 보면, 한글이 정말로 배우기 쉽게 체계적으로 잘 만들어진 문자라는 것을 새삼 깨닫게 된다. 그러나 이와는 정반대로 (말인) 한국어는 외국인이 배우기가 정말 힘들겠다는 것도 깨닫게 된다. 대부분의 한국어 교재 첫 부분에는, "이것이 무엇입니까?", "그것은 연필입니다"와 같은 예문이 나온다. 그런데 실제 한국인들은 이런 종류의 표현을 별로 사용하지 않는다. 실생활에서 한국인들은 "이거 뭐예요?"와 "그거 연필이에요"라고 말한다. 이렇듯 사용 빈도가 낮은 구식 표현이 교과서에 예문으로 버젓이 실려 있는데, 이는 한국어의 진화가 그만큼 매우 활발하게 진행되고 있다는 것을 단적으로 보여주는 예라고 할 수 있다.

영어에서 동사 끝에 's'가 붙으면 이는 주어가 3인칭 단수라는 것을 표시하는데, 이런 식의 문법은 까다롭기는 하지만 더욱 많은 정보를 담기 위해 필요한 것이다. 한국어의 경우, 앞에서 예로 들었던 "이것은 무엇입니까?"와 같이, 어미(또한 조사)를 조금 다르게 활용하여 어감(語感)의 차이를 수없이 만들어 낼 수 있다. 미세한 어감의 차이는 '객관적 사실에 대한 정보'를 전달하기 위함이 아니라, 화자(話者) 자신의 '주관적 감정을 간접적'으로 나타내기 위한 수단이다. 문제는 이러한 것들이 외국어로 번역되지 않을 뿐 아니라, 이미 복잡한 한국어의 어미 활용을 더욱 복잡하게 만든다는 것이다.

일본어와 한국어 두 언어를 모두 배워 본 외국인이면 한결같이 한국어가 훨씬 더 배우기 어렵다고 말한다. 비슷한 문법구조를 가진 일본어와 비교해도 한국어에는 배워야 할 문법이 너무 많다. 아이러니하게도, 배우기 쉬운 한글이 한국어의 문법을 어렵게 만든 측면이 있다. 앞에서 언급했듯이, 문자는 너무 앞서 가는 말의 진화를 제어(또한 여과)함으로써 그 문법구조를 체계화시킬 수 있는데, 한글은 그러하지 못했다. 반면 일본어의 경우, 히라가나는 음절(音節)문자로 음소(音素)문자인 한글보다는 덜 유연하며, 또한 한글보다는 몇 백년 더 오래 된 문자이다. 즉, 히라가나는(한글보다는) 더 보수적이기 때문에, 일본어의 진화를 좀더 적극적으로 제어할 수 있었다는 것이다.

요약하자면, 한국어의 문법체계가 지금처럼 복잡하고 방만해진 이유 중 하나는, 한글이 너무 유연하고 또한 '오백년 밖에' 안 된 젊은 문자이기 때문이다. 한국어는 문법적 진화를 가로막았던 한자와 결별하고 한글을 만나서 지난 오백 년 동안 많은 진화 과정을 겪었다. 그러한 진화 과정에서, 소리를 음소 단위로 구별하여 표기할 정도로 유연하고 또한 신생(新生) 문자였기 때문에, 한글은 중구난방으로 마구 진화하며 한국어를 '충분히' 제어하지 못했다. 따라서 한국어의 문법 체계가 더 나은 짜임새를 갖추려면 좀더 오랜 시간이 필요할 것이다. 이와 정반대의 경우가 바로 중국어이다. 중국어에는 어미의 활용과 같은 문법적 기능이 없고 문법이 아주 단순한데, 이는 보수적인 한자가 중국어의 문법적 진화를 '지나치게' 제어했기 때문이다.

언젠가 텔레비전에서 중국의 한 노인이 물 묻힌 커다란 붓으로 길바닥에 한자를 휙휙 써내려 가는 장면을 신기하게 본 적이 있다. 중국 문자문화의 꽃은 바로 이 '서예'라고 해야 할 것이다. 한자만이 줄 수 있는 시각적인 아름다움이 있었기에 예술이자 정신수양의 한 방법인 서예가 발달할 수 있었으리라.[20] 나는 초등학교 시절 교내 서예대회에 참가하여 입상한 적이 있었다. 아버지께서는 기특하다며 내가 쓴 글을 표구까지하여 서재에 한동안 걸어두셨는데, 그때 내가 쓴 글은 '수출증대'라는 네 글자였다.

---

20) 이슬람국가에서는 종교적인 이유로 인물의 그림이나 조각이 허용되지 않아 서예가 발달하였다고 한다. 물론 붓이 아닌 나무 펜으로 아랍문자를 쓰는 것이다.

Ⅲ. 동아시아인의 사고방식

혼자 밥먹지 못하는 한국인

일체감

중국 CCTV의 〈백가강단〉(百家講壇)이란 프로그램에서 명강의로 유명한 이중톈[易中天] 교수의 책들이 한국에서도 번역 출간되었다. 그의 책 중 《이중톈, 중국인을 말한다》[21]에서 그는 서양 문화의 핵심은 개인의식(意識)이고, 반면 중국 문화의 핵심은 단체의식이라고 주장하였다. 그는 식(食)문화를 예로 들어 비교하였는데, 여럿이 식사할 경우 서양에서는 자기가 먹고 싶은 음식을 각자 주문하지만, 중국에서는 다른 사람들과 나누어 먹을 수 있는 것을 주문한다는 것이다.

먼저 나는 그가 사용한 '단체의식'이라는 용어가 마음에 든다. 개인주의에 반대되는 말로 '집단주의'라는 말이 있지만, 이는 왠지 부정적이고 과격한 인상이 너무 강하기 때문이다. 여느 민족 못지 않게 한국인은 단체의식이 아주 강하다고 알려져 있다. 이 글에서는 중국인과 한국인의 단체의식을 비교해 보고자 한다.

---

21) 이중톈, 《이중톈, 중국인을 말하다》, 은행나무(2008):18.

중국인이 가족이나 친한 친구와 집에서 간단하게 식사할 경우, 웬만한 요리(또는 반찬)는 따로 덜어 먹지 않고 그냥 각자의 젓가락으로 집어 먹는다. 여기까지는 한국인의 모습과 크게 다를 바가 없다. 그러나 찌개와 같은 국물 요리라면 중국인들은 각자 작은 그릇에 덜어서 훌훌 마신다. 반면, 한국인은 찌개를 식탁 가운데 턱 놓고 각자의 숟가락으로 떠서 먹기도 한다. 비위생적이라 할 수 있는 이런 문화가 아직까지 한국에 남아 있는데, 이것은 마치 "식탁에 앉아 있는 모든 사람들은 이제 생사를 같이하는 공동운명체다"라고 서로에게 확인시켜 주는 일종의 의식(儀式)처럼 보인다. 이는 한국인이 일체감을 얼마나 중요하게 여기고 있는가를 여실히 보여 주는 좋은 예이다.

한 설문조사에 의하면,[22] 중국 대학생의 대부분(73%)은 혼자서 학교식당에서 식사하는 것을 대수롭지 않다고 대답했다고 한다. 반면, 한국 대학생은 학교식당에서 혼자 식사하는 것에 대해 단지 14%만이 괜찮다고 했고, 대부분의 학생들은 혼자서 식사하느니 차라리 대충 때우겠다고 대답했다고 한다. 이렇듯 집이 아닌 다른 곳에서 혼자 식사하는 것을 한국인들은 쑥스럽게 생각한다. 이것도 한국인의 강한 단체의식, 즉 집단주의적인 성향을 보여 주는 좋은 예라고 할 수 있다.

요즘도 여럿이서 식당에 가면, 한국인들은 주문할 음식을 한 가지로 통일하는 경우가 왕왕 있는데, 이처럼 사소한 식사 주문에서

---

22) 중국 산동성 출신으로 한국에서 유학한 바 있는 왕샤오링(王曉玲)의 설문조사로, 이종민, 《글로벌 차이나》, 산지니(2007):232쪽에서 재인용했다.

도 단체를 위해 개인의 의견이 희생되기도 한다. 아직도 한국인들은 나와 다른 의견, 그리고 다양한 의견이 있을 수 있다는 사실을 받아 들이는 데 그리 익숙지 않아 보인다. 이는 일체감을 중요시하는 강한 단체의식 때문이다.

한국인들의 강한 단체의식은 언어 습관에서도 쉽게 발견된다. 한국인은 '나'라는 말보다는 '우리'라는 말을 훨씬 많이 쓴다. 그래서인지 한국인은 여럿이 식사하는 것을 자연스럽게 여기고, 술을 마시거나 커피를 마실 때도 그리고 휴식을 취할 때조차도 누군가와 함께하고자 한다. 그러다 보니 한국인은 일과 후에도 향우회, 동창회, 동호회 등 여러 모임에 참여하느라 바쁘다. 이렇듯 한국인들은 어느 모임이나 단체에 소속되어 있지 않으면 괜히 불안해한다. (한국인은 자신을 소개할 때, 자신의 이름보다도 자신이 속한 단체를 먼저 말한다. 초등학생조차도 자신이 다니는 학교, 학년, 학급을 꼬박꼬박 언급하고 나서야 자신의 이름을 말한다.) 이런 정서가 혈연, 지연, 학연에 의존하는 연고주의를 낳았다.

중국 대학생들이 혼자서 식사하는 것을 대수롭지 않게 여긴다는 사실을 통해서도 알 수 있듯이, 중국인은 한국인보다는 개인주의가 강한 것처럼 보인다. 그렇다면 이중톈 교수가 중국 문화의 핵심은 단체의식이라고 주장하는 이유는 무엇인가? 잘 알려져 있듯이, 중국인은 체면과 콴시[關係]를 매우 중요시한다. 체면이라는 것은 '다른 사람들'의 기대 수준에 부응해야만 유지되는 것인데 그 다른 사람들이란 결국 자신과 같은 집단에 속한 사람들이다. 또한 서로의 이익을 도모하기 위한 콴시라는 것도 마찬가지로 자신이 속한 집단의 다른 사람들과의 관계가 대부분이다. 즉, 체면과 콴시는 그 형태는 다르지만 두 가지 모두 단체의식에 그 뿌리를 둔다고 할 수 있다. 그러기에 이중톈 교수가 지적했듯이 단체의식이 중국 문화의 핵심이라고 할 만하다.

개인주의와 집단주의의 구분은 개인의 이익과 집단의 이익이 상충할 때 어디를 더 중시하느냐로 정해진다. 그렇다면, 자녀를 위해 희생하는 부모는 개인주의인가 아니면 집단주의인가? 물론 이것은 집단주의적인 것이다. 가족이 나에게 아무리 가까운 사람들이라 하더라도 나를 대신할 수 없기 때문이다. 아마도 이런 개념이 한국인에게 낯설게 느껴질 수도 있는데, 그렇다면 이는 그만큼 한국인이 개인주의적이지 않다는 것을 의미한다. 아무튼 중국인은 가족이나 고향 사람을 소중하게 여기며, 한국인만큼 연고주의와 온정주의도 강하다. 다만 중국인의 행동양식은 한국인의 그것과 외연(外延)에 있어 다소 차이가 있을 뿐이다. 예를 들어 중국인의 체면은 수치심을 피하려는 수동적인 면이 있는 반면, 한국인의 강한 일체감이나 공유의식에는 그보다는 더 절실하고 능동적인 면이 있다. 또한 한국식 온정주의는 집단의 세를 키우기 위해 개방적인 경향이 있는 반면, 중국의 콴시는 다소 폐쇄적으로 보인다. 콴시의 '關'(관)은 '안에서 문을 걸어 잠근다'는 의미이기도 하다.[23)]

중국인이나 한국인이 서양인에 비해 단체의식이 강한 이유는 무엇인가? 서구 문명의 최대 업적을 '개인의 발견'이라고도 한다. 이 '개인'이라는 개념은 중세 시대의 절대 권력이었던 종교가 근

23) 중국인의 폐쇄성에 대해서는 이 책 '한옥과 사합원'에서도 다루었다.

대의 합리적인 이성으로 대체되면서 만들어지기 시작한 것이다. 반면, 중국문명권에서 오랫동안 사상의 근간이었던 유교는 '공동체의 안정'을 가장 중요하게 여겼고, 따라서 아직도 중국인이나 한국인은 이 '개인'이란 개념에 대해 생소해하며, 개인주의와 이기주의를 자주 혼동하기도 한다.

과유불급

지난 십여 년간 홍콩의 대학에서 학생들을 가르치면서, 나는 새학기 강의 첫 시간이면 학생들이 얼마나 한국에 대해 알고 있는지를 설문을 통해 조사했다. 홍콩의 대학생들이 갖고 있는 한국인에 대한 인상에서 빠지지 않고 꼭 등장하는 것이 바로 '단결과 애국심'이다. 나는 처음에 이런 설문결과를 보고 아주 흥미로워했다. 왜냐하면 어린 시절 나는 "한국인은 모래알 같고, 일본인에 비해 협동심이 부족하며, 따라서 일본인의 국가를 위한 희생정신과 단결심을 본받아야 한다"고 배웠기 때문이다. 당시 내가 다니던 학교 여기 저기에는 '협동', '단결'이라는 표어가 붙어 있었다. 물론 이것은 당시의 군사정권이 경제발전을 위해 국민들을 독려하기 위한 것이었지만, 나를 포함한 많은 어린 학생들은 "한국인은 아주 개인주의적이다"라고 착각하게 만들었다. 그런데 이제 중국인이 자신들을 모래알로 표현하고 한국인의 단결심과 애국심을 배워야 한다고 하니 이 얼마나 아이러니한가.

홍콩인(또한 중국인)에게 한국인의 단결력과 애국심을 각인시켰던 계기는 1997년 IMF시절의 '금 모으기 운동'이라 해야 할 것이다. 또한 경제위기를 극복하자마자 열린 2002년 월드컵에서 수만 명의 한국인들이 붉은 셔츠를 입고 보여 주었던 길거리 응원 모습에서도 많은 홍콩 사람들은 단체의식이 갖는 좋은 점을 보았던 것 같다. 이렇듯 남들이 부러워할 만큼, 한국인의 강한 단체의식과 단결은 국가의 위기 상황에서 힘을 발휘했다. 문제가 있다면, 이러한 한국인의 단체의식이 너무 지나친 면이 있다는 것이다.

유교 사상의 종주국 중국보다도 한국인이 더 강한 단체의식을 갖게 된 이유는 무엇일까? 학자들은 그 이유를 한국의 역사에서 찾고 있는데, 역사적으로 오랜 기간 외세의 침략을 받다 보니 한국인에게 단결은 가장 절실한 생존수단이자 가장 가치 있는 덕목이 되었다는 것이다. 한국인은 지금도 유독 민족 주체성이니 민족 정체성에 민감한 반응을 보이는데, 이것도 같은 이유이다. 근대에 들어와서도, 한국인은 전쟁, 군사독재, 그리고 산업화와 민주화 등 일련의 순탄치 않은 역사적 고비가 있었고, 이 와중에 한국인의 단체의식은 더욱 강화될 수밖에 없었다.

지난 반세기 동안 한국의 경제 규모는 엄청나게 성장했고 관련 제도는 빠르게 서구화되었다. 그러나 고집스러운 구석이 있는 문화라는 이름의 습속(習俗)은 같은 속도로 변하지 않을 때가 있고, 때론 이런 변화 속도의 차이로 인해 심각한 사회적 부작용이 생긴다. 일체감이 강한 사회의 구성원들에게 서구식 효율을 요구하며 그들을 경쟁으로 내몰면, "남들이 하니 나도 해야겠다"는 생각이 들게 되고, 그렇게 되면 모두가 한쪽 방향으로 쏠리게 된다. 현재 한국에서 사회문제가 되고 있는 외모지상주의나 학벌지상주의 등도 따지고 보면 "네가 하면 나도 해야 한다"는 한국인의 강한 단체의식에서 나온 집단적 히스테리라고도 할 수 있다.[24] 또한 모두가 한 방향으로만 가는 경쟁에서는 낙오자가 생길 수밖에 없다. 그런데 이들을 위한 사회적 보호장치가 준비되어 있지 않은 경우, 경쟁에서 살아남기 위해 사람들 모두는 남들에게 뒤처지지 않으려고 조급해질 수밖에 없다. 이러한 조급증이 팽배해진 사회에서는 사람들이 이분법적인 단순한 사고를 하게 되고, 결국 합리적인 결정을 도출하기 어려워진다. 즉, 단결이나 단체의식이라는 덕목은 무한 경쟁과 효율 극대화를 최선으로 여기는 현대 자본주의 사회의 패러다임과는 분명 상충되는 측면이 있다는 것이다.

지난 IMF시절, 한국인에게 나름 성찰의 기회가 주어졌다. 그동안 해 왔던 방식에 문제 제기가 있었고, 이후 집단주의를 비롯한 권위주의, 순혈주의 등이 비판을 받았다.[25] 그런데 수직적인 위계를 강조하는 권위주의라는 것은 집단주의의 또 다른 얼굴이라 할 수 있다. 각 개인이 독립적이라면 개인 간의 수평적인 관계가 중요한데, 개인보다 공동체가 우선하게 되면 그 집단 내의 질서를 위해 각 개인 간의 수직적인 관계(즉, 권위)를 더욱 내세우게 되기 때문이다. 또한 순혈주의라는 것도 집단주의가 배타적으로 발전된 것으로 볼 수 있다. 이렇듯 다양성과 창의성이 요구되는 현대사회에서 한국인의 과도한 단체의식이 여러 가지 형태로 역기능을 하고 있는 것이다.

---

24) 이 책 5장의 '얼굴공정은 피할 수 없나'에서 이를 자세히 다루었다.
25) 탁석산, 《한국인은 무엇으로 사는가》, 창비(2008):165.

현재 한국의 국론은 소위 진보와 보수로 나뉘어 타협 없이 대립하고 있는데, 이러한 양극화 현상도 다양성이 부족한 한국 사회의 한 단면이라고 할 수 있다. 대다수의 한국인은 이런 양 진영 간의 싸움에 지쳐 있고, 이제 그동안 자신들이 너무 이념적이었다는 것을 깨닫기 시작했다. 정신과 전문의이자 시민운동가인 정혜신 박사는 "진보의 끝은 개별화이고, 개별화가 이루어진 사회나 개인이라면 이념적 논쟁 같은 것은 사라진다"[26]라고까지 말했는데, 이는 진보와 보수로 양극화되어 소모적인 이념 논쟁을 벌이고 있는 현재의 한국 사회에 대한 정확한 진단으로 보인다.

여럿이 어울려 즐겁게 떠들면서 식사하는 한국 사람들의 모습에서 지난했던 과거 역사의 한 단면과 집단주의로 인한 여러 사회문제를 해석해 보려고 하니 왠지 기분이 우울해진다. 홍콩인과 중국인들에게 한국의 강한 단체의식을 너무 부러워하지 말라고 한다면, 청나라 말기 "중국인은 쟁반 위의 모래알 같다"며 개탄했던 루쉰(魯迅) 선생이 혹시 화를 내지나 않을까 걱정이다.

26) 김종철 외, 《거꾸로, 희망이다》, 시사인북(2009):96.

제1호 공자학원

공자 앞에서 문자 쓰다

아시아 경제 위기 이전인 1995년, 한국, 중국, 일본의 학자들에게 "유교적 동방 문명이 현대 세계의 보편적 사상이 될 수 있을 것인가"라고 묻는 설문이 있었다. 이 설문에 중국 학자의 22%와 일본 학자의 63%가 그렇다라고 대답했는데, 한국 학자는 무려 90%가 그렇다라고 동의했다. 경제 위기의 와중이던 1999년《공자가 죽어야 나라가 산다》[27]라는 책에 나오는 이야기이다.

그 책에서 저자 김경일 교수는 한국 사회의 고질적인 정치, 사회, 경제 등 여러 분야의 문제를 해결하려면 유교의 그늘에서 벗어나야 한다고 주장했다. 당시의 경제 위기는 유사 이래 최대의 위기라고 불릴 정도로 한국인에게 커다란 충격을 주었고, 그 후 구조조정이라는 이름으로 사회 전반에 많은 변화를 가져왔다. 한국인은 그동안 자신들이 성취했다고 생각했던 것들이 알고 보니 신기루였고, 그동안 해 왔던 방식이 잘못되었다고 고백해야 하는 참담한 상황을 맞게 된 것이다. 그리고 문제의 원인이 '너무 지나친 유교

27) 김경일,《공자가 죽어야 나라가 산다》, 바다출판사(1999).

적 사고방식'이라는 저자의 주장에 많은 한국인이 공감을 해서인지 그 책은 화젯거리가 되었다.

1980년대 초 대학에서 불문학을 전공했던 나는 서울 소재의 프랑스 문화원(Alliance Française)에 열심히 다니며 그곳에서 프랑스 책이며 영화를 보았다. 1997년 홍콩에 와서는 영어를 배우기 위해 이번에는 영국 문화원(British Council)에 열심히 다녔다. 그러다가 2004년 나는 '공자학원'이라는 중국 문화원이 세계에서 가장 먼저 서울에서 개원했다는 소식을 듣게 되었다.

이제 성공적인 경제발전을 통해 자신감을 얻은 중국은 문화 대국으로 발돋움하고자, 영국이나 프랑스가 했던 것처럼 세계 곳곳에 그들의 문화원을 설립하고 있다. 2009년 8월을 기준으로, 83개 국가에 모두 268개의 공자학원이 설립되었고 그중 14곳이나 한국에 있다고 한다. 공자학원이라는 이름에서 알 수 있듯이, 중국은 그들 자신이 만들었으나 한동안 잊고 있었던 유교적 동방 사상을 이제는 자랑스럽게 전면에 내세우고 있다. 아마도 1995년에 했던 똑같은 설문을 오늘 다시 중국의 학자들에게 한다면, 그때와는 아주 다른 결과가 나올 것이다.

문화혁명 시절에는 척결 대상이었던 공자가 이렇듯 화려하게 부활한 이유를 난징대학 이슈여우[李書有] 교수는 "혁명의 시기에는 공자와 유가를 타도했지만, 건설과 평화의 시기에는 공자와 유가 사상이 다시 필요하기 때문"이라고 한 신문과의 인터뷰에서 설명했다.[28] 후진타오 국가주석의 통치 철학인 '조화로운(和諧) 사회

28) 《중앙일보》, 2009년 9월30일자.

론'에서도 알 수 있듯이, 중국 정부는 유가 사상을 국가 통치 이념에 적극 수용하고 있다. 이는 개방화 이후 급격한 사회 환경 변화로 야기된 여러 사회문제를 그들의 전통적인 유가 사상을 통해서 해결하겠다는 것이리라.

한국은 종주국 중국보다도 더 유교적인 사회라는 말을 자주 듣고 있다. 한국에서는 "공자 앞에서 문자 쓴다"라는 속담이 있는데, 중국에서는 이를 "(삼국지에 나오는) 관우 앞에서 칼을 쓴다"라고 한다. 즉, 한국에서는 공자가 관우보다 더 유명인이기도 하고, 또한 그를 최고의 현자로 여기고 그의 가르침은 무엇보다 중요한 삶의 지침이었다는 것이다. 그러나 중국이 겪었던 그런 극적인 변화는 아니었다 하더라도, 한국에서도 공자와 그의 가르침인 유교의 위상이 지난 한 세기 동안 여러 번의 부침을 겪었다.

불교를 국교로 삼았던 고려가 망하고 조선이 새로이 개국되자 당시 집권층은 강력한 숭유억불(崇儒抑佛)정책을 폈다. 삼강오륜을 비롯한 유교의 가르침이 정치는 물론이고 일반 백성들의 삶을 지배했다. 어린 아이들은 서당에서 천자문으로 기본적인 한자를 익히고 나면 사서삼경을 통해서 유교의 가르침을 배우기 시작했다. 그리고 과거 시험을 통해서 유학에 능통한 선비들만이 관리로 등용되었다. 이런 식으로 조선은 오백 년 동안이나 유학자들에 의해 철저한 유교적인 논리로 통치되었다.

당시 조선의 집권층이 받아들였던 유교는 중국의 송, 명대에 유행하였던 성리학(性理學)이었다. 성리학은 '신(新)유학'이라고 일컬어지듯이 인간과 만물의 존재 원리를 비롯한 형이상학적인 철학을 대거 포함하고 있다. 특히 조선에서는 성리학 중에서 가장 관념적인 분야라고 할 수 있는 이기론(理氣論)이 당시 집권층에 의해 크게 각광받았다. 현재 천원 권과 오천원 권에 등장하는 이율곡과 이퇴계가 바로 이기론을 크게 발전시킨 조선의 대표적인 유학자이자 정치가이다. 그런데 한국 사람들에게 "이 두 유학자가 사회, 국가를 위해 공헌한 것이 무엇인가?"라고 묻는다면, 많은 사람들이 대답하지 못하고 머뭇거릴 것이다. 왜냐하면 이 두 유학자가 한 일은, 현재 한국인의 일상생활과는 별로 연관이 없는 형이상학적 사상에 관한 것들이기 때문이다.

중국은 명나라 이후 청나라에 이르러서 당시 대학자 다이진(戴震)이 "이념이 사람을 죽인다(以理殺人)"라고 비판했듯이 더 실용적인 고증학(考證學)이 유행했다. 그러나 조선의 지배층은 여전히 성리학에 심취했고, 성리학에 위반하는 다른 사상은 모두 사문난적(斯文亂賊)이라 하여 배척하는 등 점점 교조적인 성향을 보였다. 또한 예(禮)를 지나치게 강조하여 비실용적인 논쟁에 국력을 낭비하기도 했다. 조선 말기에는 청의 고증학에 영향을 받아 실학이라는 새로운 유학이 대두되었으나, 당시 근대화라는 시대의 흐름을 외면했던 조선을 구하기에는 역부족이었고, 결국 조선은 외세에 의해 몰락했다.[29] 조선의 몰락 이후 한국인은 성리학이라는 틀 안에 갇혀 근대화의 기회를 놓쳐버린 당시 지배층에 무척 실망했고, 유교에 대해서도 깊은 회의를 느꼈다.

에도[江戶] 시대 일본의 집권층도 성리학을 국가 이념으로 받아

29) 이 책 3장의 '우물 밖 세상'에서 이 주제를 자세히 다루었다.

들였다. 그러나 조선이 과거제도를 통해 성리학에 능통한 유학자들을 관리로 등용했던 것과는 달리, 일본 막부(幕府)의 지배층은 사무라이들이었고, 당연히 이들은 조선의 유학자들에 비해 사상적으로는 융통성이 있었다. 그들은 막부 체제가 시대 상황에 맞지 않게 되자 메이지 유신(明治維新)이라는 새로운 체제를 내세웠다. 시기적절했던 이 개혁은 권력투쟁에 의한 결과라고 할 수 있지만, 그렇다고 단순한 역사적 우연이라고 말할 수는 없다.

교조적인 성리학에 의해 경직되어 있던 조선과는 달리, 일본은 명치유신 이후, 화혼양재(和魂洋材)라는 말로 표현되듯이 새로운 사상과 문화를 받아들이는 데 적극적이었다. 결국 일본은 중국과 한국에 앞서 근대화 과정을 성공적으로 마치고, 강대국의 길을 걷게 되었다. 현재 일본에서 유통되고 있는 1만 엔 권 지폐에는 후쿠자와 유키치(福澤諭吉)라는 계몽주의 사상가가 등장한다. 그는 일본의 근대화를 이끈 선구자였고, 정한론(征韓論)을 옹호하고 탈아론(脫亞論)을 주창한 장본인이기도 했다. 이는 한국 지폐에 등장하는 두 유학자와 묘한 대조를 이룬다.

아시아적 가치

당연한 결과로, 조선의 멸망과 더불어 유교는 한국에서 쇠퇴의 길을 걸었다. 물론 중국의 문화혁명과 같은 커다란 진통을 겪지는 않았지만, 자본주의와 함께 들어온 서구식 합리주의 덕분에, 한국인은 유교를 타파되어야 할 구습으로 여기기도 했다. 그러다 1960, 70년대의 산업화를 성공적으로 이룩하면서 한국인은 자신감을 갖게 되었고, 근면, 성실, 협동 등과 같은 유교적인 덕목이 산업화 과정에서 순기능으로 작용했다는 사실을 알게 되었다.

또한 한국인은 조선이 몰락한 이유는, 유교의 핵심인 '인의 사상'에 어떤 오류가 있었기 때문이 아니라, 단지 조선의 유학자들이 너무 지나치게 근본주의적이었기 때문이라고 생각하게 되었다. 앞에서 언급한 1995년의 설문 결과는 이러한 사회 분위기를 반영한 것으로, 당시는 서구식 민주주의에 맞서는 유교 문화를 중심으로 한 '아시아적 가치'(Asian Value)라는 말이 한창 유행했던 시기였다.

1997년 경제위기를 맞게 되자, 앞에서 설명했던 바와 같이 한국에서 유교가 다시 한 번 위기의 주범으로까지 몰리게 되었다. 그리고 이후 한국인은 아시아적 가치라는 것에도 더 이상 주목하지 않게 되었다. 그러다 2001년 김용옥 교수의 〈논어 이야기〉라는 TV강의가 크게 주목을 받았는데, 이는 예상보다 빠르게 경제위기에서 회복한 후, 한국인은 또다시 유교와 화해했다는 점을 시사한다. 한편 중국에서는 2006년 CCTV의 〈백가강단〉(百家講壇)이란 프로그램에서 위단[于丹] 교수의 논어강의가 폭발적인 인기를 누리게 되고, 이어 그녀의 책 《논어심득》(論語心得)은 초베스트셀러가 되었다. 문화혁명으로 잊혀졌던 공자가 완벽히 부활하여 종주국으로 돌아온 것이다. 유교에 관한 한 묘하게 어긋났던 중국과 한국이 모처럼 한 방향으로 가게 된 것이다.

서양인은 물론이고 중국인들도 한국에 와서 놀라워하는 일들 중 하나가 한국인의 경로사상이다. 한국인은 처음 만나는 사람에게 먼저 서로의 나이부터 묻고, 누가 연장자인지를 알아야 마음이 편해진다. 이러한 경로사상은 물론 바람직한 풍습이기는 하지만, 나이나 사회적인 지위가 상대방의 복종을 강요하는 수단으로 사용될 수도 있기 때문에 그 지나침을 항상 경계해야 한다.

남녀 차별도 빼놓을 수 없는 현재 한국 사회가 해결해야 할 유교가 남긴 부작용이다. 한국에서는 아직도 여성의 사회 진출 기회가 상대적으로 제한되어 있고, 가정에서도 여전히 여성에 대해 너무 많은 의무를 요구하고 있다. 세계경제포럼(WEF)이 최근에 발표한 2009년 세계 〈성 격차 보고서〉에서 한국은 조사 대상 134개국 가운데 115위를 기록했다. 반면 중국은 60위, 일본은 75위로 한국보다 여성의 권리가 높은 것으로 나타났다. 여기서 중국 여성의 지위가 주변 아시아 국가들보다 높은 것을 주목할 필요가 있다. 몇 년 전 작고한 저명한 중국의 인류학자 티엔루캉(田汝康) 교수가 쓴 《공자의 이름으로 죽은 여인들》이란 책에서도 알 수 있듯이, 중국도 명·청대에 여성 차별이 극심했다. 지금과 같은 여성 지위의 향상은 그 의도야 어떠했든 사회주의 체제 덕분일 것이다.

한국인의 사고방식과 관습을 설명하는 데 아직도 유교가 필수적이다. 그러나 경제위기 이후 십여 년이 지난 지금, 한국인은 나름대로 냉정을 찾았는지, 이제는 유교에 대한 중립적인 시각이 지배적이다. 이미 한국에는 서당이 오래전에 없어졌고, 학교에서도 유교의 가르침을 따로 배우지 않는다. 아마 한국에서 유가사상을 제대로 배우려면 이제는 '공자학원'으로 가야 할지도 모른다. 대다수의 한국인은 더욱 선진화된 사회를 만들기 위해서는 현대사회 실정에 맞게 유교적 사고방식도 보완되어야 한다고 생각하고 있다. 이는 너무나 당연한 말이지만, 조선 유교의 비타협적인 근본주의적 성격을 고려하면 이러한 변화는 의미가 있다. 전문가들에 의하면 현재 한국이 겪고 있는 사회문제들 중 적지 않은 부분이 유교적인 사고방식에서 유래된 권위주의, 순혈주의, 집단주의 등에서 기인하며, 그런 문제들은 지금 빠르게 진행되고 있는 다양화, 개별화(즉, 열린 사회로의 전환)를 통해 점차 해결될 것으로 기대하고 있다.

홍콩 출신의 세계적인 영화배우 주윤발(周潤發)이 공자로 출연한 〈공자〉라는 영화가 최근에 개봉되었다고 한다. 나는 노인을 연기하는 주윤발의 모습도 (노년이 아닌) 중년의 공자 모습도 상상해 본 적이 없기 때문에 무척 기대되는 영화이다. 그 영화를 통해 혹 그의 위대한 사상의 탄생을 가능케 했던 그의 개인적인 삶과 고민을 엿볼 수 있기를 기대해 본다.

교회 십자가와 마네키네코

기독교의 부상

등록된 신자 숫자를 기준으로 세계에서 가장 큰 교회는 서울의 여의도순복음교회라고 한다. 좀처럼 믿기지 않는 사실은 현재 한국의 최대 종교가 기독교라는 것이다. 2005년에 실시된 인구센서스에 따르면, 한국인 중 불교 신자의 비중은 23%, 개신교 신자는 18%, 천주교 신자는 11%이다. 개신교와 천주교를 합친 기독교 신자의 비중은 29%으로, 천 년 이상의 전통을 가진 불교를 제치고 기독교가 현재 한국 최대 종교가 되었다(기타 다른 종교를 믿는다고 대답한 한국인은 1%에 불과했고, 나머지 47%의 한국인은 종교가 없다고 대답했다). 이는 한국이 아시아에서 필리핀 다음으로 기독교인의 비중이 높은 나라가 되었다는 것을 의미한다. 나는 홍콩 학생들에게 이렇게 설명한다 : "서울의 거리에서 교회의 붉은색 십자가를 찾는 것은 홍콩 거리에서 맥도날드를 표시하는 붉은색 'M'자를 찾는 것보다 훨씬 쉽다."

기독교가 유입될 당시 조선에서는 불교를 비롯한 여러 전통 신앙이 유교에 의해 오랫동안 견제받고 있었다. 이런 이유 때문인지, 막상 조선이 망하고 유교가 힘을 잃자 기독교는 기존의 다른 신앙과의 큰 경쟁을 피할 수가 있었던 것 같다(반면 중국의 경우는 불교 이외에도 도교가 자리잡고 있었고, 일본도 국가종교라고 할 수 있는 신토[神道]가 있었다).

일제 시대 동안 한국의 기독교는 항일운동의 한 축을 맡기도 했고, 많은 근대식 학교가 (대부분 미국에서 온) 기독교 선교사들에 의해 설립되었다. 그렇다 하더라도 한국 기독교의 부상은 전세계적으로도 유례가 없는 기이한 현상이라고 한다. 특히 한국 전체 인구의 약 20%를 차지하게 된 개신교의 두드러진 성장은 세계적으로도 주목을 받고 있다. 한국의 기독교, 특히 개신교는 경제발전이 한창이던 1970년대에 급성장했다. 그렇다면 그 이유는 무엇이었을까? 이 현상을 설명하기 위해 오랫동안 많은 학자들이 여러 가지 가설을 내세웠지만, 나는 가장 설득력 있는 설명을 홍콩의 한 신문에서 찾을 수 있었다.

2009년 4월 12일자 《사우스 차이나 모닝 포스트》 일요일판(Post Magazine)에 '예수가 살아나셨다(Christ Has Risen)'라는 제목의 기사가 실렸다. 이 기사에 따르면, 중국 내 기독교 신자의 수는 엄청나게 증가하여 전체 인구의 약 10%인 1억2천5백만 명에 이를 것으로 추정된다고 한다. 한국에서 그러했던 것처럼 중국에서도 기독교가 부상하고 있는 것이다. 그 기사를 작성한 기자는 중국 기독교의 성공 요인으로 '소속감'(Sense of belonging)을 꼽았다. 중국 어느 교회의 목사는 그 기자와의 인터뷰에서, "지역 간 사회계층 간 많은 모순점들이 커져 가고 있는 지금의 중국 현실에서 교회는 '가족과 같은 소속감'을 통해 정신적인 위안을 주고 있다"고 말했다. 이런 추세라면 아마도 머지 않아 세계에서 제일 큰 교회는 중국에서 찾아야 할 것이다.

기독교의 예배는 '여러 사람이 모여서 하는' 의식(儀式)이다(반면, 불교의 의식은 더 개인적이라 할 수 있다). 여럿이 모여 하는 의식은 소속감, 유대감을 강화시키는 데 효과적이다. 그래서인지 같은 교회 신자들 간의 유대감은 아주 강해 보인다. 집단(단체) 의식이 강한 중국인이나 한국인들은 어디엔가 소속되어 있어야만 안심한다. 그러나 산업화가 진행됨에 따라 집단의식을 강조했던 기존의 사회질서가 급속도로 해체되었다. 이런 상황에서 기독교는 신자들에게 내세의 구원을 약속해 주는 것 이외에도 그들에게 집단의식을 고양시킬 수 있는 새로운 장소를 제공한 것이다. 중국과 마찬가지로, 이것이 바로 한국의 기독교가 과거 산업화 기간 동안 빠르게 성장했던 이유일 것이다. '기독교 교회를 통한 소속감의 확보'라는 설명은 해외에 이주해 살고 있는 한국 교포들을 통해서도 확인할 수 있다. 홍콩에도 한국 교회가 여럿 있는데, 이런 교회의 한국인 신자들 중 많은 수는 홍콩으로 이주해 오기 전에는 기독교 신자가 아니었다고 한다. 이들은 처음에 타국 생활에 필요한 정보나 도움을 얻기 위해 한국 교회에 다니기 시작하지만, 이후 자신과 비슷한 처지의 다른 한국 교민들과 교류하면서 소속감과 연대감을 갖게 되는 것이다. 이렇듯 교회가 한국 교민 사회의 구심점으로서 역할을 상당 부분 수행하고 있고, 이런 현상은 미국 등 해외의 한국 교민 사회에서 어김없이 발견된다.

살아남은 불교

서구 문화를 제대로 이해하려면 그리스-로마신화와 기독교를 알아야 한다. 마찬가지로 동아시아의 문화를 이해하려면 유교, 도교와 불교를 알아야 할 것이다. 서구의 기독교가 로마제국의 동서분열과 중세의 종교개혁을 거치면서 각 나라마다 조금씩 다른 방향으로 진화되었듯이, 한국의 전통 신앙도 여러 시대를 거치면서 중국과는 다른 과정을 겪었다.[30] 앞에서 언급했듯이 조선에서는 불교를 비롯한 전통 신앙이 유교에 의해 오랫동안 견제받았다. 반면 조선과 동시대였던 명대(明代)의 중국에서는 유교에 의한 불교 탄압이 거의 없었는데, 이는 중국의 불교가 유교 그리고 도교와 서로 연대하고 일부분 통합되었기 때문이다. 한편, 일본의 불교는 유교와의 갈등이 없지는 않았지만 국가정책에 따라 신토와 통합 과정을 거쳤다.

한국의 불교는 다른 전통 신앙과의 연대없이 유교의 탄압으로부터 살아남았고, 그래서인지 한국의 불교에는 엄격함과 치열함이 아직 많이 남아 있다. 중국과 일본의 불교는 "아미타불의 도움으로 정토(淨土=극락)에 왕생(往生=다시 태어남)한다"고 믿는 즉, 타력에 의한 구제를 의미하는 정토불교가 주류를 이루고 있다. 반면, 한국에서는 참선(參禪)을 수행의 주요 수단으로 하는 (즉, 자력에 의한 구제) 선불교가 주류를 이루고 있다. 일본에서 보편화된 육식대처(肉食帶妻)하는 승려는 한국에서는 거의 찾아볼 수 없기도 하다.

---

30) 이 책 3장의 '제1호 공자학원' 참고.

수도자가 아닌 한국의 일반 신도들은 내세의 구원보다는 현세의 복을 기원하기 위해 불교 사찰을 찾는다. 대학입시 철이 되면 입시생을 자녀로 둔 학부모들이 사찰로 몰려와 열심히 기도하는 모습을 볼 수 있다(기도하는 학부모들로 붐비는 것은 기독교의 교회와 성당에서도 마찬가지이다. 내세의 구원을 강조하는 기독교이지만 현세의 복을 기원하는 신자들을 모른 척할 수는 없기 때문일 것이다). 이러한 현세 중심적 종교관은 동아시아에서 공통적으로 발견된다고 한다.

불교 사찰은 세속과 무관한 듯 깊은 산속에 위치하지만, 이러한 일반 대중과의 지리적 거리감이 오히려 여러 가지 복잡한 문제들로 고통받고 있는 현대인에게 위안을 주는 요소로 작용하고 있다. 한국에서는 걸출한 여러 스님들이 저술 활동을 통해 신도들뿐만 아니라 일반인들에게도 많은 가르침을 주고 있는데, 이는 외국의 사례와 비교하면 (티베트의 정신적 지도자 달라이 라마를 제외하고는) 아주 예외적인 현상일 것이다.

사라져간 도교와 무속신앙

불교와는 달리, 도교는 조선 시대 유교의 탄압으로부터 살아남지 못했다고 할 수 있다. 홍콩의 지하철역 중 오래전 활동했던 명망 높은 도사 한 분의 이름을 딴 '웡타이신'[黃大仙]이라는 역이 있는데, 도심인데도 그 역 근처에는 아주 큰 도교 사원이 하나 들어서 있다. 또한 '틴화'라는 이름의 지하철역이 있는데, '틴화'[天后]는 (중국 남동부 해안 지역 민간신앙에 의하면) 바다를 다스리는 여신의 이름으로, 홍콩에는 그녀를 모시는 도교식 사원이 여러 군데 있다(홍콩에 이웃

한 마카오에도 이 틴화의 흔적이 남아있는데, 카지노가 들어서 있는 해안가에 거대한 틴화의 석상이 마치 뉴욕의 자유의 여신상처럼 서 있다).

음력 설날 등 명절이면 한국인들은 조상에게 유교식 차례를 올리지만, 홍콩인들은 도교 사원으로 몰려가 향을 피우고 소원을 빈다. 한국인들도 전설에 단골로 등장하는 '신선'이라는 존재에는 익숙하지만, 이런 신선을 따로 모시는 사원은 한국에선 찾아 보기 힘들다. 한국에서 도교는 교단으로 형성되어 있지도 않고 이를 종교로 수행하는 사람도 극히 드물다. 다만 도교에 많은 영향을 받은 한국의 무속신앙에서 그 흔적을 찾을 수 있을 뿐이다.

한국 민간신앙의 특징은 무당(샤먼)을 중개자로 신적 존재와 교감하는 무속신앙(샤머니즘)의 전통이 강하다는 것인데, 이는 북방 민족에서 흔히 발견되는 특징으로 알려져 있다('샤먼'이라는 용어도 만주-퉁구스어에서 유래되었다). 한국의 무속신앙은 한때 국가적 축제를 주도했었지만, 다른 전통 신앙과 마찬가지로 조선 시대를 거치면서 그 위세가 크게 약해졌다. 한국 무속신앙의 대표라면 바로 '굿'이라 할 수 있는데(일본의 지역 공동 축제라고 할 수 있는 '마쓰리'[祭り]가 원래는 지역수호신을 모시는 행사였던 것처럼) 이제는 몇몇 지역 축제에서 그 명맥이 유지되고 있다. 물론 개업이나 건물의 신축 등 새로운 시작을 알리는 행사에 삶은 돼지 머리를 제상에 올려 놓고 고사(告祀)를 드리는 경우가 있는데, 이 또한 예전에는 엄숙한 종교적 제사였지만 지금은 흥겨운 잔치 분위기만 남아 있다.

내가 처음 홍콩에 와서 놀랐던 일 중 하나가 바로 홍콩인(중국인)의 '관우신앙'이다. 관우라면 한국 사람들도 삼국지를 통해 잘 알고 있는 인물이지만, 홍콩에서는 그가 신격화되어 재신(財神)으로 숭상받고 있으며, 이런 모습은 한국인에게는 아주 낯선 것이다. 노란색 황금 더미 위에 붉은색 옷을 입은 관우가 늠름하게 서 있는 그림(일종의 부적)을 홍콩에서는 흔히 볼 수 있다. 중국에는 관우를 모시는 사당이 공자를 모시는 사당보다 훨씬 많다고 하지만, 한국에는 관우를 모시는 사당은 거의 없다. 조선이 왜군의 침입을 받았을 때, 지원군으로 조선에 온 명나라 군대에 의해 여러 곳에 관우 사당이 만들어졌다고 한다. 그러나 지금 한국에서 관우신앙은 무속신앙에 일부 편입되어 남아 있을 뿐, 중국이나 홍콩과는 전혀 다른 위상을 갖고 있다.

홍콩의 상점이나 식당(주로 계산대 부근)에서 '앞발 하나를 들고 있는 고양이 인형'을 자주 볼 수 있다 (실제로는 고양이가 얼굴을 닦고 있는 모습이라고 한다). 이는 '마네키네코'(招き猫)라는 이름의 고양이 인형이다 (중국에서는 이를 '재물을 부르는 고양이'라는 의미로 '招財猫'라고 부른다). 이 고양이는 정령숭배(animism)의 전통이 강한 일본의 민간신앙에서 유래된 것으로, 이를 홍콩(또한 대만)에서는 아무런 거부감 없이 받아들이고 있는 것이다.

그런데 홍콩(또는 대만이나 중국)과 달리 한국에서는 왜 관우가 신이 되지 못했고, 마네키네코가 크게 유행하지 않는 것일까? 그 이유 중 하나는 아마도 중국의 도교나 일본의 신토와 같은 범신론(汎神論)의 전통이 한국에서 사라졌기 때문일 것이다. 조선 시대를 지배했던 유교는 내세나 초자연적인 신에 대해 관심을 보이지 않았다. 그래서 한국에서는 관우보다 유명한 공자도 인물신으로 숭배

마카오의 한 카지노에 우뚝 서 있는 '재물신' 관우의 동상. 금빛 허리띠를 두르고, 한 손에는 금 덩어리를 들고 있는 그의 모습이 한국인에게는 무척 낯설다.

되지 않고 단지 현자로서 존경받을 뿐이다. 또한 기독교는 유일신 신앙으로 범신론의 다신교적인 종교관과는 대립된다. 근대화 이후 한국에서 기독교의 세가 커 감에 따라 한국인이 가지고 있던 다신교적인 종교관이 점차 약해졌다. 한국인에게는 '헬로키티'와 같은 장식용 인형이라면 모를까 신적인 요소가 있는 고양이 인형이라면 왠지 꺼림칙하게 여길 것이다.

한국에서는 십이지간에 따른 오늘의 운세가 아직도 신문 한켠에 실리고 있다. 결혼과 같은 가족 중대사에는 사주팔자로 궁합을 보기도 하고 길일(吉日)을 정하기도 한다. 이는 모두 음양오행설에 기초한 것들인데, 종교나 윤리라고 하기보다는 옛 선조들이 믿었던 '세상(우주)의 이치'에 관한 것이다. 이 음양오행설은 생각보다 광범위하게 한국인이나 홍콩인(중국인)의 일상생활에 그 흔적을 남기고 있다.

일주일(week)이라는 개념은 근대 이후 서양으로부터 받아들인 것이다. 서양에서는 각 날에 해, 달, 그리고 태양계의 행성과 관련된 이름(주로 신화에 나오는 신들의 이름)을 사용한다. 한국과 일본에서도 해, 달, 그리고 행성(화, 수, 목, 금, 토)의 이름을 각 요일의 이름으로 사용하는데, 여기서 행성의 이름은 오행설에서 유래된 것이다. 반면, 오행설의 종주국인 중국은 일주일의 각 날을 나타낼 때 그냥 숫자를 이용해서 부른다. 예를 들어, 월요일은 일주일의 첫 번째 날이라는 의미로 '星期一'이라 한다.

중국인(또한 홍콩인)들은 오행설에 따라 색깔에 대해 많은 의미를 부여하는데, 붉은색은 액을 쫓고 행운을 부르는 색이라 하여 특히 좋아한다. 반면 한국에서는 전혀 사정이 다르다. 예를 들면, 한국(또한 일본)에서는 설날 절값, 결혼 축의금 등에 하얀색 봉투를 쓰는데, 이 하얀색은 중국에서는 장례식에서만 쓰는 금기시하는 색이다. 또한 홍콩에서는 풍수 전문가의 위상이 대단한데, '피터 소(蘇民峰)'라는 풍수 전문가는 텔레비전 고정 프로그램을 맡아 일반 시민들을 대상으로 강의하는 등 맹활약을 하고 있다.

기마민족

고구려

2009년 한국에서 가장 큰 화제가 되었던 텔레비전 드라마로 〈선덕여왕〉을 꼽을 수 있다. 선덕여왕은 한국 역사에서 최초로 등장하는 여왕으로, 그녀가 남긴 가장 큰 업적은 당시 비주류였던 김춘추와 김유신을 발굴한 것이다. 이 둘은 이후 백제와 고구려를 누르고 한반도에 통일국가를 세우는 데 결정적인 역할을 했으니, 선덕여왕의 선택은 탁월했다.

삼국을 통일하였으나(그 드라마에선 이를 '삼한일통'이라고도 함), 신라는 고구려의 영토를 모두 얻지는 못했다. 당시 고구려가 지배했던 지금의 중국 동북3성 지역은 고구려의 유민과 말갈족이 힘을 합쳐 세운 발해가 차지했다. 이후 발해는 거란족이 세운 요(遼)에 의해 망하고, 한반도에서는 신라가 망하고 고려가 건국되었다.

고려의 시조 왕건은 옛 고구려의 왕실 출신으로 고구려를 계승한다는 의미로 국명도 고려라고 하였으나, 고려와 이후 조선을 거쳐 오늘에 이르기까지 한국의 영토는 한반도를 벗어나지 못했다.

이런 이유에서 많은 한국 사람들은 신라에 의한 삼국통일은 절반의 통일이라고 평가절하하고, 옛 고구려인이 누비던 광활한 만주 지역을 잃은 것을 안타까워 한다.

한편 중국의 조선족은 한반도와 지리적으로 가까운 동북3성에 주로 살고 있는데, 이들은 주로 조선 시대에 이주한 조선 사람들이었다. 그런데 중국인들이 이들 조선족을 조롱할 때면 흔히 '까오리방쯔'(高麗棒子)라 불렀는데, 이는 동북방에 고구려의 흔적이 강하게 남아 있었다는 것을 반증하는 셈이다(예전 중국에서는 '고구려'를 '고려'라고도 불렀다).

고대 중국인들은 동북방에 살던 이민족들을 '동이'(東夷)라고 불렀고, 고구려를 비롯한 한국의 선조들은 중국인의 입장에선 모두 동이였다. 비록 고구려는 고대 중국인들이 비문명인이라는 의미로 불렀던 '동이'에 속했지만, 한국인은 이런 것에 전혀 개의치 않고 자신들의 선조인 고구려인을 자랑스럽게 생각한다. 그 이유는 그들이 남다른 기상을 지니고 있었기 때문이다. 넓은 영토를 지배했던 고구려는 여러 차례 있었던 당시 초강대국 수와 당의 침입을 막아내기도 했다.

고구려가 망한 후 지난 천 년 이상을 한국은 한반도라는 좁은 영토에 갇혀 강대국 중국의 주변국으로 지내왔고, 이런 이유로 한국인은 수·당과 패권을 다투던 옛 선조 고구려인을 동경한다. 그런데 지난 2003년 느닷없이 중국이 동북공정이라는 이름으로 고구려를 자국의 역사에 편입시키자 한국인들은 이에 크게 반발하게 되었다.

형제국

한국에서 가장 흔한 성은 '김'씨이다. 나도 김씨이며, 본관은 청풍(淸風)으로 그 뿌리는 경주 김씨와 연결된다. 경주 김씨의 시조는 김알지(金閼智)라고 알려져 있는데, 전설에 의하면 신라의 왕이 숲 속 나무 위에 걸려 있던 금궤짝 안에서 어린 그를 발견하고 아들로 삼았다고 한다. 김알지의 7대손부터 신라의 왕이 되었고, 선덕여왕도 본명이 김덕만(金德曼)으로 그의 후손이었다. 무열왕으로 즉위한 김춘추도 마찬가지이다. 그런데 신라의 왕족인 경주 김씨의 조상이 중국에서 제후(諸侯)를 지낸 김일제(金日磾)와 관련 있다는 고증학적 자료들이 최근에 발굴되어 한국에서 큰 화제가 되었다.

김일제는 원래 흉노족의 태자였으나 중국 한나라의 무제(武帝) 때 포로로 잡혀와 노예가 되었고, 후에 공을 세우고 한무제의 신임을 얻어 투후(秺侯)라는 귀족의 자리까지 오르게 된 인물이다. 흉노족이 금으로 만든 사람(金人)을 숭배한다고 하여 한무제가 그에게 김씨 성을 하사했다고 한다. 투후가 된 김일제는 한반도와 가까운 산동성 지역에 봉지(封地)를 얻었다. 그러다 그의 후손이 (후에 왕위찬탈을 꾀했던) 왕망(王莽)과 외척(外戚) 관계를 맺었고, 결국 찬탈에 실패한 왕망과 함께 몰락한다. 역사학자들은 이 시기에 김일제의 후손들 중 일부가 신라로 피신해 왔을 것으로 추측하고 있다.

신라의 유물 중에는 북방민족과 관련된 것들이 많이 있는데, 이것 역시 흉노족과 신라 김씨 왕족과의 연관성을 보여 주는 것이라 한다. 한편, 이 글을 쓰면서 사전을 찾다가, 김씨 성의 시조인 김알지의 '알'(閼)자가 흉노족 왕비의 호칭으로 쓰였다는 것도 알게 되었다. 아무튼 나는 어린 시절 흉노족은 매우 호전적인 민족이었다고 배웠는데, 알고 보니 내가 그들의 후손일 수 있다 하니 얼떨떨한 기분이다. 자신이 바이킹(앵글로-색슨)의 후손임을 자랑스러워하는 영국인 동료를 만나면 이 사실을 꼭 말해 주어야겠다.

지난 2006년에 '한국-몽골 국가연합'이라는 것이 갑자기 화제가 되었다. 중국의 동북공정에 대한 반발로 한국과 몽골의 일부 학자들이 거론하기 시작하더니 이제는 제법 많은 사람들이 관심을 가지게 되었다. 관련 학자들에 따르면, 양국이 인종과 문화적으로 많은 유사점을 가지고 있어 유럽연합과 비슷한 형태의 경제 및 자원 공동체를 구성하는 것도 가능할 것이라 한다(그러나 이는 아직 논의의 초기 단계에 불과하다고 한다). 그런데 이것은 "역사는 반복된다"라는 말이 있듯, 천오백 년 전 당시 고구려가 중국의 당을 견제하기 위해 취했던 외교전략과 비슷해 보인다.

한국인들이 터키를 형제국이라고 부르는 이유는, 그들의 선조인 돌궐족과 고구려가 연합하여 중국의 당에 맞섰기 때문이다. 홍콩에 '통로완'[銅鑼灣]이라는 곳이 있는데 서울로 치자면 명동과 비슷한 곳이라 할 수 있다. 그 지역에는 한국 식당이 몇 군데 있고, 그중 한 곳의 이름이 '서라벌'이다. 서라벌은 경주의 옛 지명인데, 여기서 '벌'은 벌판, 즉 넓은 땅이란 의미이다. 그런데 터키의 주요 도시인 이스탄불(Istanbul)의 '불'도 '넓은 곳'을 뜻한다고 한다. 또한 터어키어로 '사래'(Saray)는 궁전을 뜻한다. 즉, '사래불'은 터키어로 '왕의 도시'라는 뜻이 된다고 한다. 우연이라고 하기엔 너무 신기하지 않은가? 참고로, 일부 학자들은 한국어를 터키어와 마찬가지로 중앙 아시아 알타이 제어로 분류하기도 한다.

기마민족

단군이 세운 고조선은 (김일제에게 작위를 준 바로 그) 한무제에 의해 망하고, 그 유민들은 부여, 그리고 나중에 고구려를 세웠다. 한국인이면 모두가 잘 알고 있는 단군신화의 웅녀는 곰에 대한 토템을 상징하는데, 이것은 중앙아시아의 여러 북방민족에게서 공통적으로 발견되는 것이다. 이와 같은 신화나 언어, 그리고 역사적 정황을 근거로, 한국의 전문가들은 "한국인의 뿌리는 중앙 아시아의 기마민족이다"라고 주장한다. 고조선, 부여, 고구려는 모두 반농반목 생활을 했고, 또한 백제는 부여인이 세운 나라라고 할 수 있으며, 신라가 흉노족과 관계가 있다고 한다면 한국의 고대 국가 대부분은 기마민족과 깊은 연관이 있는 셈이다.

한국처럼 반도 국가인 그리스의 신화에는 켄타우로스(Centauros)라고 하는 반인반마가 등장하는데, 이는 대륙으로부터 침입해 온 기마민족에 대해서 고대 그리스인이 가지고 있던 공포를 상징적으로 보여 준다. 그리스는 문명을 해양으로부터 받아들였기 때문에 대륙으로부터 온 이들 기마민족은 그리스의 입장에서 보면 호전적인 야만족이었을 뿐이다. 반면 대륙으로부터 문명을 받아들인 한국 선조들에게 기마민족은 선진문물을 가진 문명인이었고, 이들 기마민족이 한국의 고대 국가를 세우는 데 주요 역할을 했다.

최신의 과학기술을 이용한 연구에 의하면, 한국인과 유전학적으로 가장 유사한 민족은 만주족과 일본인이라고 하는데, 지리적으로 보면 당연한 결과이다. 그런데 '민족'이란 생물학적인 의미보다는 문화나 역사적인 의미가 더욱 강한 개념이다. 중국인 대부분은 자신을 '한족'(漢族)이라고 하는데, 이 또한 그들이 문화와 역사를 공유한다는 의미가 더 크다. 한국인이나 일본인은 '단일민족'이니 '천세일계'(千歲一系)이니 하는 말을 자주 쓰지만, 역사적로는 도래인(渡來人)이라고 하는 여러 다른 민족과의 혼혈이 수없이 있었다.

중국 당의 태조 이연(李淵)과 한국 조선의 태조 이성계는 각각 선비족과 여진족의 후예일 것이라는 주장도 있다. 그렇다 하더라도 당나라 사람들과 조선 사람들이 기마민족이었다고 할 수는 없다. 마찬가지로 신라의 왕족이 흉노족과 관련이 있다고 한들 신라인이 기마민족이었다고 할 수는 없다. 몽골족과 만주족은 각각 원과 청을 중원(中原)에 세웠지만 그들 대부분은 농경민족이라 할 수 있는 한족으로 동화되었다. 마찬가지로 말을 타고 한반도로 이주해 온 기마민족도 유목생활을 청산하고 어딘가에 정착하여 농경생활을 시작했다. 따라서 지금 한국인에게는 유목문화에 대한 전통은 남아 있지 않다. 단지, 언어, 음식, 미신, 신화 등에 기마민족의 흔적이 조금씩 남아 있을 뿐이다. 그렇다면 '한민족의 기마민족 기원설'은 한국인에게 무엇을 의미하는가?

한국에 체류한 바 있는 베이징대학 공징동[孔慶東] 교수는, 한국인이 자신들의 조상이 중앙 아시아에서 왔다고 믿는 것은 '탈중국화'하기 위한 의도라고 지적했다.[31] 중앙 아시아의 기마민족

31) 공징동[孔慶東],《한국쾌담》, 올림(2007):153.

이 한국인의 뿌리라고 하더라도 그들이 끼친 영향보다는 강대국이자 문명국이었던 이웃의 중국으로부터 한국이 받은 영향이 분명 더 크다는 것이 그의 주장이다. 특히 조선 시대 5백여 년을 중화 문명의 모범생으로 지내 왔는데, 이제 와서 한국인이 기마민족 기원설에 열광하고 있으니, 중국인의 입장에서는 이를 탈중국화라고 의심할 만하다.

그러나 이에 대한 나의 분석은 '탈중국화'라기보다는 '탈농경화' 또는 '탈정착화'가 더욱 정확한 해석이라고 생각한다. 한국은 오래전에 이미 농업사회에서 산업사회로 전환했고, 지금은 다시 정보화사회로 변화하고 있으니, 이 시점에서 정착농경문화라는 것은 시대에 한참 뒤처진 것일 뿐이다. 국경은 이제 더 이상 의미가 없어졌고, 오직 먹느냐 먹히느냐 식으로 세계와의 무한경쟁을 해야 하는 현대의 한국인들에게, 바람처럼 나타나서 적을 제압하고 다시 바람처럼 사라지는 칭기스칸의 기마부대가 어찌 멋지지 않을 수 있겠는가! 또한 여러 가지 속박으로부터 벗어나기를 갈망하는 현대인에게 한곳에 정착하지 못하고 계속 떠돌아야 하는 유목민의 거친 삶은 오히려 낭만적으로 보이기까지 한다.

일본인들 역시 오래전부터 "부여계 기마민족이 한반도를 거쳐 일본에 왔고, 이들이 일본을 정벌하여 고대국가를 세웠다"는 '기마민족 일본 정복설'에 큰 관심을 가지고 있다. 사방이 바다로 막혀 있는 섬의 일본인이나, 후미진 반도에 사는 한국인에게는 이렇듯 대륙에 대한 향수와 동경이 있는데, 광활한 대륙에 사는 중국인이 이를 이해하기는 쉽지 않을 것이다.

중국 우스개 중에 "북방인이 남방에 가면 사기를 당할까 걱정하고, 남방인이 북방에 가면 매를 맞을까 걱정한다"는 말이 있다. 이 우스개를 처음 듣고 너무 재미있어 한참을 웃었던 기억이 있다. 흉노족의 후손(?)인 내가 홍콩에서 살고 있으니, 북방인이 남방에 온 셈이 된다. 하지만 홍콩에는 나와 같은 이주민들이 계속 들고나고 있어서, 말[馬]이 없을 뿐이지 홍콩이야말로 현대판 노마드들을 위한 초원이라고 해야 하지 않을까?

우물 밖 세상

한국인 최초의 세계인

지금의 기준으로도 놀랄 만큼 개방적이었던 당나라 시대에는, 당시 수도였던 장안은 물론이고 웬만한 주요 도시에는 세계 각지에서 온 외국인들이 드물지 않았다고 한다. 7세기 한반도에 통일국가를 세운 신라도 이웃 나라인 당과 활발히 교류했는데, 8세기에 이르러서는 신라인 집단 거주 지역인 신라방이 중국 동해안을 따라 산동 지역을 포함한 여러 곳에 있었다고 한다. 아마도 이때가 역사상 한중 간의 인적 교류가 가장 활발했던 시기가 아니었나 싶다.

당시 당에 거주하고 있던 신라인 중 당연히 젊은 유학생들이 많았고, 승려 혜초는 그들 중 한 명이었다. 그는 15세에 당으로 건너가 불도를 배우다가, 19세가 된 서기 727년 서역으로 가는 장도에 오르게 된다. 그는 먼저 광저우(廣州)에서 뱃길로 인도의 동천축국에 도착한 다음, 차례로 다섯 천축국을 여행하며 석가의 주요 성지를 순례했고, 이후 페르시아 지역까지 여행한 후, 4년 만에 실크로드를 따라 장안으로 돌아왔다. 당나라 최고 승려였던 현장(玄奘)이

15년여 간 서역을 순례하고 장안으로 돌아온 것이 서기 645년이었으니, 현장과 혜초는 대략 80년 정도의 시차가 있다. 현장이 《대당서역기》(大唐西域記)를 남겼듯이 혜초도 그의 순례 여행을 《왕오천축국전》이라는 여행기에 남겼다.

1908년 둔황(敦煌)의 한 막고굴(莫高窟)에서 《왕오천축국전》의 필사(筆寫) 요약본이 발견되었는데, 이 귀중한 책은 같이 발굴된 다른 고문서들과 함께 어느 프랑스인 학자에게 팔려 프랑스로 반출되었고, 지금은 프랑스국립도서관이 소유하고 있다. 《왕오천축국전》은 8세기에 쓰여진 중앙아시아에 관한 유일한 기록이라는 점에서 문명사적 의미가 있다고 한다. 그런데 《왕오천축국전》은 한국인이 쓴 것으로 알려진 것들 중 거의 온전한 형태로 남아 있는 가장 오래된 책이기 때문에 한국인에게는 매우 특별한 의미를 지닌다. 한국인이 남긴 가장 오래된 문학작품(책)이 여행기라는 사실이 참으로 흥미롭다. 신라인으로 당나라에서 유학하다가, 서역을 순례하고 최초로 기록을 남긴 그를 '한국인 최초의 세계인'이라고 부른다.

베이징을 여행한 조선의 선비들

《왕오천축국전》은 한국인이 남긴 가장 오래된 기행문이다. 그렇다면 한국인이 남긴 최고의 기행문은 무엇인가? 분량을 기준으로 한다면, 아마도 《연행록》(燕行錄)이 한국인이 남긴 가장 중요한 기행문이라 할 수 있다. 《연행록》은 외교사절로 청나라를 사행(使行)했던 조선의 지식인들이 개인적으로 기록한 기행문의 총칭이다.[32] 지금까지의 조사에 의하면 이런《연행록》이 약 500여 편에 이른다고 하니, 250여 년 동안 대략 1년에 두 편씩 나온 셈이다. 가끔씩 나를 놀라게 하는 사실은, 서울–베이징 간의 거리가 홍콩–베이징 간의 거리보다 가깝다는 것이다. 그렇다 하더라도 당시 서울에서 베이징까지의 여정은 (약 한 달 동안 베이징에 체류하는 것을 포함해서) 반년은 족히 걸리는 쉽지 않은 고생길이었다.

명청 교체 시기에 조선은 명과의 의리를 중시하다가 청을 자극하게 되고, 결국 혹독한 대가를 치른다. 그동안 조선에 조공을 바쳐 왔던 만주족에게 이제 거꾸로 조공을 바치게 되자, 당시 조선의 지식인들은 몹시도 절망했고, 어쩔 수 없이 청의 무력 앞에 굴복했지만 정신적으로는 자신들이 더 우월하다고 자위했다. 또한 기세등등했던 원(元)도 100년을 못 채우고 망했으니 청도 곧 망하리라고 장담했다. 그러나 100년이 지나도 청은 망하기는커녕 강건성세(康乾盛世)를[33] 맞아 날로 번성해 갔고, 이렇게 되자 조선의 지식인들은 차츰 청에 대한 생각을 달리하게 되었다. 한때는 고행길이던 베이징까지의 사행을 꺼렸지만, 이제는 외교사절이 아닌 개인 자격으로라도 사행에 참가하려는 선비들이 늘어났다. 당시 지구 반대편에서는 괴테를 비롯한 유럽의 지식인들이 이탈리아를 앞다투어 여행했는데, 마찬가지로 조선의 지식인들도 베이징으로의 여행을 동경하게 된 것이다.

---

32) 물론 원, 명 시대의 연행 기록도《연행록》에 포함시킨다.

33) 중국 역사상 '3대 전성기' 중 하나로, 청조의 강희제에서 건륭제에 이르는 130년간을 의미한다.

500여 편에 이르는《연행록》중 한국인이 가장 많이 읽은 책은 아마도 연암 박지원이 쓴《열하일기》(熱河日記)일 것이다. 연암은 애초부터 관직에 전혀 뜻이 없던 재야선비였으나, 당시 조선의 국왕인 정조조차도 그의 근황에 항상 관심을 가질 정도로 그는 조선의 최고 지성인이었다. 연암은 1780년 건륭제(乾隆帝)의 만수절(萬壽節) 축하 사절단에 비공식 수행원의 자격으로 연행에 참가할 기회를 얻었다. 황제의 축하 행사가 예정과 달리 피서산장(避暑山莊)에서 열리는 바람에, 베이징에 막 도착한 연암 일행은 부랴부랴 피서산장이 위치한 열하(熱河)로 다시 여행하게 되었는데, 이런 연유로 그의 책 제목이《열하일기》가 되었다. 연암은 뛰어난 문장가이기도 하거니와 그의 성품 또한 매우 호탕하여, 조선의 다른 선비들이 쓴 여느《연행록》과 달리 그의《열하일기》는 흥미진진한 모험으로 가득 차 있다.

연행을 통해 청의 실상을 제대로 알게 되면서, 반청숭명(反淸崇明)을 주장하던 조선 지식인들의 태도도 차츰 바뀌게 되고, 청으로부터도 배워야 한다는 이용후생(利用厚生)을 강조하는 학풍이 불기 시작했는데, 이를 북학(北學)이라 불렀다. 이 북학파의 대표적 인물로 홍대용을 들 수 있다. 연암과도 절친한 사이였던 홍대용은 천문학 등 서양과학에 관심이 많았고, 음악에도 조예가 깊었던 한마디로 르네상스인이라 할 만한 인물이었다. 그는 연암보다 조금 일찍 연행을 다녀와《을병연행록》을 남겼다. 베이징에 체류할 때, 그는 유리창[琉璃場]에서 항조우(杭州) 출신 선비들(嚴誠, 潘庭筠, 陸飛)과 만나 교류했는데, 이들과의 국경을 넘은 우정이 유명하다.

꼼꼼한 조선의 선비들이 쓴 탓에《연행록》은 그 규모뿐만 아니라 내용도 매우 충실하여 청대의 중국 문화를 연구하는 학자들에게 아주 유용하다. 내가 재직하던 지난 2006년 홍콩의 시티[城市]대학은 중화권에서는 처음으로《연행록 전집》을 구입했고,[34] 이를 기념하기 위해 중국, 홍콩, 한국의 관련 학자들이 모여 연구논문집 한 권을 출간했다. 나는 이 논문집에 홍대용의《을병연행록》에 실린 장문의 시를 영어로 번역, 소개했는데, 그 시는 홍대용의 부친이 연행을 떠나는 아들을 위해 쓴 시문으로 (이를 '별장시문'이라 한다), 당시 조선 사대부 부자 간의 정을 엿볼 수 있는 시이다.[35] 이 시의 첫 부분은 다음과 같다.

> 슬프다! 너 자식의 행역(行役)이여
> 어찌하여 연경 길이뇨?
> 남아의 사방(四方) 뜻이
> 숙석(宿昔: 평생)에 품은 바 있구나
> 창승(蒼蠅)이 기(驥)의 꼬리에 붙으니
> 멀리 와 높이 때인즉 좋도다
> 행(行)하여 다시 염려치 말라
> 내 나이 모로(耄老)하지 아니하였노라.[36]

---

34) 이때 방대한 분량의《한국역대문집총서》도 같이 구입했다.

35) KANG KIM, Hyewon. 〈Father and Son: The Case of Hong De Yong: Introduction to the Byeol-jang-si-moon〉, 『千載毗隣 – 歷史上的中韓關係』, (鄭培凱 & 景祥祜 主編), 廣西師範大學出版社, 中國(2009).

36)《산해관 잠긴 문을 한 손으로 밀치도다》, 김태준 · 박성순 옮김, 돌베개(2001):23.

장이모 감독의 〈영웅〉이란 영화에 나오는 한 장면이 있다. 영화 속 양조위가 연기한 찬지엔(殘劍)이 이연걸이 연기한 우밍[無名]에게 진시황을 암살해서는 안 되는 이유라며 땅바닥에 '천하'(天下)라는 두 글자를 쓴다. 중국인의 세계관을 어느 정도 짐작할 수 있는 장면이라고 생각되는데, 즉 중국인에게 "중국은 천하 그 자체"라는 것이다. 위 시의 3번째 행을 보면 천하를 뜻하는 '사방'(四方)이라는 단어가 나온다. 이 시를 보면, (중국과 달리 좁은 국토에 사는) 한국인들은 한반도는 '우물 안'이고, 한반도 너머에 '우물 밖' 세상이 있다고 생각하는 것을 알 수 있다. 이것을 한국인들은 '주변국 콤플렉스'라고 부르기도 한다.

16세기 유럽인들은 세계의 구석구석을 헤집고 다니며 '대항해시대'를 구가했다. 유럽인에게 거친 바다 너머엔 엄청난 부가 널려 있다고 알려준 책은 다름 아닌 13세기 마르코 폴로가 원나라를 여행하고 쓴 《동방견문록》이었다. 한편, 중국에서는 정화(鄭和)가 15세기에 이미 바닷길로 여러 차례의 원정을 성공적으로 완수했다. 그러나 당시 명이나 이후 청은 부를 찾기 위한 모험이나 선진 문물을 배우기 위한 여행이 필요하다고 생각하지 않았고, 당연히 현장의 《대당서역기》와 같은 중국 바깥 세계의 여행기는 더 이상 나오지 않았다.

조선의 지식인들이 연행을 한창 다닐 때인 1734년, 프랑스의 볼테르(Voltaire)는 그의 3년간의 영국 체류 경험을 바탕으로 〈영국서한〉(Lettres anglaises)을 발표했고, 이후 그는 계몽주의의 한 축이 되었다. 프랑스의 계몽주의는 1789년 대혁명이라는 결실을 보았으니, 그의 영국 여행과 그가 쓴 책은 나름 역할을 했다고 할 수 있다. 반면, 홍대용을 비롯한 북학파의 노력은 조선을 몰락에서 구하지 못했고, 조선은 이후 제국주의에 의해 희생되었다. 홍대용이 배우고자 했던 청나라조차도 결국 몰락했는데, 그 이유 중 하나는 '천하라고 불리는 커다란 우물' 안에서 너무 안주했기 때문이다. 아마도 홍대용은 베이징이 아닌(혜초가 갔던 것보다도 더 멀리에 있는) 유럽으로 갔어야 했는지도 모른다.

바람의 딸

한국전쟁이 끝나자 한국은 남북으로 분단되고 천하로 연결해 주던 중국은 더 이상 갈 수 없는 적대국이 되었으며, 거기다가 이런저런 규제로 한국인은 '우물 안'을 벗어나기가 아주 힘들게 되었다. 그러다 1980년대 초 해외여행에 대한 규제가 풀리자, 기다렸다는 듯이 많은 한국인들이 해외로 나가기 시작했다. 나는 1980년대 말에 연수를 위해 프랑스에 일 년간 체류했는데, 그때 이미 어딜 가도 한국인들을 쉽게 볼 수 있었다. 그런데 당시 내가 만난 대부분의 한국 사람들은 '여행자'라기보다는 '관광객'이었고, 1990년대가 되어서야 한국은 드디어 '두 번째 혜초'를 배출할 수 있었다.

한비야는 그동안 잘 다니던 직장을 그만두고, 1993년부터 6년여간 여자 홀몸으로 비행기를 거의 이용하지 않은 채 세계 구석구석의 오지를 돌아다니면서 《걸어서 지구 세 바퀴 반》이라는 베스트셀러를 썼다. 그녀의 책은 한국의 많은 독자들에게 큰 반향을 일으켰다. 그녀에겐 '바람의 딸'이라는 별칭이 주어졌고, 한국의 젊은이들에게는 '배낭여행'이란 새로운 문화가 만들어졌다.

2000년이 되자 그녀는 중국어와 중국 문화를 배우기 위해 베이징에 1년간 머물렀고, 이때의 경험을 바탕으로 《중국 견문록》이라는 또 다른 여행기를 썼다. 이 책도 베스트셀러가 되었으며, 한국 학생들의 중국 유학 붐을 조성하는 데 크게 일조했다. 이는 혜초의 본보기를 보였던 그녀가 홍대용의 본보기까지 보여 준 셈이다. 이후 그녀는 오지여행 전문가에서 재난구호 활동가로 변신했고, 지금은 한국의 젊은이들이 가장 존경하는 인물 중 한 사람이 되었다.

여행을 통해 얻을 수 있는 가장 값진 것은 '성숙'이라 해야 할 것이다. 기행문학의 효시라 할 수 있는 《오디세이아》에서 십여 년을 헤매다 집으로 돌아온 주인공이 얻은 것도 바로 '성숙'이었지, 후세의 유럽인들이 찾아 헤맸던 황금이나 노예, 후추는 아니었다. 낯선 객지에 가면 설렘은 잠시이고 이내 불편해지는데, 이런 불편함에 어느 정도 익숙해질 때쯤이면, 여행을 떠나오기 전 일상에서 편하게 지냈던 자신의 모습을 떠올리며 "나는 어떤 존재이고, 어떤 상황에 처해 있는가"를 자문하게 된다. 즉, 불편함을 주는 여행을 통해서 우리는 자아발견의 기회를 얻을 수 있다. 그리고 이것이 한비야가 그녀의 여행을 '나와 함께하는 여행'이라고 불렀던 이유이고 또한 그녀가 '사서 고생을 한' 이유이기도 하다.

지금은 과학기술의 발달로 세상은 좁아졌고 컴퓨터나 텔레비전 앞에서 우물 밖 세상 돌아가는 일을 쉽게 알 수 있게 되었으니, 이제 새로운 것을 보고 배우기 위해 먼 길을 떠날 필요는 없다. 한비야의 여행기 중 한국의 독자들이 감동적으로 읽었던 부분은 그녀가 선진 문명의 부자 나라를 여행할 때가 아니라 오히려 문명에서 동떨어진 오지를 여행할 때였다. "무엇을 얼마나 가졌느냐"가 행복의 척도가 된 시대를 살고 있는 한국의 독자들은, 오지에서 자연과 더불어 소박한 삶을 살아가는 사람들을 보고, "그들보다 많은 것을 가진 우리들이 과연 행복한 삶을 살고 있는가"하고 자문했고, 자신의 삶을 되돌아보게 되었다. 이렇듯 그녀의 여행기는 독자들에게 자기성찰의 기회를 주었다는 점에서 현대문학 작품이 요구하는 덕목까지 갖추고 있다고 할 수 있다.

홍콩만 해도 기행문을 문학의 중요한 한 장르로 평가하고, 기행문학과 관련된 학회가 자주 열린다. 그런데 아쉽게도 한국에서는 기행문을 발표하는 전문작가도 드물고, 기행문을 학문적으로 연구하는 학자도 드물다. 이는 한국인들이 특별히 여행을 좋아하지 않기 때문이 아니라, 한국에서는 소설이나 시에 비해 산문을 다소 경시하는 경향 때문으로 여겨진다.

나도 여행을 떠나고 싶다. 한비야처럼 오지를 찾아 다닐 자신은 없지만, 홍콩의 홍암(紅磡) 역에서 출발하는 중국행 기차를 타고 (혜초가 가보았던 서역까지는 아니더라도) 광저우와 우한[武漢]을 거쳐 라사[拉薩]까지라도 꼭 한번 가 보고 싶다. 그리고 가능하다면, 나의 여행을 여행기로 남기고 싶다.

Ⅳ. 생활방식과 의식(儀式)에 나타나는 문화의 차이

추석 풍경 — 송편과 월병

달과 토끼

중국에서 '한류'라는 말이 만들어지기 훨씬 오래전부터, 중국의 어린이들이 즐겨 부르던 한국 동요가 하나 있다. 바로 "푸른 하늘 은하수"로 시작되는 〈반달〉이라는 노래인데 중국 조선족에 의해 알려지게 되었다고 한다. 이 노래의 중국어 제목은 〈소백선〉(小白船)인데 이는 한글 노래 가사에 나오는 '하얀 쪽배'의 중역(中譯)인 셈이다. 이 노래의 원제목은 '반달'이지만, 노래 가사 어디에도 '달'이라는 단어는 등장하지 않고 대신 '하얀 쪽배'만 나온다. 이는 은하수에 걸려 있는 반달을 '하얀 배'로 은유를 한 셈인데, 정말로 아름답고 절묘한 표현이다. 또 노랫말에는 '토끼 한 마리'라는 대목이 나오는데, 이번 글에서는 바로 이 '달에 사는 토끼'를 통해 내가 경험한 한국과 중국(홍콩)의 문화 차이를 이야기하고자 한다.

영어로 '캘린더'(calendar)에 해당하는 중국어는 '월력'(月曆) 또는 '일력'(日歷)인데, 한국에서는 '달력'이란 말이 가장 보편적으로 쓰인다. '달력'이란 말에는 중국어 '월력'에 해당하는 의미가 있다고 할 수 있지만, 과거 음력(陰曆)에 익숙했던 습관 때문에 서양식 태양력에도 '달'이란 말을 굳이 붙인 것으로 보인다. 한국의 국정 공휴일 중 음력을 기준으로 날짜를 정하는 경우는 설날, 추석, 석가탄신일 등인데, 이는 홍콩은 물론이고 싱가포르37)에서도 마찬가지이다.

음력 설날의 영어표기는 'Lunar New Year'이지만 'Chinese New Year'라고도 한다. 이를 통해서도 알 수 있듯이 유독 중국인에게 음력 설날은 아주 뜻 깊은 날이고, 중국인 사회(중국, 대만, 홍콩, 싱가포르 등)에서 최대 명절로 대접받고 있다. 중국인 이외에 음력 설날을 큰 명절로 여기는 나라가 바로 한국이다. 이는 한국의 선조들이 중국 문화에 많은 영향을 받았음을 보여 주는 하나의 증거이다(한국이 사용하고 있는 음력도 중국식 음력이다). 그런데 한국의 설날 분위기는 중국이나 홍콩의 그것과는 많은 차이점이 있다. 설날 즈음하여 온통 붉은색으로 장식한 홍콩의 거리를 처음 보고 나는 매우 낯설어 했다. 매년 설날 중국에서는 폭죽을 터뜨리다가 사람들이 다치기도 하는데, 비교적 조용하게 설날을 지내는 한국과는 사뭇 다르다는 것을 알 수 있다.

중국에는 섣달 그믐에 '니엔[年]'이라 불리는 괴물을 쫓아내기 위해 집집마다 붉은색으로 장식하고 폭죽을 터뜨렸다는 전설이 있고, 이런 이유로 붉은색 장식과 폭죽이 설날의 주요한 의식(儀

37) 석가탄신일은 중국이나 한국에서는 음력 4월8일(초파일)이지만, 서남아시아와 동남아시아에서는 이와는 조금 다르게 정해진다. 이때 사용되는 달력은 '불교달력'이라고 하는데, 음력이지만 (한국에서도 사용하는) 중국식이 아닌 힌두식과 관련이 있다.

式)이 되었다. 결국 한국의 차분한 설날 분위기는 액운(즉, 니엔이라는 괴물)을 쫓는 전통이 없기 때문이다. 그렇다면 중국의 니엔에 관한 전설은 왜 한국에 전해지지 않았던 것일까? 그 정확한 이유를 알 수는 없지만, 추측하건대 한국의 날씨와 연관이 있는 듯하다. 설날의 중국식 명칭은 '춘절'(春節)인데, 중국과 달리 한국의 음력 1월은 봄이라고 하기엔 아직은 이른 엄동설한이다. 따라서 한국에서는 중국 사람들처럼 집 밖에서 떠들썩하게 축제를 즐기기에 적당하지 않다고 할 수 있다.

한국에서는 설날보다 추석이 더 큰 명절이라 할 수 있다. 한국에서 음력 8월, 즉 양력 9, 10월경이 가장 날씨가 좋은 시기이다. '8'자를 유난히 좋아하는 중국인은 2008년 8월에 베이징올림픽을 개최했다. 반면, 8자가 두 번 겹치는 쌍팔년의 서울올림픽은 숫자와는 무관하게 일 년 중 날씨가 가장 좋은 9월에 열렸다. 즉, 한국인에게는 음력 1월의 추운 겨울보다는 추석이 있는 가을이 잔치하기에 더 좋은 계절이다.

홍콩에서 추석을 몇 해 지내면서 나는 몇 가지 재미있는 점들을 발견하고 신기해했다. 첫째는, 홍콩에서 추석은 한국만큼 명절 분위기가 나지 않는다는 것이다. 홍콩에서는 추석 다음날인 음력 8월 16일이 법정공휴일로 지정되어 단 하루만 쉰다. 중국은 2008년에서야 법정공휴일로 되었고, 그것도 단 하루만 쉰다. (참고로, 중국에서 2대 황금연휴는 음력 설날과 10월1일 국경절이다. 이 때엔 모두 3일의 법정공휴일이 주어지고, 실제로는 약 일주일을 쉰다). 이렇듯 중국인들에게 추석은 설날에 비하면 그리 큰 명절이라 할 수도 없는 셈이다.

둘째는, 한국에서는 '仲秋節'이라고 쓰는데 중국에서는 '中秋節'이라고 한다. 仲秋나 中秋 모두 음력 8월을 나타내는 말이지만 이렇게 조금 다르게 쓰인다는 것이 흥미롭다. 그리고 셋째로는, 홍콩 사람들은(물론 중국 사람들도) 추석에 '월병'(月餠)이라고 하는 음식을 먹는다는 것이다.

쌀떡

한국에선 추석에 쌀떡의 일종인 송편을 먹는다(송편은 앞에서 언급한 동요의 제목처럼 반달 모양을 하고 있다). 추석이 아니더라도 한국인은 쌀로 만든 떡을 즐겨 먹는다. 설날에는 떡국을 끓여 먹고, 주요한 잔치에는 떡을 만들어 친지들과 나누어 먹고, 평상시 간식으로도 쌀떡으로 만든 매운 떡볶이를 즐겨 먹는다. 그런데 이렇게 한국인이 즐겨 먹는 쌀떡을 외국인에게 설명하기가 쉽지 않다. 특히 서양인들에게 '쌀로 만든 케익'(rice cake)이라고 소개하면, 서양식 케익처럼 단맛을 기대했다가 실제로 한번 먹어 보고는 달지 않은 그 밋밋한 맛에 대부분 크게 실망한다. 또한, 한국인이 유난히 좋아하는 그 쫄깃쫄깃한 느낌도 서양인에게는 별로 익숙한 것이 아니다. 이런 쌀떡에 비하면 단맛이 강하고 마치 제과점 빵처럼 생긴 (쌀이 아닌 밀가루로 만든) 월병은 그야말로 중국식 케익이라고 할 만하다.

홍콩에는 한국식 쌀떡과 비슷한 것을 찾기가 어렵다. 중국에는 '니엔가오'(年糕 또는 쫄깃한 떡이란 의미의 粘糕)라고 하는 쌀떡이 있기는 하지만, 다른 먹을거리가 풍부해서인지 한국에서만큼 인기가 있지는 않다. 오히려 한국의 쌀떡과 비슷한 것들을 일본에서 쉽게

찾을 수 있다. 중국에서 병(餠)은 원래 '밀가루'를 넓적하게 구워서 만든 빵(또는 과자)을 의미한다. 그런데, 병(餠)의 일본어 훈독(訓讀)은 [모찌](もち)이며, 이는 (찹)쌀떡을 의미한다. 또한, 일본인도 한국인처럼 설날(일본은 양력으로 쇤다)에는 '조니'(ぞうに)라고 하는 일본식 떡국을 먹는다. 이렇듯 중국과 달리 일본과 한국은 쌀떡문화가 보편적이라고 할 수 있다.

동요 〈반달〉의 가사처럼, 한국의 아이들은 달에 계수나무가 한 그루 있고, 그 옆에 토끼 한 마리가 방아를 찧고 있다고 믿는다(아니면 믿는 척한다). 한편, 같은 가사를 중국어로 따라 부르는 중국의 아이들도 달에 토끼가 살고 있다고 믿고 있다. 이는 중국에 유명한 전래설화인 〈항아분월〉(姮娥奔月)이 있기 때문이다. 항아는 아홉 개의 태양을 활로 쏘아 떨어뜨린 명궁 예(羿)의 아내인데, 설화에 의하면 그녀는 남편을 배신한 벌로 달로 쫓겨 가고(奔月), 이후 두꺼비가 되었다. 하지만 이런 결말이 그녀에게 너무 가혹하다고 생각되었는지 또 다른 결말의 설화가 전해져 온다. 여기서는 그녀가 달의 여신이 되었고 '불로초를 빻는 토끼'와 함께 달에서 산다는 것이다.

달의 여기 저기 움푹 패인 자국을 보면서 두꺼비를 연상할 수는 있었겠지만, 어째서 고대 중국인은 항아를 도와 불로초를 빻는 동물로 토끼를 생각하게 되었을까? 이것에 대한 제대로 된 설명을 아직 찾지 못했지만, 한 가지 재미있는 사실을 소개하면, 고대에 지구 반대편인 중남미 (지금의 멕시코) 지역에 살았던 아즈텍인들도 달에 토끼가 있다고 믿었다는 것이다. 이것이 우연이라면 정말 놀

월병은 어른 혼자서도 한 개를 다 먹기에 부담스러운 크기이다. 월병 속의 노란 부분은 삶은 계란의 노른자위이다. 추석이 다가오면 홍콩사람들은 이런 월병을 선물로 서로 주고 받는다

라운 일이다. (달을 한참 쳐다보고 있으면 어렴풋이 토끼의 실루엣이 보인다는 사람들도 있으니, 달에 사는 토끼 이야기만으로는 고대 중국인과 아즈텍인 간의 연관성을 주장하기는 부족할 것 같다).

한국 전래설화에는 항아와 같은 인물을 찾을 수 없고, 달에 토끼가 어떻게 가게 되었는지를 설명하는 이야기도 없다. 그렇다면 아마도 고대 한국인(또한 일본인)은 항아와 관련된 이야기를 중국으로부터 전해 들었고, 그 이야기의 일부인 '달에 사는 토끼'를 당시 자신들의 생활과 연관지어 받아들였을 것이다. 그런데 달에 사는 토끼가 무엇을 하고 있는가? 물론, 방아를 찧고 있다. 그러면 무엇을 찧고 있는가? 중국에서는 항아의 전설에 따라 달 속의 토끼는 사기로 만든 조그마한 약방용 절구에 불로초를 찧고 있다. 반면, 항아의 전설이 없고 대신 쌀떡 문화가 있는 한국(또한 일본)의 토끼는 커다란 절구통에 쌀떡을 찧는다.

한국의 명절은 달과 관련이 있고, 명절에는 쌀떡을 먹는다. 명절에 달을 보면서 달에 사는 토끼가 명절에 먹을 쌀떡을 찧고 있다고 믿게 된 것은 아주 자연스러운 것이 아니겠는가. 한편, 중국에서는 토끼가 불로초를 빻고 있으니, 토끼와 명절 음식과는 별 연관이 없다. 전설에 따르면 월병의 유래는, 그 속에 비밀 편지를 감추기 위해서였다고 전해진다. 이후 월병이란 이름은 그 생김새가 동그란 보름달 모양이기 때문에 붙여졌고, 그 이름 덕분에 보름달과 가장 관련이 있는 명절인 추석에 중국인들이 먹는 대표적인 먹거리가 되었다.

고래로 한국은 이웃인 문화대국 중국으로부터 많은 것을 배웠고, 덕분에 양 국가의 문화에서 많은 공통점을 찾을 수 있다는 사실을 부인할 수는 없다. 그러나 떡방아를 찧는 토끼를 통해서 확인할 수 있듯이, 한국은 중국으로부터 받아들인 것들을 한국 상황에 맞게 변형, 발전시켜 왔는데, 이런 식의 진화가 바로 문화의 한 속성이기도 하다. 몇 해 전, 강릉시의 단오축제가 유네스코의 세계문화유산으로 등재되었고, 이에 많은 중국인들은 한국이 중국 고유 전통을 빼앗았다고 크게 분개했다. 만약 일본인들이 일본식 기무치를 김치의 원조라고 주장하면 화내지 않을 한국인이 어디 있겠는가. 그런데 강릉시의 단오축제와 원조 중국의 그것을 자세히 비교해 보면, 송편과 월병만큼이나 차이가 있다는 것도 사실이다.(뒤의 '강릉단오제를 위한 변명'에서 자세히 다루었다).

한국 동요 〈반달〉이 중국으로 건너가 〈하얀 조각배〉라는 중국 동요가 되었고, 중국 항아의 토끼가 한국으로 건너와 떡 찧는 토끼가 되었듯이, 문화는 서로가 배우면서 더욱 다양화되고 풍성해지는 것이리라. 1997년 내가 처음 홍콩에 왔을 때, 당시 한국의 국가적 화두는 '국제화와 세계화'였다. 그리고 가장 국제화된 도시 홍콩에 살면서 나는 결국 국제화나 세계화라는 것은 다른 문화에 더 개방적이어야 하는 것임을 깨달았고, 이런 개방성이 문화를 더욱 풍부하게 만든다는 것을 체험할 수 있었다. 이것은 아직도 세계화나 국제화라고 하면 단지 한국적인 것을 다른 나라에 알리는 것으로만 생각하는 일부 한국 사람들에게 꼭 전해주고 싶은 말이기도 하다.

강릉단오제를 위한 변명

춘향전

중국민속학회가 주최한 〈문화전통과 민간신앙〉이라는 주제의 학술회의가 2009년 9월 베이징에서 열렸고, 나는 주제발표자로 그 회의에 참석했다. 나를 그 회의에 추천한 원로 중국인 교수는, 내가 한국인 참석자로는 유일하니 연전에 중국에서 큰 화제가 되었던 '강릉단오제'에 대해 발표하는 것이 어떻겠느냐고 조언해 주었다. 나는 민속학자도 아니고 더군다나 당시로는 상당히 예민한 주제를 발표해야 하는 입장이라 걱정도 되었지만, 한번 부딪쳐보자 하는 마음으로 베이징으로 갔다.

나는 《춘향전》을 소개하면서 나의 발표를 시작했다. 《춘향전》은 중국의 경극 배우들에 의해 경극으로 공연된 적도 있어 나름 중국인에게 잘 알려져 있기 때문이다. 한국인이라면 다 알고 있듯이, 춘향과 몽룡이 첫 대면한 날이 바로 단오절이었다. 지금의 이슬람 국가만큼이나 여성에게 엄격했던 유교 국가 조선 시대에는 미혼의 양갓집 여성이 자유롭게 외출할 수 있었던 때는 단오가 유일했다고 한다. 그리고 이 단오절에 젊은 여성들이 가장 즐겼던 놀이가 그네타기였는데, 아마도 높이 올라 담장 밖 세상 풍경을 보면서 힘들게 얻은 한나절의 자유를 최대한 만끽하기 위함이었으리라. 《춘향전》에 따르면, 춘향이 그네 타는 모습을 멀리서 몽룡이 보고 첫눈에 반한다. 아무리 단오절이지만, 남녀 구별이 엄격했던 당시에는 여자들이 놀고 있는 곳에 남자가 얼씬할 수 없었으니 멀리서 볼 수밖에. 이렇듯 한국 최고의 고전인 《춘향전》에서 당시의 단오 풍습을 엿볼 수 있는데, 내가 이를 통해 중국인 학회 참가자들에게 전하고자 했던 요점은 단오가 한국의 선조들에게 매우 주요한 명절이었다는 것이다.

조선 시대 3대 명절이라 하면, 설날, 추석, 그리고 바로 단오였고, 이는 이 3대 명절의 원조라고 할 수 있는 중국과 다르지 않다. 단오가 3대 명절에 낄 수 있었던 이유는, 시기적으로 양대 명절인 설날과 추석의 중간시기이면서 벼농사의 파종이 끝나 조금 여유를 가질 수 있는 무렵이기 때문이었다고 한다. 또한 계절적으로 봄이 끝나고 여름이 시작되면서 여러 가지 질병을 막기 위한 주의가 필요할 시점이라는 것도 주요한 이유였다. 단오절의 주요 행사는 파종을 마무리하면서 농사를 주관하는 신이나 그 마을을 지키는 신령 등에 안전과 풍요를 기원하며 드리는 제사이다. 따라서 설날과 추석이 가족모임이 핵심인 '가족명절'이라면, 단오는 농업기반사회의 '지역명절'이라고 할 수 있다.

대도시인 서울에서 성장한 나에게는 단오에 대한 추억이 없다. 또한 한국은 더 이상 농업사회라고 할 수 없기 때문에 단오는 국가

공휴일로 지정되지도 않았다. 그러나 농업적 기반이 강하거나, 지역의 산업 특성상 관민이 합동으로 그 지역의 안전과 풍요를 기원해야 했던 곳에서는 아직도 단오의 전통이 강하게 남아 있다. 현재 한국에서는 강릉을 비롯해 법성포, 전주 등 7곳의 단오축제가 유명한 것으로 알려져 있다. 이들 지역의 단오축제에서 공통적으로 볼 수 있는 것은 씨름, 그네타기, 창포로 머리감기 등이다. 한국인에게 너무도 유명한 신윤복의 〈단오풍정(風情)〉이란 풍속화에는 단오절에 창포로 머리를 감고 그네를 타는 조선 여인네들의 모습이 아름답게 그려져 있다. 한편, 원조 중국에서는 단오절의 가장 주요한 행사가 용선경주(龍船競走)이다. 한국의 선조들은 용선경주의 유래가 된 굴원(屈原)의 이야기를 알고는 있었겠지만, 굳이 그를 추모하기 위한 용선경주를 하지는 않았다.

앞의 4장 '추석 풍경—송편과 월병'에서도 언급하였듯이, 한국의 선조들이 중국으로부터 설날과 추석을 배워 올 때도 한국에 적용시키기 힘든 중국의 이야기, 즉, 설날의 '니엔'이라는 괴물이나 달의 '항아'와 같은 것은 들여 오지 않았다. 아마도 그런 것들이 한국으로 전해지기는 했으나 당시 한국인의 생활과 별다른 연관을 맺지 못하여 한국의 풍습으로 살아 남지 못했을 것이다. 다시 말하자면, 한국이 중국과 같은 명절을 쇠고는 있지만, 그것을 맞이하는 방법인 '의식'(儀式, ritual)은 다르다는 것이다. '의식'은 일련의 상징적인 행위들로 이루어져 있다. 그 상징이란 마치 우리가 매일 사용하는 언어처럼 그 사회 구성원들 간의 약속에 의해 만들어진다. 일련의 상징들로 이루어진 의식이 다르다는 것은 그 내용 또한 바

꿔었다는 것을 의미한다. 중국에서 단오절에 용선경기가 주요 행사라는 것은 단오가 억울하게 죽은 굴원을 추모하기 위함이라는 것을 의미하고, 한국에 용선경주가 없다는 것은 단오가 한국에서 전혀 다른 의미와 내용으로 변화되었다는 것을 보여 준다.

원조 중국에서는 단오절의 주요 행사가 용선경주이기 때문에 단오절의 영어 명칭은 'Dragon-boat Race Festival' (용선경주축제)이다. 반면, 한국의 단오절에는 용선경주가 없기 때문에, 단오의 한국식 발음인 'Dano'가 단오절의 공식 영어 명칭이 되었다. 강릉단오제의 영어 명칭은 'The Gangneung Danoje Festival'로 'Danoje'의 마지막 음절 '제'(祭)는 '축제'를 의미한다. 한편, 단오절의 중국어 발음은 [Dan-wu-jie]로 마지막 음절 [jie]는 '절'(節), 즉 '명절'을 뜻한다.

강릉

강릉이라고 하면 신사임당의 고향이자 이율곡이 어린 시절을 보낸 곳으로 잘 알려져 있다. 나는 여고 시절 학교대표로 선발되어 강릉에 위치한 '신사임당학교'라는 곳에서 며칠 동안 전통예절교육을 받은 적이 있다. 그때가 나의 첫 강릉 방문이었다. 그 후로도 강릉을 몇 차례 더 방문할 기회가 있었는데, 이때는 강릉 부근의 해수욕장에 가기 위함이었다. 한편, 강릉은 해안도시이면서도 서쪽으로는 산세가 험하여 스키장으로 유명한 대관령이 인근에 있을 정도이다. 강릉의 단오제가 유명해진 이유 중 하나가 바로 이러한 강릉의 지리적인 특성 때문이라고 한다. 어업이 중요한 해안도시이기 때문에 바다신에게 풍어제를 올려야 하고, 산세가 험하기 때문에 산신령에게도 제를 올려야 했다. 이에 따라 무속신앙의 전통이 강하게 남아 있고, 이러한 요소들이 강릉단오제에 그대로 포함되었다. 물론 신사임당의 예에서도 알 수 있듯이, 유교 교육 환경이 남달리 강했던 지역으로 유교식 제의(祭儀) 또한 강릉단오제의 한 축으로 남아 있다.

한국이 중국에게 나름 큰소리칠 수 있는 부분이 하나 있는데, 바로 한국의 '문화재보호법'에 관한 것이다. 여전히 미흡하다고들 하지만, 그래도 한국은 1961년 문화재보호법을 제정하여 역사, 예술 및 학술적 가치가 있는 주요 무형문화재를 보호하려고 노력해왔다. 한국의 첫 번째 주요 무형문화재는 종묘제례악이고, 2009년 현재 121개의 주요 무형문화재가 지정되었다. 그리고 강릉의 단오제는 40여 년 전인 1967년 무형문화재 제13호로 지정되었다. 내가 이 부분을 소개하자, 오랫동안 잊혀졌던 단오에 이제서야 관심을 갖기 시작한 자신들이 내심 부끄럽다고 느껴져서인지, 회의에 참석했던 중국인 참석자 몇몇이 고개를 끄덕이면서 가벼운 탄식을 자아내기도 했다.

여하튼 문제는 2005년 강릉단오제가 세계문화유산으로 등재되면서 시작되었다. 이 소식은 자국 문화에 큰 자부심을 가지고 있는 중국인들을 크게 분노케 했고, 한국이 그들의 문화를 도둑질해 갔다며 중국 내 반한 감정이 걷잡을 수 없이 커졌다. 또한 이후 한국에 대한 근거 없는 악성 소문이 중국이나 대만 등에서 빈번해졌다. 당연히 중국은 이런 소동을 계기로 자국의 문화유산 보호, 발전에 더욱 분발하는 모습을 보이고 있다.

내가 중국인 참석자들에게 전한 마지막 말은 강릉단오제 주최 측에서도 언론을 통해 이미 발표했던 부분인데, 유네스코가 지정한 것은 단오절 그 자체가 아니라는 사실이다. 강릉시가 유네스코에 등재를 신청할 때, 강릉의 단오제는 1,500여 년 전 중국에서 전래된 것이라고 분명히 언급했고, 유네스코에 의해 지정된 것은 단오절에 강릉시에서 벌어지는 '전통 지역풍습'이지 단오절 그 자체가 아니라는 것이다. 따라서 이 사실을 정확히 이해하고 있는 중국 허베이성(湖北省)의 담당기관은 중국의 단오절을 유네스코에 등재시키기 위해 현재 노력 중이라고 하며 그 결과에 대해서도 강한 자신감을 보이고 있다고 한다.

현재 내가 살고 있는 곳은 홍콩의 도심에서 조금 떨어져 있는 바닷가 근처인데, 해마다 단오절이면 이곳 해변에서 용선경주가 열린다. 국제화된 홍콩답게, 이 용선경주에는 서양인의 모습도 많이 보이고 그야말로 모든 이가 참여하는 즐거운 축제이다. 중국은 2008년부터 이 단오절을 공휴일로 지정하여 용선경주를 더욱 즐기게 되었다는데, 이는 따지고 보면 강릉단오제의 유네스코 등재에 따른 여파 때문이라고 할 수 있다.

후기

이 글을 쓰고 얼마 후인 지난 2009년 9월 30일에 유네스코의 무형문화유산위원회에서 중국 (허베이성의) 단오절을 등재하기로 결정했다. 이로써 한국의 단오제와 중국의 단오절이 나란히 세계무형문화유산으로 인정받게 되었다. 이번 위원회에서 중국은 단오절 외에도 22개의 무형유산을 새로 등재했는데, 이 중에는 중국 내 소수민족의 하나인 조선족의 농무(農舞)가 포함되었다. 중국 측의 반격인 셈이다.

떡볶이연구소와 짜장면박물관

밥, 국 그리고 김치

요즘 한국에서는 '한식의 세계화'가 주요 화두이다. 몇 년 전 홍콩에서 방영되었던 텔레비전 드라마 〈대장금〉의 엄청난 성공에 힘입어 홍콩에서 한식은 예전에 비해 꽤나 선전하고 있다. 최근엔 또 다른 음식 관련 드라마인 〈식객〉의 방영을 앞두고 홍콩 주재 한국 총영사관은 한식을 홍보하기 위한 자리를 마련하기도 했다. 화려한 식단에 익숙한 중국 사람들은 한국에 여행가서는 먹거리가 다양하지 않다고 불평한다. 광동요리의 본고장 홍콩에서 한국 음식 알리기가 그리 쉽지만은 않을 것이다. 음식은 문화이고, 그 나라 사람들의 문화를 이해하기 위한 가장 좋은 교재이기도 하다. 이 글에서는 한국과 홍콩의 음식문화 중 몇 가지 재미있는 특징에 대해서 언급하고자 한다.

요리가 중심인 중국 식단에 비해, 한국 식단은 쌀밥이 차지하는 비중이 상대적으로 크다고 할 수 있다. 한국 사람들은 특정 지역의 고급 쌀을 이용한다든지, 압력밥솥으로 밥을 짓는 등, 쌀밥을 더욱 맛있게 먹기 위해 많은 정성을 쏟는다. 한국의 편의점에는 전자레인지로 간단히 데워 먹을 수 있는 '즉석 쌀밥'이 비싼 가격임에도 불구하고 많이 팔리고 있는데, 이것도 대단히 한국적인 현상이라 할 수 있다. 한식당이 없는 외국에서 한식이 먹고 싶을 때 그 차선책으로 일식당에 가는 경우가 많은데, 이는 일식당에서라면 한국인의 입맛에 맞는 쌀밥을 먹을 수 있기 때문일 것이다. 한국인이 먹는 끈기있는 쌀의 공식 명칭은 '자포니카' 즉 '일본쌀'이며, 동남아 지역의 모양이 길고 끈기가 없는 쌀은 '안남미'(安南米)라고 한다.

한국인의 김치에 대한 집착은 대단하다. 외국인 친구들에게 한국의 가정집에는 와인냉장고와 비슷한 김치냉장고라는 것이 있다고 말해 주었더니 다들 크게 놀라워했다. 김치가 워낙 독특한 음식인 데다가 한국 사람들이 이를 매끼 챙겨 먹으니, 김치는 한국을 상징하는 가장 대표적인 아이콘이 되었다. 고약한 냄새를 풍기는 이 발효식품의 위상이 지난 몇 년간 눈에 띄게 높아졌고, 이제 홍콩의 웬만한 슈퍼마켓에서는 쉽게 김치를 구할 수 있다. 얼마 전 거리에서, 나는 이곳 홍콩의 한 중국인 엄마가 자신의 아이에게 사진을 찍어 주면서 "김치!"라고 외치는 것을 목격하고는 꽤나 감격하여 한동안 그 자리를 뜨지 못했다.

한국인의 식탁에서 거의 빠지지 않는 것 중 하나가 따뜻한 국물이 있는 음식이다. 중국에는 '후어꾸어'(火鍋)라고 하는 일종의 전골요리가 있는데, 중국인은 이를 추운 겨울철 음식으로 여긴다. 더운 여름철에 '이열치열'이라고 땀을 뻘뻘 흘리며 탕 요리를 즐기는 한국인의 모습은 그들에게는 꽤 유별나게 보일 것이다. 과음한 다음 날 아침, 서양 사람들은 차가운 오렌지 주스를 마시는데, 이는 뜨거운 국물 음식을 좋아하는 한국인으로서는 상상하기 어려운 일이다. 한편 한국에서는 국물요리를 국, 찌게, 탕으로 세분화하여 구분하지만, 중국에서는 이들을 모두 '탕'(湯)이라고 부른다.

쇠로 만든 젓가락

한국에는 '찬밥 신세'라는 표현이 있을 정도로, 한국인에게 밥은 따뜻할 때 먹어야 하는 음식이다. 홍콩의 수퍼마켓에서는 종종 일본식 초밥이나 김밥을 팔기도 하는데, 다들 냉장고에 진열된 차가운 것들이라 한국인인 나의 눈길을 전혀 끌지 못한다. 중국 음식점이나 태국음식점에서 나오는 밥도 미적지근할 정도이지 한국에서처럼 뜨겁지는 않다. 아마도 설설 끓는 돌솥에다 밥을 담아 먹는 사람들은 한국 사람들이 거의 유일하지 않을까 싶은데, 그만큼이나 한국인은 뜨거운 밥을 좋아한다. 한편, 한국인의 밥그릇은 중국이나 일본의 그것에 비해 상대적으로 크고 무겁고, 거기다가 뜨겁기까지 하니, 일본식이나 중국식처럼 밥그릇을 한 손에 들고 먹기가 물리적으로 힘들다.

한국인의 국그릇 또한 크고 무거운 편이라, 밥그릇과 마찬가지로 손으로 들고 마시기보다는 밥상에 놓고 숟가락으로 떠서 먹는다. 반면, 중국인은 국(이를 그들은 '탕'이라고 부른다)을 조그만 그릇에 나누어 담아 손으로 들고 후루룩 마신다. 이 때문에 중국어로는 "탕을 마신다"라고 표현한다. 즉, 숟가락으로 국물을 떠서 먹는 한국인과 달리 중국인에게 국이나 탕은 '마시는 것'이지 '먹는 것'이 아니다.

한국식 젓가락은 중국식에 비해 짧고 금속으로 만들어져 무겁다. 금속으로 만들어져 짧게 되었는지, 짧아서 금속재질을 사용하게 되었는지 궁금하다. 뜨거운 음식도 많고 간장, 고추장 등 강한 양념 또한 많이 사용하니, 나무나 플라스틱 젓가락은 살아남기 힘들 것이다. 한국 사람들은 어릴 때부터 무거운 젓가락을 사용하여 손가락 움직임을 단련하면 두뇌 발달에 도움이 된다고 믿고 있는데, 이것을 홍콩의 지인들에게 이야기해 주었더니 다들 신기해했다.

한국의 식당에는 쇠젓가락을 사용하고 일회용 나무젓가락의 사용이 금지되어 있다. 무명 시절 한국에서 활동하기도 했던 홍콩 출신의 세계적인 영화배우 성룡은 중국에서 환경보호의 일환으로 나무젓가락의 사용을 줄이자는 캠페인을 벌이고 있다. 물론 그 자신은 한국산 쇠젓가락을 오래전부터 항상 가지고 다닌다고 한다.

차(茶)

한국에서 '점심'은 원래 한자어 '點心'에서 왔는데, 광동어로는 이를 '딤섬'이라고 하며 홍콩 음식의 대명사라 할 정도로 유명하다. 그런데 홍콩에서는 "딤섬을 먹는다"는 의미로 '얌차'[飮茶] 즉, "차를 마신다"라고 말한다. 즉, 그들의 기준으로는 제대로 된(점심)식사는 상대방에게 서로 차를 따라 주고 마시면서 먹어야 한다는 것이다. 반면, 한국식은 식사중 차를 마시기보다는 따뜻한 국물의 국이 나 찌개를 먹는다. 한국에는 이렇다 할 차문화가 발달되지 않았다. 한국인은 물을 냉장고에 보관했다가 마실 정도로 따뜻한 차보다는 오히려 시원한 냉수를 좋아하기도 한다. 이는 한식이 중식에 비해 훨씬 담백하기 때문에 가능한 일이다.

중국이나 홍콩의 중식당에선 원형 테이블이 기본이다. 가족이나 친지들과 함께 둥그렇게 둘러 앉아 서로에게 차를 따라 주며 식사하는 것이 보통이다. 중국식 찻잔은 한국식 물컵에 비해 아주 작기 때문에 차를 자주 따라야 한다. 식사 중 서로 차를 따라주는 그들의 모습이 정겹게 보여, 이런 전통이 없는 한국인으로서의 나는 그들의 모습이 부럽기만 할 뿐이다. (물론 한국식으로 상대방에게 술잔을 따라 주면서 서로에게 친근함을 표시할 수도 있겠지만, 아무래도 술이기 때문에 여러 제약이 따를 수밖에 없지 않겠는가). 아무튼 '차'라는 것이 굳이 온갖 형식을 갖추어야만 마실 수 있는 것이 아님을 나는 이곳 홍콩에서 배웠다.

떡볶이, 짜장면 그리고 라면

한국에서는 기후적인 이유로 예로부터 밀농사를 많이 짓지 않았다. 그래서인지 밀가루를 이용한 면류가 크게 발달하지 못했고, 한국의 가장 대표적인 면인 냉면도 밀이 아닌 메밀로 만든 것이다. 한국의 전통 간식도 대부분이 밀이 아닌 쌀로 만들어진 것들이고, 그중 가장 대표적인 음식이 바로 떡볶이이다.

한국어 연수를 위해 한 달 이상 한국에 체류했던 홍콩 학생들에게 한국 음식 중 무엇이 가장 맛있었냐고 물었더니 많은 학생들이 놀랍게도 매운 떡볶이라고 대답했다. 한국에 가기 전에는 김치도 너무 맵다던 학생들이었는데 한국에서 몇 번 먹어 보더니 그 달콤하면서도 매운맛을 알게 된 것이다. 얼마 전 한국에서는 '한식의 세계화'라는 거국적 캠페인의 일환으로 '떡볶이연구소'라는 곳이 만들어져 외국인의 입맛에 맞는 다양한 맛의 떡볶이를 개발하겠다고 한다. 기대가 많이 된다.

전통 음식인 냉면을 밀어내고 한국에서 가장 인기 있는 면음식으로 자리 잡은 것은 짜장면과 라면이다. 짜장면은 백여 년 전 인천항이 개항될 때 산동 지역에서 온 중국인들에 의해 전해졌다고 한다. 짜장면 도입 100주년을 기념하기 위해 인천광역시 차이나타운에 짜장면박물관이 건립된다고 한다. 홍콩에는 산동식 짜장면을 맛볼 수 있는 중식당이 몇 곳 있기는 하지만, 그 원조 짜장면은 양파도 들어 있지 않고 달지도 않아, 한국식 짜장면을 기대하고 먹었다간 실망할 수 있다. 한국인이 가장 좋아하는 중국 음식인 '한국식' 짜장면을 홍콩(혹은 다른 외국)에서 맛보려면 중식당이 아닌 한국인이 운영하는 한식당에 가야 한다.

한국에 짜장면이 있다면, 일본에는 라면이 있다. 라면도 일본에 정착한 화교들에 의해 만들어졌다고 알려져 있다. 라면의 어원은 중국의 '라미엔'[拉面]에서 왔는데 이는 '손으로 뽑아(拉) 만드는 국수(수타면)'라는 뜻이다. 따라서 손으로 면을 뽑아 만드는 짜장면은 중국에서는 라면의 한 종류로 분류되고 있다. 한편, 일본의 라면 전문점에서는 이를 종종 '중국식 국수'(中華そば)라고 써 놓

은 것을 볼 수 있다. 일본에서 라면은 (한국의 짜장면만큼은 아니더라도) 중국 음식으로 여겨진다는 것이다.

홍콩의 한 중국식당의 '중국식' 짜장면. 한국식과 달리 면발도 가늘고 양념도 다르다. 홍콩에서 이것을 주문하면 "매운 음식인데 괜찮겠느냐?"고 묻는 경우도 더러 있다. 물론 한국인에게는 전혀 맵지 않다.

짜장면과는 달리 라면은 전 세계인이 즐겨 먹는 일본의 대표 음식이 되었다. 홍콩 시내의 어느 홋가이도식 라면 전문점에 갔었는데, 홍콩 현지인뿐만 아니라 서양 사람들도 열심히 후루룩거리며 라면을 먹고 있었다. 이런 일본식 라면 전문점이 이제 한국에도 제법 많이 생겼다고 하는데, 그래도 한국에서는 '라면'이라고 하면 '인스턴트 라면'을 뜻한다. 한국의 '신라면'은 홍콩에서도 가장 잘 알려진 베스트셀러이다.

중국의 국수가 한국의 짜장면과 일본의 라면으로 발전하는 과정을 보면, 한 문화는 다른 지역으로 건너가 그 지역에 맞게 진화해야만 살아남는다는 것을 알 수 있다. 이러한 점이 바로 흥미롭고 신기한 문화의 한 속성이다. 이런 의미에서 현재 한국 정부가 추진하고 있는 '한식의 세계화'가 부디 한국 음식을 다른 나라에 일방적으로 소개하는 정도로 그치지 말고 짜장면과 라면에서 그 진화의 교훈을 배웠으면 한다.

사합원과 한옥

좌식문화

한국과는 달리 홍콩이나 중국은 좌식(坐式)이 아닌 입식(立式) 문화이다. 중국도 아주 옛날에는 좌식 생활을 했으며, 한때는 예를 갖추기 위해서는 신발뿐 아니라 양말도 벗어야 했다고 한다. 아파트 생활이 보편화되면서 한국인은 이제 좌식과 입식을 혼용하고 있다. 재미있는 것은, 거실에 서구식 소파가 있더라도 많은 한국 사람들은 바닥에 그냥 털썩 앉기를 좋아한다.

좌식의 장점은 공간 활용도가 높다는 것이다. 식사를 위해서는 밥상을 갖다 놓으면 되고, 식사 후엔 밥상을 치우고 장에 있는 이불을 꺼내 바닥에 깔면 바로 침실이 된다. 서양 사람들이 한때 '토끼집'이라 불렀을 정도로 협소한 집에 사는 일본인들에게 좌식 생활은 공간 활용이란 측면에서 좋은 방법이라 할 수 있다. 홍콩도 일본 못지않게 주거 공간이 협소하지만, 홍콩 사람들에게는 익숙하지 않은 좌식 생활로 그들의 습관을 바꾸기가 쉽지 않을 것이다.

좌식 생활을 하려면 집안 바닥이 깨끗해야 한다. 한국인은 빗질에 걸레질까지 매일 열심히 바닥을 쓸고 닦는다. 이러니 홍콩에선 들어보지도 못한 '로보트 청소기'란 것이 한국에서는 인기가 있는 모양이다. 입식 생활을 하는 홍콩에서도 집 안의 청결을 위해 신발을 벗고 생활하는 경우를 자주 볼 수 있다. 좌식 생활을 하는 한국이나 일본에서는 당연히 실내에 들어오면 바로 신발부터 벗어야 한다. 그래서인지 일본식 게다[下駄]는 더 말할 나위도 없고 한국의 전통 신발도 하나같이 모두 신고 벗기 쉬운 구조로 되어있다. 요즘도 한국에서는 신고 벗기 까다로운 끈 달린 구두는 별로 환영받지 못하는 것 같다. 또한 한국인들은 신발을 오래 신고 있으면 쉬이 불편해하여, 직장 사무실에서는 슬리퍼와 같은 편한 실내화를 따로 준비하여 갈아 신기도 한다. 서양에서는 오히려 출퇴근 시에는 편한 운동화를 신고, 직장에서는 구두로 갈아 신는 경우가 많다.

일본과 한국에서는 아직도 허리를 굽혀서 하는 절[拜]이 일반적인 인사 예법으로 남아 있는데, 이것도 좌식 생활 습관과 연관이 있는 듯하다. 방에 앉아서 서로에게 예를 갖출 때 악수하기 위해 서로 다가가기는 번거로운 일이다. 또한 두 손을 가슴 높이까지 모아 올려 박력 있어 보이는 중국식 인사(拱手禮)는 앉아서 하기보다는 서서 해야 어울린다. 한편, 동서고금을 막론하고 무릎을 꿇는다는 것은 상대에게 용서를 구하거나 복종을 의미한다. 그러나 각 나라의 문화에 따라 그 정도의 차이가 있다. 중국에서 상대방에게 무릎을 꿇는다는 것은 엄청난 수치가 될 수 있지만, 좌식 생활에 익숙한 한국인이나 일본인이 상대방에게 예를 갖추기 위해 무릎을 꿇고 앉는 것은 다반사이다. 나의 어린 시절에는 학교에서 수업 중에 장난치고 떠드는 아이들이 받게 되는 가장 평범한 벌은 교실밖 복도에서 무릎 꿇고 앉아있는 것이었다. 홍콩이나 중국의 학교에서 어느 교사가 학생에게 똑같은 처벌을 준다면 한바탕 큰 소동이 날 것이다.

좌식 생활의 단점이라면 몸이 고달프다는 것이다. 한국인과 일본인은 바닥에 앉아 많은 시간을 보내고 앉았다 일어났다를 끊임없이 반복해야 하니 특히 성장기 아이들의 다리에 무리가 갈 수밖에 없다. 치파오[旗袍]를 입은 중국 여인네들을 보면 시원하게 쭉 뻗은 다리가 가장 눈에 띈다. 중국인에 비해서 한국인과 일본인 중에는 다리 미인이 드문데, 이는 좌식 생활 습관 탓으로 여겨진다.

온돌

지난 4월 한국의 한 열혈 여성 산악인이 히말라야 산맥의 8천 미터급 14개의 산을 여자로서는 세계 최초로 모두 등정한 후 인터뷰에서 "찜질방에 가서 시원한 식혜를 마시고 싶다"고 말했다. 아마 한국인이 아니고서는 그것이 무엇을 의미하는지 이해하기 힘들 것이다. 찜질방은 중국어로 '한국식 사우나'라고 하고, 서양에서는 그냥 한국식 발음 그대로 'Jjim-jil-bang'이라고 부르기도 하는데, 이제 외국인에게도 제법 유명해졌다.[38] 한국 교민들이 많이 사는 베이징 왕징[望京]에는 여러 곳 있다고 하는데, 겨울이 짧고 여름

38) The New York Times (Asia Pacific), "For all kinds of good, clean fun, Koreans turn to bathhouses", 2008년 10월 5일 자.

이 긴 홍콩에는 아직 한국식 찜질방이 들어 오지 않았다.

원래 '찜질'이라는 말은 서양식 사우나처럼 뜨거운 찜통에 들어가 있는 것을 의미하지만, 좌식 문화에 익숙한 한국 사람들은 찜질방의 뜨거운 바닥에 누워 등을 지지기를 더 좋아한다. 햇볕이 부족한 북유럽에서 오랜만에 햇살이 들면 모두 밖으로 나가 웃통 벗고 일광욕을 즐기듯이, 한국 사람들은 찜질방에 가서 등을 따뜻하게 하면서 그날의 피로를 푼다.

한국인의 등을 따뜻하게 덥혀 주는 난방장치가 바로 온돌인데, 이 온돌과 비슷한 것이 중국에도 있다. 중국 북부 지방의 '캉'[炕]이라는 것이 바로 그것인데, 이 캉은 실내의 일부 공간에만 바닥보다 높게 설치된다는 점에서 온돌과 차이가 난다. 입식이 아닌 좌식 거주 문화를 가지고 있는 한국인에게는 이렇게 방바닥 전체를 덥히는 온돌이 제격이다. 한편, 같은 좌식 문화를 가진 일본의 전통은 다다미(たたみ)가 깔린 바닥이다. 일본은 한국에 비해 겨울이 짧고, 대신 습하고 더운 여름이 길다. 이 다다미는 습하고 무더운 여름철을 시원하게 보내기에 제격일 것이다(또한, 지진이 잦은 일본에서는 온돌처럼 건물에 난방장치를 설치하기가 어렵다고 한다).

익숙하지 않은 한국식 온돌에서 외국인이 생활하기는 쉬운 일이 아닐 것이다. 외국인이 온돌방에서 침대가 아닌 방바닥에 이불만 깔고 잠을 청하게 되면 딱딱한 방바닥이 불편하기도 하지만, 그 뜨거운 열기 때문에 매우 불편해 한다. 반면, 한국인인 내가 홍콩에 살면서 가장 절실하게 느끼는 것중 하나가 바로 온돌이기도 하다. 물론 홍콩의 겨울은 한국보다 훨씬 덜 춥다. 기온이 영하로 떨어지지도 않고 눈보라도 없다. 그렇다 해도 한국의 주택에는 온돌과 같은 난방장치가 기본적으로 갖추어져 있기 때문에 실내는 온기가 있어 따뜻하다. 그러나 겨울철이 짧은 홍콩에는 난방장치라고 해봐야 조그마한 전기 히터가 고작이다. 살을 에는 듯한 추위는 아니지만 그래도 쌀쌀한 홍콩의 겨울철, 온기가 전혀 없는 차가운 이불 속에 들어갈 때면 한국의 온돌이 절실해진다.

사합원(四合院)과 한옥

잘 알려져 있듯이 한국의 담장은 나즈막하여 외부와의 완전한 고립을 피하는 구조이다. 시청 앞 덕수궁 돌담길의 그 돌담의 높이는 어른 키보다 조금 높은 정도에 불과하여 전혀 위압감을 주지 않는다. 아마 아주 높았다면, 연인들의 데이트코스로 그렇게까지 인기는 없었을 것이다. 이런 그리 높지 않은 돌담에 익숙한 한국인이 베이징 자금성의 10미터는 족히 넘는 높은 담장을 보면 그 위용에 그저 놀랄 수밖에 없다. 조선 시대 연암 박지원도 그의 명저《열하일기》에서 "3리마다 성(城)이요, 5리마다 곽(郭)이 있다"라고 썼다는데,[39] 중국 여러 곳에 산재해 있는 높은 담장이 당시 조선 최고의 지성에게도 깊은 인상을 준 모양이다.

넓은 영토와 다양한 민족이 살고 있는 대국답게 중국에는 다양한 형태의 전통 주택 양식들이 남아있다. 가장 대표적인 중국 전통 가옥으로 많은 사람들이 사합원을 꼽는다. 이는 사합원이 풍수사상, 유교의 종법(宗法)제도 등 고대로부터 이어져오고 있는 중국인

39) 유광종,《연암 박지원에게 중국을 답하다》, Credu(2007):7.

의 사고방식을 반영하고 있기 때문이다. 중국에 사합원이 있다면, 한국에는 한옥이 있다. 사합원이 그러하듯이, 한옥에서도 한국 선조들의 지혜를 엿볼 수 있다. 한옥에는 북방 문화인 온돌과 남방 문화인 마루가 조화를 이루고 있다. 즉, 방은 북방식 온돌방이고, 거실이라고 할 수 있는 대청은 남방식 마루로 되어 있고, 각 방은 툇마루로 대청과 연결된다.

한옥과 비교하면, 사합원은 눈에 띄는 두 가지의 특징이 있다. 첫째는, 정방형(正方形)으로 지어진 자금성과 마찬가지로, 건축 배치에 있어서 매우 엄격하게 좌우대칭 구조를 이루고 있다는 것이다. (상하이엑스포의 중국관을 보면, 중국인이 얼마나 정방형 구조의 건축물을 좋아하는지를 알 수 있다). 한국의 선조들도 유교적 질서를 매우 중시하고 그것을 실현하고자 했지만, 한옥의 건물 배치는 사합원에 비하면 그리 엄격하지 않다고 해야 할 것이다. 서울이나 베이징은 기후적으로는 비슷하지만, 베이징이 평지인 데 비해 서울은 산으로 둘러싸여 크고 작은 언덕이 많은 편이다. 아마 이러한 지형적 요인이 한옥의 건물 배치에 영향을 끼쳤을 것이다.

사합원의 두 번째 두드러진 특징은, 역시 자금성과 마찬가지로, 높은 담장에 둘러싸여 있어 매우 내향적이라는 것이다. 이것을 두고 많은 한국인들은 중국인은 '담장 문화'를 가지고 있다고도 말한다.[40] 중국은 만리장성을 쌓아 유목 이민족의 침략을 막으려 했지만, 광활한 영토이다 보니 크고 작은 내란과 내전도 끊이지 않았고, 이런 역사적인 이유가 중국의 담장 문화를 낳았을 것이다. 앞

40) 박완호, 《문화로 이해하는 중국》, 한국학술정보(2009):342.

에서도 언급했듯이, 중국인들이 중요하게 여기는 '콴시'는 폐쇄적인 면이 있다. 중국인이 말하는 '콴시'를, 한국이나 일본에서는 '인맥' 또는 '연고'라고 하는데, 이렇듯 중국과는 전혀 다르게 표현하고 있다. 콴시의 '關'자가 "외부에서 누가 들어오는 것을 막는다"는 의미를 지니고 있는데, 이는 콴시가 가지고 있는 폐쇄적인 면을 잘 나타내고 있고, 중국의 대표적 주택인 사합원에서도 이를 엿볼 수 있다.

아파트

개발이라는 명분에 의해 대부분이 헐리어 사라져 가고 있다는 점에서 사합원이나 한옥은 같은 처지이다. 한국에서든 중국에서든 이제 도시에 사는 사람들이라면 대부분이 아파트라고 하는 공공주택에서 산다. 한 조사에 의하면, 한국인의 절반 정도가 아파트에 거주한다고 하며, 서울과 같은 대도시인 경우 그 비중은 더욱 높을 것이다. 홍콩도 한국만큼 아파트 가격이 상당히 비싸고, 이제는 중국에서도 최근 '집의 노예'란 의미의 '팡누'[房奴]라는 신조어까지 유행할 정도로 폭등하는 부동산 가격이 사회문제화되고 있다. 의식주에서 '의'와 '식'과는 달리 '주'는 경제가 성장하더라도 별로 나아지는 것이 없는 모양이다.

서울의 주택 문제를 해결하기 위해 서울 주변에 많은 위성도시들이 개발되었다. 이런 위성도시에 사는 직장인이 서울 도심으로 출퇴근하기 위해 하루에 두세 시간 정도 소비하는 것은 아무 일도 아니다. 이것은 일본 도쿄와 비교하면야 훨씬 나은 상황이라고 할 수 있겠지만, 홍콩에 비하면 엄청난 시간을 길에서 낭비하고 있는 셈이다. 기차를 주로 이용하는 일본 사회와는 달리 한국에서는 자가용을 이용하는 직장인들이 많은 편이다. 회식 등 술자리가 잦은 이런 직장인들을 위한 대리운전이 성업하는 나라도 아마 한국이 유일할 것이다.

내가 한국에서 살았던 아파트는 15층짜리 건물이었다. 지금은 한국에도 고층 아파트가 점점 많아지는 추세인데, 홍콩은 이미 대부분의 아파트가 40층이 넘는다. 홍콩의 스카이라인의 대부분은 이 고층 아파트가 차지하고 있다. 사합원이든 한옥이든 옛 전통 주택은 그 지역 자연환경에 가장 잘 적응하도록 발전되어 왔다. 그러나 이제는 홍콩의 예에서 알 수 있듯이, 효율성을 강조하는 도시에서는 고층화가 대세일 수밖에 없다. 연암 선생이 살아서 이런 홍콩을 보고 '항행록'(港行錄)을 쓰셨다면 아마 "3리마다 고층 아파트요, 5리마다 쇼핑몰이 있다"라고 하셨을 것이다.

중국에는 '두주불사'가 없다

위로해 주는 술

어느 책에서 읽었던 내용인데, 나폴레옹 시절 원정을 떠나는 프랑스 군대의 군수품 중 가장 비중이 큰 품목은 포도주였다고 한다. 포도주는 전장에서 오염되었을지도 모를 물을 대신할 수도 있고, 추운 곳에 주둔할 땐 감기 예방도 되고, 또한 군인들의 사기를 높이는 데도 제격이었기 때문이다. 이렇듯 술은 여러 다른 이유로 마시기도 하고, 또한 민족이나 나라마다 마시는 방법이 다소 다르기도 하다. 그러나 전시(戰時)가 아닌 평시에 술을 마시는 이유라면 흥을 돋우거나 아니면 상처받은 마음을 달래기 위해서일 것이다.

중국 허베이성(河北省) 출신 작가 충웨이시(從維熙)가 쓴 〈애주별곡〉[文人與酒]이라는 산문을 읽어 보면 문인과 술의 뗄 수 없는 관계를 잘 알 수 있는데, 이는 한국에서도 똑같이 발견된다. 예전 중국이나 한국에서는 문인이 곧 사대부였으며 그들은 풍류를 위해 술을 늘 가까이했고, 시대적인 아픔으로 괴로워할 때도 술로 위로받았다. 그들 중 중국을 대표하는 이는 바로 시선(詩仙)이자 주성(酒聖)인 이백(李白)일 것이다. 그리고 한국을 대표하는 이로는 조선 시대 최고의 시인이자 애주가인 송강 정철을 꼽을 수 있다.

조선의 임금 선조는 정철에게 은잔 하나를 하사하고는 그 잔으로 하루 한 잔 이상은 마시지 말라고 했다. 정철은 어명을 받들었으나, 하루 한 잔으로는 도무지 양이 차지 않아 고심하던 끝에 꾀를 내었는데, 그 잔을 두드려 펴서 큰 사발로 만들어 버린 것이다. 이 고사의 사실 여부는 확실치 않으나, 분명한 것은 그가 술을 무척이나 즐겼고, 자신이 흠모하던 이백이 쓴 〈장진주〉(將進酒)를 본떠 〈장진주사〉(將進酒辭)라는 권주가 한 편을 지어 자신의 복잡한 심정을 시로 남겼다는 것이다. 그런데 이백이 쓴 〈장진주〉에는 인생에 대한 초탈과 호방함을 엿볼 수 있는 반면, 정철의 〈장진주사〉에서는 인생에 대한 허무함이 더욱 진하게 배어 있다. 특히 죽음을 암시하는 대목이나 '무덤(墳) 위의 원숭이(猿)'가 등장하는 등, 〈장진주사〉는 오히려 이백이 쓴 또 다른 권주가인 〈비가행〉(悲歌行)을 더 많이 닮았다.

한편, 이백의 〈비가행〉은 어느 독일 시인에 의해 독일어로 번역되었고,[41] 번역된 시는 이후 오스트리아 작곡가 구스타프 말러에 의해 〈대지의 노래〉라는 (성악이 포함 된) 교향곡에 사용되어 서구인들에게도 널리 알려지게 되었다. 그런데 〈비가행〉의 독일어 번역판을 읽어 보면 이백의 원래 시와는 다소 다른 느낌을 받게 되는데, 특히 말러가 작곡한 곡을 들어보면 '세상이 자신을 알아주지

41) Hans Bethge에 의해 〈Das Trinklied vom Jammer der Erde〉(세상의 근심을 위한 酒歌)라는 제목으로 번역, 소개되었다.

않아 상처받은 시인'이 아니라, '전쟁에서 패하여 비통해 하는 장군이나 영웅'이 울부짖는 노래처럼 들린다. 이런 느낌의 차이는, 인생의 무상함에 대해 중국인(또는 한국인)이 갖는 정서가 서구인의 그것과 아무래도 차이가 나기 때문일 것이다. 인생의 허무나 초월을 이야기하기엔 거품 이는 독일 맥주나 달짝지근한 포도주가 어울리지 않는 까닭일까.

흥을 돋우는 술

중국학자 이중톈[易中天] 교수는 "술자리를 통해 차별, 금기, 예의가 모두 사라지고 평등, 융화, 친밀 그리고 떠들썩함이 만들어지기 때문에 중국인들은 술을 좋아한다"라고 설명했다.[42] 즉, 중국인은 여럿이 어울리기 위해 술을 마신다는 것인데, 이 점에서도 한국인과 중국인은 차이가 없다. 단체(집단)의식이 매우 강한 한국인은 같이 어울리기를 좋아하는데,[43] 무슨 단합대회니 회식이니 하면서 어울려서 술 마실 기회를 자주 갖는다. 처음 만나 낯설거나 친했다가 다투어 서먹서먹해지면 한국인들은 어김없이 술을 찾는다. 또한 한국인은 평상시에 하기 어려운 말을 꺼내기 위해서도 술자리를 갖는데, 이는 취중에 한 말이나 실수에 대해서 비교적 관대하기 때문이다.

한국에서 자주 인용되는 '두주불사'(斗酒不辭)라는 고사성어가 있는데, 엄청난 양을 마셔대는 한국의 주당들을 빗대는 말로 자주

---

42) 이중톈,《이중톈, 중국인을 말한다》, 은행나무(2008):84.

43) 이 책 3장의 '혼자 밥 먹지 못하는 한국인' 참조.

쓰인다. 이 성어는 "항우가 준 한 말의 술(斗酒)을 번쾌(樊噲)가 사양하지 않고 단숨에 받아 마셔 결국 유방을 위기에서 구할 수 있었다"는 초한지에 나오는 한 대목(鴻門之會)에서 유래되었다고 한다. 그런데 한국에서 자주 인용되는 이 성어가 정작 중국에서는 전혀 사용하고 있지 않으니 신기할 따름이다.

실제로 한국인이 중국인보다 술을 더 많이 마시는지는 확실치 않지만, 분명한 것은 한국인은 밥도 빨리 먹고 술도 무척 빨리 마신다는 것이다. 빨리 취하기 위해 한국인은 폭탄주까지 발명했으니, 한국인의 급한 성격을 잘 알 수 있다. 다시 이중톈 교수의 말을 빌리자면, "중국에선 정통 도학자(道學者)들이 술 마시는 것을 견제했고, 덕분에 술은 그 지위를 차(茶)에게 양보하게 되었다"고 설명했다. 그렇다면 차 문화가 발달하지 않은 것도 한국인이 두주불사하는 이유가 될 수 있다. 아무튼 한국인은 중국 고사에 등장하는 번쾌와 같은 영웅들의 그 엄청난 주량에 탄복했는지 주량과 남자다움을 유난히 동일시하곤 한다. 한국 남자들은 자신의 주량이 소주로 몇 병이란 것을 잘 알고 있고, 또한 주량은 아주 인기 있는 이야기 소재이기도 하다. 그러나 외국 남자들 중에는 자신의 주량이 얼마인지 아는 이도 드물고 따라서 그것을 주제로 이야기하는 경우도 매우 드물다.

중국에서 '건배'(乾杯)라고 하면 문자 그대로 '술잔을 완전히 비우는 것'을 의미하지만, 한국에서는 '같이 마시자(영어로는toast, 중국어로는 祝杯)'라는 의미로 사용되며, 대신에 '원샷'이라는 국적불명의 영어를 써야 '잔을 비운다'라는 의미가 된다. 일체감이 강한 한국인에겐 '같이 마시는 것'이 가장 중요한 일인데, 이에 적당한 말이 없어 '건배'라는 익숙한 말을 원래의 의미와 조금 다르게 사용하기 시작했고, 이후 '건배'가 제 뜻을 잃자 할 수 없이 영어에서 비슷한 말을 대충 빌려온 것으로 추측된다.

쌀로 만든 술

한국에서는 일본의 대표적 술인 청주를 '정종'이라고 부르는데, 이는 일본의 어느 유명 주류 상표에서 유래되었다고 한다. 중국의 대표적인 술인 고량주를 '빼갈'이라고 부르는데, 이는 중국에서 '백주'(白酒)를 의미했던 '白干'('빠이간' 또는 '빠이갈'로 발음된다)에서 유래되었다고 한다. 또한 '꼬냑'은 브랜디를 의미하며, 통칭 '양주'라고 하면 위스키를, 그리고 '와인'은 포도주를 의미한다.

중국에는 고량주를 비롯한 독한 증류주(蒸溜酒)가 많이 발달되었지만, 한국은 전통적으로 쌀로 만든 양조주(釀造酒)인 청주와 이를 만들고 나면 남는 탁주(막걸리)를 주로 마셨다. 한국인이 두주불사 운운하지만 고량주를 마시던 중국인이 어찌 보면 한 수 위인 셈이다. 과거 쌀이 부족하게 되자 한국 정부는 미주(米酒)의 생산을 규제하였고, 이 바람에 막걸리와 소주의 운명이 엇갈리게 되었다. 막걸리는 미국으로부터 원조받은 값싼 밀가루로 만들면서 예전의 맛을 잃게 되었다. 한편, 전통 소주는 청주를 증류하여 만든 귀한 술이었지만, 이제는 고구마에서 얻은 주정(酒精)에 물을 타서 만든 값싼 희석주(稀釋酒)를 소주라고 부르며 한국인의 대표 술이 되었다.

홍콩의 한 상점에 진열되어 있는 한국산 소주. 외국인들에게 가장 잘 알려진 한국 술은 바로 초록색 병에 담긴 소주이다.

십여 년 전부터 불어닥친 웰빙 열풍으로 포도주가 크게 인기를 얻더니 이제는 한동안 잊혀졌던 쌀로 만든 막걸리가 다시 한국의 국민 대표주의 명성을 되찾고 있다. 아무래도 도토리묵이나 파전과 같이 마시는 막걸리가 삼겹살과 같이 마시는 희석주보다 훨씬 더 건강식임에 틀림없을 것이다.

일전에 싱가포르에서 살 때, 당시 고촉동[吳作棟] 총리는 너무 고지식하게 가정적인 싱가포르 국민들에게 "홍콩 사람들처럼 일과 후엔 동료들과 어울려 술도 마시면서 사교에도 힘써야 한다"고 당부한 적이 있었다. 한국인인 나의 기준으로 보면 홍콩인들은 결코 술을 잘 마신다고 할 수 없고, 실제로 내가 아는 홍콩의 지인들 중 술을 전혀 마시지 않는 이들이 적지 않기 때문에, 고 총리의 이 발언은 왠지 나에겐 낯설게 들렸다. 어쨌든 싱가포르인이 홍콩인보다는 술을 적게 마시고, 홍콩인은 중국인이나 한국인보다 적게 마시는 셈인데, 그렇다면 날씨가 더울수록 술을 덜 마시는 것인지, 먹고 살기가 각박할수록 술을 많이 마시는 것인지 아직 나는 잘 모르겠다.

V. 문화를 통한 사회문제의 이해

'얼굴 공정'은 피할 수 없나

입시지옥

〈I, Not Stupid〉(小孩不笨)라는 싱가포르 영화가 있다. 2002년에 개봉되었던 이 영화는 흥행에 크게 성공하여, 이후 텔레비전 드라마로도 만들어져 홍콩에서 방영되기도 했다. 이 영화에는, 미술에 남다른 재능을 가진 초등학교 남자 아이가 학업성적이 나빠 고민하다가 결국 자살하려고 아파트 옥상으로 올라가는 장면이 나온다. 다행히 영화는 해피엔딩으로 막을 내리지만, 아이들을 지나친 경쟁으로 내모는 작금의 교육제도에 대해 싱가포르 사람들이 불만이 있다는 것을 알 수 있다.

싱가포르의 경우, 중등교육 과정이 평준화되어 있지 않기 때문에, 초등학생들은 많은 시험과 숙제에 시달리고 있다. 그러나 싱가포르에 살 때 내가 받았던 인상은, 한국에서처럼 교육제도가 주요 사회문제로 대두되는 그런 심각한 상황은 아니었던 것 같다. 홍콩도 교육열이 대단한 곳이지만, 마찬가지로 한국만큼은 심각해 보이지 않는다. 그렇다면 한국의 교육문제는 왜 그렇게 심각해진 것일까?

한국의 초등학생들도 공부에 엄청나게 많은 시간을 쏟아야 한다. 그래도 중등교육 과정이 평준화되어 초등학생이 중학교 입시를 걱정하지는 않는다. 대신 고등학생들이 입시에 대한 중압감을 가장 크게 느낀다. 〈I, Not Stupid〉와는 달리, 한국에서 만들어진 입시를 소재로 한 영화는, 대개의 경우 고등학생들이 주인공으로 나온다. 그리고 〈여고괴담〉이라는 영화에서도 알 수 있듯이, 이런 경우 공포영화가 그 주류를 이룬다.

홍콩의 학생들에게 한국의 수능시험은 일 년에 단 한 차례만 치러지고, 그것도 단 하루 만에 끝나 버린다고 이야기해 주면 모두가 놀라워한다. 일 년에 단 하루 치러지는 시험에 의해 학생의 미래가 결정된다면, 어떤 학생인들 그 중압감에서 자유로울 수가 있겠는가. 사찰이나 교회에서 백일기도 드리는 학부모, 시험 당일 경찰의 경호를 받으며 시험장으로 달려가는 수험생, 그리고 후배들의 요란한 응원 등, 수능시험을 전후로 전개되는 이런 풍경들 또한 홍콩 학생들에게는 신기로운 것들뿐이다. 한국의 대학진학률은 약 80%로 세계 최고 수준이다. 입시제도 또한 '도 아니면 모'이니 재수생 비율도 엄청 높다. 참고로 홍콩의 대학진학률은 50%도 안 되며 재수라는 개념조차 없다.

이처럼 지나쳐 보이는 한국의 교육열은 동아시아의 이웃 국가들과 마찬가지로 유교의 유산이라고 해야 할 것이다. 진학을 사회적 성공의 지름길로 여기는 전통이 건재하다. 이런 뜨거운 교육열은 1970년대 한국이 보여 준 눈부신 경제성장의 원동력이었지만 그에 따라 적지 않은 부작용도 낳았다. 어느 대학 출신인가가 취업은 물론, 결혼 상대의 평가 기준이 되는 등 한국은 각 개인의 능력보다 출신 대학이 그 사람의 사회적 지위를 결정하는 심각한 수준의 학벌지상주의(Credentialism) 사회가 된 것이다. 한국의 교육문제는 고비용의 사교육, 저출산, 가족이산 (기러기 아빠) 등 여러 가지 사회문제를 야기하고 있다.

한국의 정책 입안자들은 이러한 고질적인 교육문제를 해결하고자 여러 가지 새로운 시책을 내놓고 있지만, 사태가 해결될 기미는 아직까지는 전혀 보이지 않는다. 오래전 한국에서 유행했던 우스개가 하나 있는데, 저명한 물리학자 아인슈타인 박사가 한국에서 태어났다면 대학입시에 실패했을 것이라는 내용이다. 창의성보다는 암기 위주의 입시제도가 갖는 허점을 지적한 이 우스개는 싱가포르에서도 똑같은 내용으로 유행했었다.

성형공화국

2000년 뉴욕 타임스의 칼럼니스트인 윌리엄 새파이어(William Safire)가 자신의 칼럼에서 '루키즘'(Lookism)이라는 용어를 언급하여 세인들의 주목을 받았다.[44] '루키즘', 즉 외모지상주의(또는 외모차별주의)라는 것은 사람의 내면적인 인품이나 능력이 아닌 외모를 평가의 기준으로 삼는 것을 말한다. 사회학자들에 따르면, 인터넷과 디지털카메라 등 새로운 기술이 일상화되면서 사람들은 자신 및 타인의 외모에 더욱 관심을 가지게 되었고, 많은 사람

44) "Uglies of the world, unite!", 《New York Times》, 2000년 8월 27일 자.

들은 이제 외모가 자신의 사회적 성공 여부를 결정한다고 믿게 되었다는 것이다.

홍콩에서는 직장에 다니는 여성 사원이 며칠간 한국에 다녀오겠다고 동료들에게 이야기 하면, "혹시 성형수술하기 위해 한국에 가는 것이 아니냐?"고 묻는다고 한다. 이제 한국은 아시아에서 성형수술의 메카라도 된 듯하다. 수요가 먼저인지 아니면 공급이 먼저인지 불분명하지만, 한국에는 성형외과 병원이 넘쳐나고, 한국인은 중국이나 일본 등 이웃 나라 사람들보다 성형수술에 대해 적극적이 되었다. 그렇다면 유교적 전통이 많이 남아 있는 한국이 외모지상주의 사회가 되었다는 말인가?

몇 년 전 한국에서 〈미녀는 괴로워〉라는 영화가 크게 흥행에 성공했다. 이 영화에서 여자 주인공은 능력(가창력)도 있고 성격도 착한데 뚱뚱한 외모 때문에 여러 가지 사회적 차별을 받는다. 그런 그녀가 성형수술을 통해 미인으로 탈바꿈하자 주위의 시선이 바뀌고 자신감도 얻고 결국 가수로 성공한다. 이는 21세기에는 신데렐라가 되려면 착한 요정이 아니라 솜씨 좋은 외과의사가 필요하고, 돈이 있으면 이것이 현실적으로도 가능하다는 것을 암시하고 있으니, 일부 여성들에게 희망의 메시지를 준다. 그러나 "신데렐라는 언제나 착하고 예뻐야만 한다"는 편견이 이제는 첨단 의술까지 이용하여 그 끈질긴 생명력을 이어 가고 있는 것이니, 대부분의 여성들은 이에 슬퍼질 수밖에 없다.

우화적인 내용의 이 영화는 작금의 한국 현실을 잘 반영하고 있는 듯하다. 영화에서 주인공이 자신의 성형수술 사실을 고백하고 대중이 그녀를 이해해 주는 것처럼, 예전에는 수술했다는 사실을 부끄러운 일이라고 숨겼지만 이제는 떳떳하게 그것을 고백할 정도로 사회 분위기가 바뀌었다. 이런 현상은 일면 성형수술이 더 큰 사회문제로 비화되지 않아 다행이기는 하지만, 외모에 대한 차별이 엄연히 한국 사회에 존재한다는 것을 그냥 인정만 하고 손을 놓아 버린 셈이다.

돈은 곧 사회적 성공?

23개국을 대상으로 실시한 최근의 한 여론조사 결과에 의하면,[45)] "돈이 성공을 나타내는 최고의 증표인가?"라는 질문에 한국인과 중국인 응답자는 무려 69%가 "그렇다"라고 대답했다. 일본인도 높은 편으로 63%나 되었다. 반면 북미와 서유럽 국가의 경우 30% 정도만이 그렇다라고 대답하여, 자본주의 역사가 긴 구미 선진국의 응답자들이 돈을 상대적으로 덜 중요한 성공의 증표로 여기는 것으로 조사됐다. 그렇다면 동아시아인이 자랑하는 근면성과 높은 저축률도 결국은 '돈에 대한 집착' 때문이었다는 말인가?

그러면 어째서 아시아인, 특히 한국인과 중국인이 '돈=성공'이라는 가치관을 더 많이 갖게 된 것일까? 가장 큰 이유는 아마도 '미래에 대한 불확실성' 때문일 것이다. 전쟁, 혁명 등 격동의 근현대사를 겪어 온 한국인과 중국인에게 '미래는 예측하기 힘들고 불안한 것'이다. 한국과 중국은 시장경제를 도입하고 구미 선진국을 따라잡기 위해 열심히 노력하고는 있지만 아직까지는 그들만큼

---

45) Reuters, "Money means more to people since financial crisis", 2010년 2월 22일자.

의 사회보장제도를 갖추지 못했다. 이런 상황에서 한국인이나 중국인은 '돈을 자신과 가족을 지켜 주는 유일한 안전장치'로 생각할 수밖에 없을 것이다.

한국인이 학벌과 외모에 집착하는 것도 따지고 보면 결국 '돈벌기 경쟁'에서 남보다 유리한 조건을 갖고자 하는 것이다. 앞에서 언급했던 것처럼 한국인은 "네가 하면 나도 해야 한다"는 단체의식(일체감)이 매우 강한데, 이러한 의식이 학벌과 외모를 포함한 배금주의에 그 뿌리를 둔 여러 사회문제를 더욱 심각하게 만들고 있다. 즉, "남들이 다 하는데 나만 하지 않는다면 경쟁에서 낙오될 것이다"라는 생각이 사태를 더욱 심각하게 만드는 것이다. 학생들 그리고 그들의 부모들은 대학도 남들이 가는 명문 대학에 가야만 하고, 취직도 남들이 하는 대기업에 가야만 한다고 믿고 있기 때문에 오로지 입시에만 매달리게 되었다. 또한 "낙오하지 않기 위해서는 남들처럼 해야 한다"는 압박이 (유교의 억압에서 막 벗어난) 한국의 여성들을 수술실로 내몰아, 누구나 똑같은 부위를 비슷하게 성형하여 결국은 모두가 개성이 없는 비슷한 모습을 갖게 되었다.

홍콩과 싱가포르의 경우는 어떠한가? 교육열에 관한 한 한국과 크게 다르지 않다고 할 수 있겠지만, 그래도 전반적인 의식수준이 좀더 성숙해 보인다. 아마도 서구식 자본주의 경험이 비교적 오래되었고, 한 세대 이상 동안 사회가 비교적 안정적이었기 때문일 것이다. 홍콩인이나 싱가포르인들은 굳이 명문대학 출신이 아니더라도 경제적으로 성공할 수 있고, 여성들도 외모가 아닌 자신의 능력으로 사회에서 성공할 수 있다는 것을 그동안의 경험을 통해 배웠을 것이다.

이런 점에서 보면, 이제 막 개방화 30년을 맞은 중국은 한국의 전철을 그대로 밟을 가능성이 아주 높아 보인다. 얼마 전, 《뉴욕 타임스》에 소개되었던 중국의 대학입시 풍경은 한국과 매우 비슷하다.[46] 앞으로 소득이 늘고 대학진학률이 높아지게 되면 중국도 한국처럼 지나친 교육열이 주요 사회문제로 대두될 가능성이 커 보인다. 또한 외모를 중시하는 풍조도 벌써 중국 젊은 층에 급속도로 번지고 있다. 상하이 등 대도시에서는 취업을 앞둔 대학생들이 수술을 받기 위해 성형외과를 찾는 모습(이를 '얼굴공정'이란 의미의 '面子工程'이라고 부른다)을 이제는 어렵지 않게 볼 수 있다고 한다.

얼마 전 중국의 한 인터넷 매체는 성형수술을 위해 한국으로 원정까지 가는 일부 젊은 층의 행태를 비난하면서, 이러한 현상은 한류를 통해 한국의 나쁜 심미관(審美觀)이 중국인들을 감염시켰기 때문이라고 주장했다.[47] 그러나 "경기가 나빠지면 미니스커트와 빨간색 립스틱이 유행한다"는 말도 있듯이, 사실 이것은 심미관의 문제라기보다는 사회안전장치는 없는데 생존경쟁이 더욱 치열해졌기 때문에 발생하는 사회구조적 문제인 것이다.

서구의 선진국들처럼 돈 걱정을 별로 하지 않아도 되는 사회를 빠른 기간 내에 만들 수야 없겠지만, 그들처럼 사회적 약자나 남들

---

46) "China's College Entry Test Is On Obsession", 《New York Times》(Asia Pacific), 2009년 6월 12일자.

47) 西班芽歐浪網, 2009년 9월 2일자.

과 다른 생각을 하고 다른 길을 가는 타자(他者)들을 따돌리지 않는 사회 분위기를 만들 수 있다면, 위에서 언급된 여러 사회문제들이 어느 정도 완화될 수 있을 것이다.

장래 희망은 펀드매니저

황금을 보기를 돌같이 하라

나의 어린 시절엔 어미 돼지가 새끼 돼지들에게 젖을 물리고 있는 그림이 크게 유행하여 여기저기에서 볼 수 있었다. 요즘도 한국인들은 돼지꿈을 재물이 생길 것을 암시하는 길몽이라고 여긴다. 서양에서도 저금통은 돼지 모양이 가장 흔한데, 이렇듯 돼지는 오랫동안 동서를 막론하고 다산과 부를 상징하는 동물이었다. 반면, 돼지는 소나 말과 같은 다른 가축들과는 달리 일은 않고 먹고 놀기만 한다 하여, 게으르고 욕심 많은 동물을 대표하기도 한다. 영국인 작가가 쓴 풍자소설 〈동물농장〉에 나오는 주인공 돼지는 욕심 많은 독재자였다. 이렇게 사람들은 돼지에 대해 두 가지 상반된 인상을 떠올리는데, 마찬가지로 사람들은 돼지가 상징하는 부(또는 돈)에 대해서도 이중적인 태도를 가지고 있다. 즉, 사람들은 "어떻게 하면 부를 얻을 수 있을까" 하고 안절부절못하면서도, 자신이 갖지 못한 부를 가진 남들에게는 곱지 않은 시선을 보내기도 한다.

나는 중학교 시절 영어 시간에 "반짝인다고 모두가 금은 아니다"라는 서양 속담을 배웠다. 이 속담이 주는 교훈은 "뻔지르르한 겉모습에 속지 말라"는 것이다. 그런데 금맥을 찾아 샌프란시스코(金山)를 비롯한 서부로 사람들이 몰렸던 미국의 개척 시대를 연상시키는 이 속담에서는 결국 '황금은 소중한 것'이라고 솔직하게 시인하고 있는데, 이 솔직함이 어린 나에게는 무척이나 낯설게 느껴졌다. 왜냐하면 나는 "황금 보기를 돌같이 하라"라는 정반대의 의미를 가진 격언에 이미 익숙해져 있었기 때문이다. 이 격언은 노래로도 만들어져 초등학교 음악 시간에 모두가 따라 불렀을 정도로 당시 어린 학생들은 돈에 대한 금욕을 배워야 했다. 이렇듯 한국인의 유교 전통과 새로 수입된 서구식 사고방식이 서로 상충할 때가 있었다. 그런데 당시 어린 나는 이해하지는 못했지만, 그 새로운 서구식 사고방식은 한국이 같은 동족인 '공산주의' 북한과 전쟁을 치르면서까지 지키고자 했던 바로 그 '자본주의'라는 것이었다.

현세보다는 내세를 중요시하는 대부분의 종교들과는 달리, 유교는 세속적이고 근면과 협동을 주요 덕목으로 여기며 (농사짓는 것처럼) 열심히 땀 흘려 일해서 부를 쌓는 것을 나무라지는 않는다. 그러나 자신이 산 가격에다 이문을 더해 다른 사람에게 비싸게 되팔거나 아니면 돈을 빌려주고 이자를 받는 것은 별로 바람직한 것으로 보지 않았다. 또한 글 읽는 선비나 관직에 오른 선비가 돈이나 재물을 탐하는 것을 아주 부도덕하게 여겼다. 조선 시대에는 관직에 있는 자에게 주어지는 최고의 영예는 '청백리'라는 호칭을 얻는 것이었는데, 청백리가 되기 위해서는 관직수행 능력도 뛰어나야 했지만 무엇보다도 청렴해야 했다. 요즘도 한국에서는 중앙정부는 물론이고, 각 지방자치단체에서도 '청백리상'이라는 제도를 운영하고 있다.

한국인이 가지고 있는 돈에 대한 별로 솔직하지 않은 태도는 언어 습관에서도 찾아볼 수 있다. 먼저, '부자'(富者)에 해당하는 일본어는 '金持ち(금을 가지고 있는 사람)'이고 중국어로는 '有錢人(돈을 가지고 있는 사람)'이다. 일본에서는 돈을 금이라고도 하니 결국 중국어와 일본어의 표현은 같다고 할 수 있다. 그러나 한국에선 직접 '돈(또는 금)'이라고 언급하지 않고 에둘러서 '부자'라고 표현한다. (한편, 한국에선 가난한 사람을 부자의 반대 개념인 '빈자'라고 하지 않고 '서민'이라고 부른다. 참고로, 중국에서는 '궁한 사람'이란 의미의 '窮人'이라 한다.) 이렇듯 한국에선 돈을 직접 언급하는 것을 점잖지 않은 것으로 여겼고, 또한 재물에 대한 자신의 욕심을 남에게 드러내지 않으려 항상 조심했다.

나는 처음 홍콩에 와서 《삼국지》의 명장 관우가 재물신으로 모셔지는 것을 보고 깜짝 놀랐다. 홍콩이나 중국에서는 새해인사를 '궁해이파초이/꽁시파차이'(恭喜發財)라고 하는데 이는 "돈(재물) 많이 벌어라"라는 뜻이다. 이는 자본주의 경험이 많은 홍콩인은 물론이고 사회주의 체제의 중국인도 돈에 대해서는 한국인보다 더 솔직하다는 사실을 보여준다. 한국에선 특별히 재물신으로 모셔지는 대상도 없고, 새해인사를 "복 많이 받으세요"라고 하듯이 굳이 '재물에 대한 복'을 따로 언급하지도 않는다.

내가 중학생일 때 배웠던 서양 속담이 또 하나 있는데, 그것은

"구르는 돌에는 이끼가 끼지 않는다"라는 것이었다. 당시 학생들은 이 속담을 "열심히 머리를 쓰지 않으면 굳어져서 못 쓰게 된다"라고 해석하고, 속담 중에 나오는 '이끼'를 마치 쇠에 끼는 '녹'으로 생각했다. 그런데 나중에 알고 보니, 이 속담의 참뜻은 "사업을 한곳에 집중하지 않고 여기저기 옮겨 다니면 남는 이익이 없다"라는 것으로, '이끼'는 곧 '이익'을 뜻한다. 영어로 '이익'은 'interest'인데, 이 단어는 '이익'이란 뜻 외에도 '이자'라는 뜻과 '관심' 또는 '재미'라는 뜻도 가지고 있다. 즉, 서양식 사고방식으로는 "이익이 남아야 재미가 있다"는 것이다.

〈백은제국〉(白銀帝國)이라는 중국 영화를 보면, 이미 청나라 말엽에 진짜 '은'을 취급하는 제법 모습을 갖춘 은행이 있었고, 이는 당시 청이 금융업에서는 조선과는 비교할 수 없을 정도로 앞서 있었음을 보여준다. 그러나 그 영화의 주인공인 산시성[山西省] 출신 금융인의 대저택에 걸려있는 현판에 쓰인 글귀가 '대의참천(大義參天)'(즉, "큰 의리는 하늘과 맞먹는다"라는 의미로, 재물신으로 추앙 받는 관우와도 관련이 있는 성어이다)인 것을 보면, 중국인의 돈에 대한 사고방식도 여전히 유교적이며, '이자'를 '관심'의 대상이나 '재미' 있는 것으로 여기는 직설적인 서구식과는 거리가 멀다고 할 수 있다. 아무튼 이런 점에서 보면 서양에서 자본주의가 먼저 발달한 것은 어쩌면 당연하다고 해야 할 것이다(한편, 돼지를 불결한 동물로 여겨 돼지고기를 금기시하는 이슬람 국가에서는 은행에서 돈을 빌리든 예금을 하든, 이자를 내지도 받지도 않는다).

한국에는 아기의 첫돌 선물로 금반지를 준비하는 전통이 있다.

이는 금반지를 아이의 부모가 필요할 때 요긴하게 쓰라는 의미이다. 그런데 굳이 돈으로 주지 않고 선물의 형식을 빌려 금반지를 주는 이러한 풍습에서도 한국인의 돈에 대한 태도를 엿볼 수 있다. 1990년대 후반 외환위기에 처한 나라를 위해 한국인들은 외채를 조금이라도 갚겠다며 장롱 속에 있던 아기 돌반지와 결혼예물을 모은 적이 있다. 그리고 이런 금 모으기가 한창일 때《부자 아빠와 가난한 아빠》라는 책이 한국 사람들의 이목을 끌었다.

그 책의 저자는 일본계 미국인인데, 그의 책에서 이야기하는 '가난한 아빠'는 저자의 친아버지로 교육 관련 공무원이었다. 그리고 그가 지칭한 '부자 아빠'는 그의 친한 친구의 아버지로, 여러 가지 창의적인 아이디어(?)를 이용한 사업으로 부자가 된 사업가였다. 부동산 투자로 자신도 큰 부자가 된 저자는 이 책을 통해서 돈(결국 직업)에 대한 아시아식(즉, 유교적인) 태도를 버리라고 말한다. 직장 열심히 다니면서 아껴 저축하면 모든 것이 잘 될 것이라고 믿고 있다가 경제위기로 하루아침에 직장에서 내몰렸던 당시 많은 한국의 아빠들이 이 책을 읽고 깨달은 바가 아주 컸다.

경제위기가 지나가고 십여 년이 지난 지금, 한국에선 예전에 존경받던 과학자나 대학교수가 되겠다는 젊은이는 갈수록 줄어들고 있고, 대신 큰 돈을 만지는 펀드매니저가 되고자 MBA를 공부하려는 공대 졸업생이 늘어만 가고 있다. 그리고 몇 년 전엔 어느 신용카드 광고에 "부자 되세요"라는 카피가 등장하여 한동안 유행하기도 했다. 이제 한국인들은 돈에 대해 좀더 솔직하게 된 것이다.

사촌이 산 땅

홍콩에 오는 한국인 관광객들 중에는 고가의 명품 브랜드 제품을 쇼핑하기 위해 오는 사람들도 많이 있다. 한국 사람들이 비싼 유명 브랜드의 제품을 입거나 들고 다니는 첫째 이유는 "남들이 살 수 없는 비싼 제품을 내가 샀다"는 것을 과시하기 위해서라기보다는 "나도 남들처럼 이 제품을 가지고 있다"는 것을 남들에게 알리기 위함이다. 한국인은 강한 단체의식(그중에서도 일체감)을 갖고 있는데, 단체의식이 강하면 같은 계층에 속한 다른 구성원과 자신을 끊임없이 비교하게 되고, 구성원 간의 평등의식도 강하게 형성된다.[48] 그러다 보면 "남들이 하는 것은 나도 해야 한다"라고 생각하게 된다.

앞에서도 언급했지만, 자본주의 역사가 긴 서구보다도 동아시아에서 돈에 대한 집착이 더 강한 것은 '미래에 대한 불확실성' 때문이다. 동아시아 국가들은 계속되는 급격한 사회변화를 겪어 왔는데, 아직까지 사회보장제도는 변변히 갖추어져 있지 않으니 사람들은 돈을 '자신과 가족을 지켜주는 유일한 안전장치'라고 여기게 되었다. 이제 돈은 인생의 성공 여부를 평가하는 거의 유일한 잣대가 되었고, 한국인의 경우 지나치게 강한 평등의식 때문에 그 잣대가 매우 획일화, 정형화되었다. 한국인은 나이가 몇 살이 되면 연봉이 얼마 이상이 되는 직장에 다녀야 하고, 몇 평 이상은 되는 아파트에서 살아야 하고, 배기량은 얼마 이상이 되는 차를 타야 한다고 생각하며, 그 정도에 못 미친다면 자신이든 남이든 실패한 인

48) 3장의 '혼자 밥 먹지 못하는 한국인'에서 이를 자세히 다루었다..

생이라고 여기게 되었다.

한국에는 "사촌이 땅을 사면 배가 아프다"라는 속담이 있다. 산업화 이전에는 같은 집안 사람들끼리 모여 살았고, 제사도 같이 지내고, 농사일도 서로 도우면서 구성원 간에 강한 유대감을 형성했다. 이런 집성촌(集姓村)에서 성장한 아이들에게 사촌이란 친형제 다음으로 가까운 친족이자 가장 친한 친구이며, 나중에 커서도 서로 의지할 수 있는 사이를 의미한다. 그런데 어릴 때부터 같이 성장하며 나와 비슷하다고 여겼던 사촌이 어느 날 (농사지을) 땅을 샀다는 소식을 듣게 되면, 괜히 나만 뒤처진다는 느낌이 들고, 결국 친했던 그 사촌을 시기하게 된다는 것이다.

이제 더 이상 농사를 짓지 않지만, '사촌이 산 땅'은 아직도 많은 한국인의 마음을 불편하게 한다. 지난 50여 년 동안 한국의 땅값이나 집값은 터무니없이 올랐다. 덕분에 부동산을 소유했던 사람들은 손쉽게 큰 돈을 벌 수 있었다. 반면 그렇지 못했던 사람들은 아무리 열심히 일해도 이제는 너무 올라 버린 집 한 채 값을 감당하기 어려운 상황이 되었다. 더 큰 문제는, 기대하지 않았는데도 부동산으로 운 좋게 부자가 된 경우도 있겠지만, 편법이나 불법으로 부동산을 사고 팔면서 엄청난 이익을 남긴 사람들이 많다는 것이다. 또한 삼성이나 현대와 같은 대기업들도 과거 여러 공정치 못한 특혜를 받았던 전력이 있다 보니, 한국인들은 "정직하게 살아서는 부자가 되기 어렵다"는 편견을 갖게 되었고, 따라서 한국에선 존경받는 부자는 거의 없다.

처음 홍콩에 와서, 재물신으로 모셔지는 관우나 '꽁시파차이'(恭

喜發財)라는 새해 인사보다도 나를 더 놀라게 했던 것은 바로, 빈부 격차가 한국보다도 훨씬 심한 홍콩에서 부자에 대한 반감이나 편견이 별로 없다는 것이었다. 한국처럼 홍콩에서도 부동산 투자를 통해 엄청난 부를 축적한 사람들이 많이 있지만, 홍콩 사람들은 그냥 "자본주의란 원래 그런 것이다"라고 받아 들인다. 만약 그것이 아니라면, 홍콩 사람들은 한국 사람들만큼 단체의식이 강하지 않고 남들이 무엇을 하든 별로 상관하지 않기 때문일 것이다. 중국의 경우, 등소평 주석이 선전[深圳] 등 몇몇 도시를 경제특구로 지정하면서 내세운 전략은 '선부론'(先富論)이었다. 한국에서라면 불균형발전을 전제로 한 이런 정책에 반대하는 목소리가 매우 컸을 터인데, 사회주의 체제의 중국인들이 그것을 받아들였다는 것도 한국인인 나에게는 꽤나 놀라운 일이다.

2010년 한국에서 최고의 베스트셀러가 된 책은 《정의란 무엇인가》라는 사회철학 도서였다. 또한 한국의 대통령이 '공정한 사회'를 자주 강조할 때, 이는 많은 한국인들이 "지금의 한국은 그다지 공정하지 않은 사회"라고 느끼고 있다는 것을 반증하는 것이다. 영국의 한 유명 시사잡지사가 조사하여 발표한 '민주주의 지수(指數) 2010'에 의하면 한국은 조사 대상 167개국 중 20위로 아시아에서는 가장 높은 점수를 받았다. 이는 한국이 정치적인 부분에서 민주화가 일정 수준 이상 이루어졌다는 것을 의미하며, 이제 많은 한국인들이 원하는 것은 경제적인 부분에서의 민주화라는 것이다. 실제로 한국은 "분배냐 성장이냐"를 놓고 오랫동안 사회적 갈등을 겪어 왔는데, 이는 한국인이 가지고 있는 강한 단체(평

등)의식과 무관하지 않다. 이를 두고 어떤 이는, "중국인이 사회주의를 하는 것도 신기하지만, 한국인이 자본주의를 하는 것은 더욱 신기하다"라고 말하기도 했다.

자신이 갖고는 싶지만 갖지 못한 것을 누군가가 갖고 있다고 해서 사람들이 그를 무조건 시기하지는 않는다. 그것이 그가 열심히 노력해서 얻은 결과라면 시기심은 타당성을 잃게 되고 오히려 나도 열심히 노력해야겠다고 분발하게 된다. 그런데 다른 사람들에게 피해를 주면서 즉, 법을 어기거나 교묘히 피해가면서까지 얻은 결과라면, 사람들은 (그가 사촌이라 하더라도) 그를 시기하게 된다. 20여 년 전 일군의 탈주범들이 서울 도심에서 인질극을 벌인 일이 있었다. 그때 주모자는 '유전무죄 무전유죄'라는 아직도 많은 한국 사람들에게 회자되고 있는 명언을 남겼다.

지난 2010년 말 한국에서는 '학교무상급식'이 주요 사회적 논란거리가 되었고, '동반성장위원회'라는 곳에서 제안한 '초과이익공유제'라는 것이 논란의 대상이 되었다. 이곳 홍콩에서는 2010년에 쓰고 남은 예산을 시민들에게 현금으로 나누어 주었다. 일찍이 경험해 보지 못한 뜻밖의 횡재인 셈이다. 세금이 아주 낮은 것으로 유명한 홍콩에서 예산이 남았고, 더구나 그걸 (모두에게 똑같은 금액으로) 돌려준다니 신기할 따름이다.

한 · 중 · 일 지방색의 차이

표준어와 방언

기독교 구약성서에 바벨탑에 관한 이야기가 나온다. 오만해진 인간이 높은 탑을 쌓아 신에게 도전하려 하자, 신은 인간을 벌하여 서로 말이 통하지 않게 만들었고, 그렇게 되자 같이 탑을 쌓던 인간들은 일을 멈추고 뿔뿔이 흩어졌다는 내용이다. 언어는 '생각보다' 쉽게 변하기도 한다.[49] 두 집단이 서로 다른 언어를 사용했어도 교류하고 섞이면 두 언어는 서로 비슷해진다. 또한 위의 전설이 이야기하는 것처럼, 지금은 전혀 다른 두 개의 언어도 원래는 같은 뿌리에서 나온 경우도 많다. 여하튼 서로 같은 언어를 공유하면 같이 일하기도 쉬워지고 서로에게 친밀감을 느끼며, 더 나아가서는 동질성이 형성된다. 실제 우리는 외모(선천적인 것)가 비슷한 사람보다 같은 언어(후천적인 것)를 공유하는 사람과 더 쉽게 가까워지는 예를 자주 볼 수 있다.

49) 이 책 2장의 '쉬운 한글, 어려운 한국어'에서 이를 자세히 다루었다.

프랑스의 작가 알퐁스 도데가 쓴 〈마지막 수업〉은 한국인들에게도 잘 알려진 단편소설이다. 이 소설의 배경인 알자스-로렌 지방은 독일과 프랑스의 국경지대로 양국이 여러 차례 번갈아 가며 지배했던 곳이다. 프랑스가 프로이센과의 전쟁에서 패하여 그 지역이 '다시' 독일계인 프로이센의 지배를 받게 되는 시점이 바로 이 소설의 시대적 배경인데, 학교에서 프랑스어를 더 이상 배울 수 없게 된 아이들이 슬퍼한다는 것이 이 소설의 내용이다. 이 소설은 프랑스인의 입장에서 보면 매우 감동적이다. 그러나 불과 20여 년 전까지만 해도 그 지역은 독일계 방언이 쓰였던 곳이었다. 따라서 그곳의 나이 든 주민들의 입장에선 자신들이 예전에 쓰던 언어를 되찾은 셈이니 어린 아이들과는 달리 오히려 기뻐했을지도 모른다.

일제 시대에 일본은 '동화정책'이란 이름으로 한국인들에게 한국어 사용을 엄격히 금지시켰고 일본어를 쓰게 했다. '극일'이 '반공'만큼이나 중요했던 나의 초등학교 시절, 나는 이 〈마지막 수업〉을 학교 수업시간에서 배웠다. 이 소설을 통해, 하마터면 한국인의 표준어가 한국어가 아닌 일본어의 한 방언이 될 뻔했다는 사실을 상기시켜, 어린 학생들에게 모국어의 소중함을 일깨우기 위함이었을 것이다.

한편, 중국의 초등학교 5학년 국어[言文] 교과서에는 위의 소설을 연상시키는 〈잊지 못할 수업〉(難忘的一課)이라는 글이 실려있다. 한국과 마찬가지로 대만도 1945년 일제로 부터 해방되었는데, 이때 한 중국인 선원이 대만의 항구도시 카오슝에 왔다가 주변을 돌아다니게 된다. 그는 우연히 한 시골학교에 다다르게 되는데, 거기서 한 대만인 교사가 자신의 서툰 북경어(중국 표준어로 '보통화'라고도 한다)에도 불구하고 열정적으로 학생들에게 그 언어를 가르치는 모습을 보고 깊은 감동을 받는다는 내용이다. 그런데 대만어(민남어)를 썼다가 일본어를 배웠고, 다시 해방 후엔 국민당 정부의 강력한 시책에 따라 북경어를 배워야 했던 대만 현지인의 입장에서는 그것이 그리 감동적이지만은 않았을지도 모른다.

십여 년 전 인도에 첫 출장을 다녀온 남편이 그곳에서 사용하고 남은 지폐를 나에게 보여 준 적이 있다. 그 인도 지폐에는 액면가가 앞면에는 영어와 힌두어로, 그리고 뒷면에는 또 다른 15개의 언어로 표시되어 있었다. 현재 인도의 공식언어는 모두 22개라고 하는데, 아무리 영토가 넓고 여러 민족이 사는 곳이라지만 정말 놀라운 일이다. 인도보다도 더 큰 영토와 더 많은 인구를 가진 중국이 북경어 하나만을 공식언어로 지정하여 사용하고 있는데, 이는 어쩌면 기적에 가까운 일이라 할 만하다.

중국의 공식 표준어는 하나뿐이지만 각 지역별로 여러 방언이 있고, 그중 가장 대표적인 것이라면 당연히 광동어(또는 광동화)일 것이다. 홍콩 사람들은 광동어를 단순히 하나의 방언이라고 하기에는 북경어와 너무도 다르다고 주장한다. 같은 어족(語族)에 속하는 한국어와 일본어는 문법적으로 유사한 점이 많아, 한국인은 일본어 어휘를 익히기만 하면 기초적인 수준의 일본어를 구사할 수 있다. 아마도 한국인이 일본어 배우는 것과 홍콩인이 북경어를 배우는 것이 그 난이도에 있어서 서로 비슷할 듯하다.

광동어는 현재 전 세계적으로 약 4천만 명에 의해 사용된다고 하니, 웬만한 한 국가의 공식언어 수준의 위상을 갖고 있는 셈이다. 하지만 광동어의 미래는 그리 밝지만은 않아 보인다. 유일하게 광동어가 아직까지 공식언어의 지위를 유지하고 있는 홍콩에서도, 1997년 주권 반환 이후 북경어에 조금씩 밀리고 있기 때문이다. 나와 같은 외국인의 입장에서는 상대적으로 배우기 쉽고, 당연히 앞으로 더 유용할 북경어를 선호할 수밖에 없다. 얼마 전 광동성의 성도(省都) 광저우(廣州)에서 광동어를 지키기 위한 시민단체의 시위가 있었다. 중국에서는 흔치 않은 문화정책과 관련된 시위였기 때문인지 많은 사람들의 이목을 끌었던 사건이기도 했다.

북경어 하나만을 공식언어로 인정하고 있는 중국에 비하면, 22개 언어를 공식언어로 인정하고 있는 인도가 자국민의 '삶의 다양성'에 대해 더 많은 관심을 가진다고 주장할 수도 있다. 그러나 많은 인도 사람들이 그에 따른 혼란과 불편함을 안타깝게 여기고 있다는 것 또한 사실이다. 바벨탑의 전설처럼 말이 다르면 효율이 떨어지고 또한 지역 간 동질성도 희미해진다. 이런 것들을 모두 고려해야 하기 때문에 한 국가의 표준어 정책이란 그리 쉽게 결정될 수 있는 사항이 아니다. 분리주의에 상당히 민감한 중국 정부가 광동어에 대한 정책을 어떻게 바꿀지 자못 궁금하다.

지역감정

공식언어에 있어서 중국과 대조가 될 만한 국가가 유럽에 하나 있는데, 바로 알프스로 유명한 스위스이다. 국토 면적이 광동성의 4

분의 1도 안되는 스위스에서 현재 독일어를 포함한 4개의 언어가 국가 공식언어로 지정되어 있다. 스위스는 국토는 작지만 지역마다 사용하는 공식언어가 다르고, 또한 각 지역별 지방색이 아주 강한 것으로도 유명하다. 그 이유는 산세가 험한 탓에 지역 간의 인적, 물적 교류가 오랫동안 잘 이루어지지 않았기 때문이다. 중국 윤난성[雲南省]에는 여러 소수민족들이 자신들의 전통을 고수하며 살고 있는데, 이것도 그곳의 험한 지형과 무관하지 않다. 한국의 지형적 특징도 국토의 대부분이 산이고, 해안선을 따라 얼마 되지 않는 평야 지대가 조금 있을 뿐이다. 물론 한국의 산악 지대는 스위스나 윤난성에 비할 수준은 아니다. 그렇다면 한국에서의 지방색은 어느 정도라 해야 할까?

한국은 광동성의 절반 정도의 크기이고, 한국어가 유일한 공식언어이며 주요 방언이 몇 개 있다고 할 수 있다. 그런데 한국의 방언은 제주도의 방언을 제외하고는, 중국의 북경어와 광동어의 차이만큼 커다란 차이를 보이지는 않는다. 영어로 표현하자면, 한국의 사투리는 '방언'(dialect)이라기보다는 '말씨(accent)의 차이'라고 해야 더 적절할 것이다. 아무튼 지방마다 약간씩 다른 사투리가 있지만 한국 사람들끼리 서로 의사 소통하는 데는 전혀 문제가 없고, 이는 한국의 산맥들이 지역 간의 교류를 방해할 정도로 그리 험하지 않다는 것을 의미한다.

역사학자들에 의하면, 7세기에 한반도에 첫 통일 국가인 신라가 세워졌지만, 13세기에 들어서야 한반도에 살던 사람들에게 한국인(당시의 고려인)이라는 동질성이 형성되었다고 한다. 계기가 된 역사적 사건은 몽골의 한반도 침입이었다. 당시 고려 왕조는 세계 최강국 몽골에 대항하기 위해 전 국민을 단결시킬 필요가 있었고, 30년이 넘는 오랜 기간 동안 저항하면서 고려인들 사이의 동질성은 매우 강하게 형성될 수 있었다. (이때 팔만대장경이 만들어졌고 단군신화도 널리 알려지게 되었다.)

고려가 망하고 세워진 조선도 강력한 중앙정부에 의해 다스려졌기 때문에, 한국인(조선인)이라는 강한 동질성은 조선 시대에도 그대로 유지될 수 있었다. 따라서 어떠한 표준어 정책도 시행되지 않았어도, 한국 사람들끼리는 소통하는 데 전혀 어려움이 없었다. 또한 다른 동아시아 국가들과 마찬가지로 별다른 종교적인 분쟁도 없었기 때문에, 한국에는 지방색이라고 할 만한 것이 거의 없었다고 할 수 있다. 이것이 아마도 한국의 일부 민족주의자들이 "한국인은 단일민족이다"[50]라고 즐겨 주장하는 이유의 근간일 것이다. 그런데 20세기 후반부터 뜻하지 않게 한국은 지역감정으로 심한 몸살을 겪고 있다.

전라도와 경상도 간의 지역감정이 신라와 백제 때부터 시작되었다고 말하는 이들도 간혹 있다. 물론 이것은 잘못된 의견이다. 앞서 언급했듯이, 한국의 산이나 강은 두 지역 간의 교류를 막을 만큼 험하거나 깊지 않았고 언어적인 장벽도 없었다. 단지 20세기에 들어서 정치인들이 자신들의 정치적인 이익을 위해 두 지역 간의 교류를 인위적으로 막았을 뿐이다. '오월동주'라는 고사성어로 유명한 중국의 오(吳)나라와 월(越)나라도 신라와 백제가 그랬

50) 이 책 3장의 '기마민족' 참조.

듯이 서로 죽기살기로 싸웠으나 그때뿐이었지 천 년이 지난 지금 두 지역 간에 어떤 감정이 남아 있다는 이야기는 들어본 적이 없다.

중국에는 경파(京派)니 해파(海派)니 하면서 베이징과 상하이가 서로 경쟁한다. 두 도시 간의 경쟁이 가능한 이유는 베이징이 수도이긴 해도 상하이가 경제 분야에선 좀더 앞서 있기 때문일 것이다. 중국의 베이징과 상하이 간의 경쟁 관계와 비슷한 것이 일본에도 있는데, 그것은 바로 도쿄를 중심으로 한 관동지방과 오사카(그리고 교토)를 중심으로 한 관서지방 간의 경쟁이다. 17세기 정치적 실권을 가진 막부(幕府) 정부가 교토에서 에도(江戶, 지금의 도쿄)로 옮기면서 두 지역 간의 경쟁 의식이 생겼다고 하니, 일면 한국의 영남과 호남의 관계와 비슷한 점이 있기는 하다. 그렇지만 지금은 일본의 제1, 제2 도시 간의 경제나 문화 부문의 건전한 경쟁처럼 보일 뿐이어서 한국인의 입장에서 보면 무척이나 부러울 따름이다.

일본에서도 명치유신 이후 정치적인 이유로 동북 지방이 한국의 호남처럼 한동안 차별을 받았었다고 한다. 그렇지만 한국의 영남과 호남 간의 적대 관계와는 달리, 일본을 정치, 사회적으로 매우 불안정하게 할 만큼 심각하지는 않았던 모양이다. 이제 한국의 정치인들이 공개적으로 지역감정을 자극하는 일은 없어졌다지만, 가끔씩 한국의 인터넷 사이트에서 벌어지는 댓글 전쟁을 보면 내 눈을 의심할 정도로 살벌하기까지 하다.

두 집단이 같은 언어나 문화를 공유하게 되면 당연히 동질성은 향상되겠지만, 그렇다고 서로 싸우지 않게 되는 것은 아니다. 대개의 경우 갈등은 이해관계에서 비롯되기 때문이다. 이웃 국가나 이웃 지방과는 사이가 좋지 않은 경우가 대부분인데, 이것도 서로 가까이 있다 보니 이해관계가 얽히기 때문이지, 서로 다르기 때문은 아니다. 결국 물리적인 경계가 중요한 것이 아니라 이해관계에 따라 그때그때 인위적으로 만들어지는 '심리적인 경계'가 문제인 것이다.

한국, 한국인의 인상

국가 브랜드

한국에 '국가브랜드위원회'라는 것이 만들어졌다. 이는 대부분의 아시아 국가들과 마찬가지로 한국이 경제력에 비해 저평가받고 있어서, 이를 해결하기 위함이라고 한다. 세계은행이 펴낸 보고서에 의하면, 무형자본이 자연자본이나 생산자본보다 국부 창출에 더 중요한 요소이며, 여기서 무형자본이란 문화와 법질서로 구성된다고 했다.[51] 즉, 한국을 포함한 아시아 국가들이 저평가받고 있는 이유는 바로 이 무형자본이 서구에 비해 아직 덜 개발되었기 때문이고, 좀더 나은 평가를 받기 위해서는 자국의 문화를 세계에 널리 알리고 또한 국민들이 법질서를 준수해야만 한다는 것이다.

국가브랜드의 현재 위치를 가장 잘 나타내는 지표 중의 하나가 바로 그 나라의 관광산업일 것이다. 뉴욕타임스에 의해 베스트셀러로 선정된 《죽기 전에 가 봐야 할 1,000곳》이란 책이 있다.[52]

---

51) 서울신문 2009년 7월 24일자 논설에서 재인용.

52) Patricia Schultz, *1,000 Places to See Before You Die*, Workman(2003).

1,000 곳 중 아시아 지역에는 약 100여 곳이 추천되어 있다. 중국의 경우, 만리장성, 시안[西安]의 병마용(兵馬俑), 자금성 등의 역사 유적, 구이린(桂林), 항조우(杭洲) 등 경관이 아름다운 곳, 그리고 베이징의 전통 오리구이 음식점 등 모두 17곳이 선정되어 있다(그중 3곳은 홍콩에 있다). 그리고 일본의 경우는, 교토, 후지산, 삿포로시의 눈축제, 요시노(吉野) 국립공원에서의 벚꽃놀이 등 8곳이 선정되어 있다. 그런데 어찌된 일인지 한국은 한 곳도 추천대상 목록에서 찾아볼 수 없다. 여러 가지로 한국과 비슷한 점이 많은 대만도 어느 한 곳도 추천받지 못했다. (물론 나는 이 결과에 동의하지 않는다.) 이런 결과가 나온 이유는 아마도 한국이나 대만이 일본이나 중국과 차별화하기가 쉽지 않았기 때문일 것이다.

중국과 일본이라는 두 문화대국 사이에 끼여 있는 한국을 미국인들은 별로 방문하고 싶어하지 않을 수도 있겠지만, 그래도 한국은 ('법질서' 쪽과는 달리) '문화' 쪽은 나름의 성과를 나타내고 있다. 특히 지난 십여 년 동안은 한류의 덕을 톡톡히 보았다. 요즘도 한국은 민관의 구분 없이 문화상품 개발에 안간힘을 쏟고 있다. 얼마 전 한국학중앙연구원이 한국의 문화를 상징하는 대표적인 21가지를 발표한 바 있다.[53] 21가지 중 지역이나 장소로는 서울, 경주, 제주도, 평양, 비무장지대, 금강산, 백두산, 그리고 음식과 관련해서는 김치, 비빔밥, 불고기, 고려인삼 등이 선정되었다. 또한 기록문화유산인 훈민정음, 조선왕조실록, 팔만대장경과 한옥과 한복, 그리고 아리랑, 판소리, 굿, 태권도, 효 등도 선정되었다. 이 21가지

53) 동아일보, "DMZ, 김치, 아리랑…한국 상징물 21가지", 2009년 12월 16일자.

는 한국인이 생각하는 한국 문화를 대표할 만한 것들이라 하겠다. 그렇다면 외국인이 생각하는 한국을 상징하는 것들은 무엇일까?

과거에는 외국인 특히 서구인은 한국이라고 하면 '한국전쟁', '시위', '개고기' 등 대부분 매우 부정적인 것들을 떠올렸다. 지금은 외국인이 갖는 한국 문화에 대한 인식이 매우 개선되었는데, 한국이 세계에 한국 문화를 제대로 알릴 수 있었던 결정적인 계기는 1988년 서울올림픽이었다. "가장 한국적인 것이 가장 세계적인 것"이라는 말이 당시 널리 회자되었을 정도로, 한국은 전 세계인들에게 '가장 한국적인 것'을 보여 주려고 애를 썼다. 태권도, 김치 등이 한국을 대표하는 상징으로 떠오르는 등 올림픽을 통해서 세계인들의 한국에 대한 인상은 상당히 개선되었다.(이것은 일본이나 중국의 경우도 마찬가지이다. 이런 이유로 3국 모두가 올림픽을 개최하려고 애를 썼을 것이다.) 요즘은 삼성, 엘지 등 한국 기업체의 활약과 한류의 인기에 힘입어 첨단 전자제품과 텔레비전 드라마도 한국을 상징하는 아이콘이 되었다.

일전에 중국 CCTV를 통해 방영된 〈이소룡전기〉라는 드라마에서 이소룡이 미국인들에게 중국 무술의 우수성을 알리려고 노력하는 장면을 보았다. 당시 서구인들은 아시아에서 온 것이라면 무엇이든지 일본산인줄 알고 있었는데, 일본보다 근대화에 한 발 늦었던 탓에 이소룡을 포함한 많은 중국인들이 억울한 일을 당한 셈이다. 개방화 이후 놀라운 경제발전을 이룬 중국도 자신들이 유구한 역사와 찬란한 문화전통을 가진 문화대국임을 보여 주려고 많은 노력을 하고 있다. 2008년 올림픽 개막식이 증명했듯이, 중국

홍콩의 서점에서 구할 수 있는 한국 관련 서적들. 한류 이후 홍콩인(또한 중국인)들의 한국과 한국문화에 대한 관심이 매우 커졌다. 참고로 왼쪽의 책 〈서울에 미치다〉를 쓴 저자는 대만인이다. 음식이나 관광 이외에도 한국 여성들의 미용이나 화장 등을 소개하는 책들이 많이 팔리고 있다.

의 찬란한 문화유산은 중국과 중국인의 인상을 좋게 하는 데 큰 역할을 할 것임에 틀림없다.

한편, 아시아에서 가장 앞서 갔던 일본도 그리 순탄하지만은 않은 과정을 거쳐 오늘에 이르렀다고 할 수 있다. 1960, 70년대 일취월장하던 일본의 경제발전을 시기한 서구인들은 일본인을 '경제동물'이니 하면서 비하했다. 지금은 서구인을 비롯한 전 세계인들이 일본산이라고 하면 무엇이든 호감을 갖게 되었고, 문화상품은 이미 일본의 주요 수출품이 되었다. 이런 변화에는 "일본인은 친절하고 예의 바르다"는 인상과 그들이 만들어 낸 독특한 문화가 일정 부분 역할을 했다.

정이 많은 한국인

지난 십여 년간 나는 홍콩의 대학에서 학생들을 가르치면서, 학기 첫 시간에는 학생들에게 한국에 대해 얼마나 알고 있는지를 묻는 여러 가지 설문을 해 왔다. 이런 설문조사를 통하여 홍콩인이 갖는 한국에 대한 인상이 한류 덕분에 많이 개선되었음을 확인할 수 있었다.[54] 그런데 지난 십여 년 전과 비교해도 전혀 바뀌지 않는 한국인에 대한 인상이 있는데, 그것은 바로 "한국인은 근면하고 단결을 잘 한다"는 것이다.

근면과 단결은 둘 다 대표적인 유교의 유산이라고 할 수 있고, 실제로 서구인들이 동아시아인들에게서 받는 대표적인 인상이기도 하다. 같은 아시아인인 홍콩인들이 한국인을 보고 이런 인상을 갖고 있으니 참으로 흥미롭다. 더욱 흥미로운 사실은 한국 사람들이, "열심히 일만 한다"는 평가에는 동의할지 몰라도 "단결을 잘 한다"— 또한 더 나아가서는 민족주의적 성향이 매우 강하다—는 말에는 고개를 갸우뚱하며 "우리가 정말 그런가?" 하고 놀란다는 것이다. 한국인들에게 스스로를 평가하라고 한다면 아마도 십중팔구는 "한국인은 정이 많은 사람들"이라고 대답할 것이다.

요즘 한국 젊은이들 사이의 유행어 중 "쿨(cool)하다"는 말이 있다. 이 영어 단어는 원래 뜻인 '차갑다'보다도 '멋있다'라는 의미로 더 많이 쓰이고 있다. 이제 한국에서도 '냉정한' 것이 곧 '멋있

---

54) 金惠媛, "从韩国学发展过程看到的香港对韩国觀的变化", 韓中言語文化硏究, 21: 395-409 (2009).

는' 것으로 받아들이기 시작했다. 뒤집어서 이야기하자면, "냉정하면서 멋있다"는 의미를 가진 한국식 표현이 아직 없기 때문에 '쿨'이라는 영어 단어를 빌려 써야 할 정도로 한국인은 '냉정한 것'과 '멋있는 것'을 동일시한 적이 과거에는 없었다는 것이다.

길거리에서 마주치는 한국 사람들은 무척이나 무뚝뚝해 보이지만, 한번 만나 서로를 알게 되면 얼마 지나지 않아서도 금방 친해지는 것이 한국인들이다. 그리고 친해지고 나면 바로 너와 나의 구분이 없어지고 '우리'라고 말하기 시작한다. 이렇게 '나'보다는 '우리'를 우선하는 한국인들이 (자신들은 이를 느끼지는 못하지만) 단결 잘하고 민족주의적 성향을 보이는 것은 당연한 일이다. 그리고 친한 사람들끼리는 같이 어울리고 '인지상정'이라고 하여 마치 자신의 일처럼 서로 돕기를 주저하지 않는다. 이러한 온정이 때로는 공사 구분을 흐리게 하고, 불법을 보고도 "죄는 미워해도 사람은 미워하지 말라"라며 오히려 동정하기도 한다. 이런 상황을 너무나 잘 알고 있는 한국인들은 스스로를 "정이 너무 많다"라고 이야기한다.

낯선 한국에 와서 살게 된 외국인들 중 어떤 이들은 한국인들이 다정다감하여 힘든 객지생활을 잊게 해 준다고 고마워하기도 하고, 반면 다른 이들은 사생활이나 비밀이 허용되지 않는 듯 아주 사소한 것까지도 참견하는 너무 정이 많은 한국인들 때문에 피곤하다고 말하기도 한다. 이런 점에서 보면 한국인들은, 내가 경험했고 경험하고 있는 '쿨한' 싱가포르인이나 홍콩인들과는 좀 다르다고 할 수 있다. 한국인들의 이런 성격은 중국 북방인들과 비슷하다고 하는데, 나의 관찰로는 "개인주의나 자본주의 등 서구식 사고방식에 얼마나 익숙한가"의 여부에 따라 많은 영향을 받는 것 같다. 아마도 이런 점 때문에 '국가 브랜드'라는 서구식 잣대로 측정하면 아시아 국가들이 저평가되는 측면이 없지 않을 것이다. 국가 브랜드라는 것이 "남에게 어떻게 보여지느냐"하는 것이지만, 이러한 노력은 결국 더 나은 사회를 만들기 위해서도 꼭 필요한 것임에는 틀림이 없다.

백범 김구 선생은 〈나의 소원〉이라는 글에서, "한국이 부강한 나라보다는 높은 문화의 힘이 있는 나라가 되기를 바란다"고 말씀하셨다. 그리고 돈과 군사력보다 문화가 더 중요한 이유를 그는 "문화의 힘은 자신을 행복하게 하고 나아가서 남에게도 행복을 줄 수 있기 때문"이라고 하셨다. 문화를 가지고 우열을 가리고 국가경쟁력을 결정하는 숨막히는 작금의 현실에서는 너무도 낭만적으로 들릴 수도 있겠지만, 그의 소원처럼 정이 많은 한국인의 문화와 쿨한 홍콩인의 문화가 서로 행복을 줄 수 있었으면 좋겠다.

에필로그

이 책 제목을 무엇으로 할까 고민하던 중 나의 머리 속을 계속 맴돌았던 책이 한 권 있는데, 그것은 바로《국화와 칼》이라는 책이다.

《국화와 칼》은 60여 년 전 미국의 인류학자 루스 베네딕트가 쓴 일본 문화에 관한 명저이다. 오랜 세월이 지난 지금도 그 책을 읽다 보면, 일본을 한 번도 가 본 적 없이 그 정도 수준의 책을 쓸 수 있었던 그녀의 남다른 통찰력에 놀라지 않을 수 없고, 일본 사람들의 다층적인 성향을 '국화와 칼'이라는 두 개의 상반된 상징으로 명쾌하게 묘사한 것에 또한 감탄하지 않을 수 없다. 만약 (이미 고인이 된) 그녀가, 아니면 다른 외국인 누구라도, 한국인과 한국 문화에 관한《국화와 칼》과 같은 책을 쓴다면 그 책 제목은 무엇이 될지 자못 궁금하다.

《국화와 칼》에 묘사되어 있는 일본 사회의 모습 중에는 한국에도 딱 들어맞는 부분들이 적잖이 있는데, 이는 서양인의 시각에서 보면 일본인이나 한국인 모두가 개인주의보다는 집단주의적 성향이 훨씬 더 강하기 때문이다. 내가 이 책의 본문에서 가장 많이 사용한 표현도 바로 "한국인은 단체(집단)의식이 강하기 때문에, 이렇게 저렇게 한다"이기도 하다. 또한 본문에서도 소개된 중국 학자 이중텐 교수도 중국 문화를 '강한 단체의식'으로 요약하고 있는데, 이런 점에서 보면 한·중·일의 문화는 그 밑바탕이 꽤나 서로 비슷하다고 할 수 있다. 그런데 재미있는 사실은, 서양인은 물론이고 이웃 중국인이나 일본인이 보기에도 한국인의 단체의식은 그들 자신보다도 훨씬 더 강하다는 것이다.

역동성이 있는 한국 사회와 다정다감한 한국인에게 호감을 가지게 된 외국인이 이제는 많이 늘어났다. 그리고 그들에게 매력적으로도 보이는 이런 한국 문화의 기저에는 한국인의 남달리 강한 단체의식이 깔려 있다. 강한 단체의식은 각 개인의 개성을 조금씩 희생하고, 그 대가로 얻을 수 있는 공동의 이익이 훨씬 더 클 때 환한 빛을 발한다. 그러나 각 개인이 감당하기 어려울 정도의 과도한 희생이 요구된다면, 그 사회는 결코 건전하다고 할 수 없고, 그 문화는 결코 매력적이라고도 할 수 없다.

지금 한국 사회가 겪고 있는 많은 문제들은, 유교식 전통에서 다져진 강한 단체의식과 자본주의식 경쟁체제와의 불편한 공존에서 비롯된다고 나는 생각한다. 본문의 여러 곳에서 이미 언급했듯이, "남이 하면 나도 해야 된다"고 믿고 있는 한국인들을 지나친 경쟁으로 몰아 세우면 그 경쟁은 더욱 심화될 뿐이다. 단체의식(일체감)이 강한 사회에서는, 구성원 간의 경쟁이 별로 심각하지 않을 때에만 비로소 남을 배려하는 꽤나 이타적인 사회가 될 수 있다. 그러나 반대로 구성원 간의 경쟁이 심해지면, 집단에서 낙오하지 않기 위해 물불을 가리지 않게 되고, 결국 개인주의적 사회보다 오히려 훨씬 더 이기적이 될 수 있다. 다시 말하자면, 한국인의 강한 단체의식과 자본주의가 요구하는 무한 경쟁체제는 서로 맞지 않는다는 것이고, 여기서 비롯되는 부작용이 크다는 것이다.

누군가가 나에게 현재 한국 사회의 가장 큰 문제점이 무엇이냐고 물어본다면, 나는 '높은 자살률'이라고 대답할 것이다. 나의 학창 시절, 당시 북유럽 국가의 자살률이 매우 높다는 것이 화제가 된 적이 있었다. 북유럽인의 자살률이 높았던 이유는 (물질적으로 너무 풍요롭다 보니) 일상이 너무 따분하고 무료해서 우울증에 걸리기 때문이라고 한다. 이는 당시 '경제발전이다, 민주화다' 하며 정신없이 바쁘기만 했던 한국인에게는 너무도 배부른 소리로 들렸다. 그리고 몇십 년이 흐른 지금은 한국의 자살률이 북유럽 국가들을 모두 제치고 세계 최고가 되었다. 과거에 비해 한국인의 삶은 물질적으로 풍요로워졌지만 한국인들은 여전히 바쁘고 이것저것 신경 써야 할 것들이 너무 많아 피곤할 뿐이며, 여전히 무료할 틈이라곤 하나도 없다. 그런데도 한국의 자살률이 이렇게 높아진 것은 도대체 어찌된 영문이란 말인가?

이 책의 부록으로 소개한 〈나의 홍콩〉은 2009년에 썼던 글인데, 이 글에서도 언급했듯이 내가 홍콩에 살면서 놀라워했던 사실 중 하나는 바로 홍콩의 자살률이 한국보다도 낮다는 것이다. 홍콩은 한국보다 사회보장제도가 엉망이고 빈부의 격차가 훨씬 더 심한 완전 시장경쟁체제의 사회이다. 그런데도 훨씬 더 많은 한국의 젊은이들이 자신의 삶을 포기하고 있다면, 이는 한국인 스스로가 역동성이 있다고 자부하는 한국 문화 그 이면에 뭔가가 잘못되어 있다는 것을 의미한다. 한국 사회에 만연하고 있는 과도한 단체의식과 어린 학생의 자살을 각각 상징하는 '노스페이스 패딩'과 '아파트 옥상'을 빗대어 〈패딩과 옥상〉이라는 제목으로 누군가가 책을 출판할지도 모를 일이다. 그렇게 되기 전에 부디 좀 덜 피곤한 한국 사회가 만들어지기를 간절히 바랄 뿐이다.

'허영'(虛榮)이란 말은 '헛된 영예'라는 의미인데 우리는 자신의 분수를 모르고 흥청망청하거나 쓸데 없는 곳에 돈이나 정력을 낭비하는 사람들을 보고 "허영심이 많다"고 한다. 그러면 빚을 내서라도 명품 옷이나 가방을 사는 한국 사람들은 과연 허영심이 많은 것인가? 나는 아닐 수 있다고 생각한다. 허영심이란 넓은 의미에서는 '남에게 잘 보이고자 하는 마음'이라고 할 수 있지만, 엄밀하게 따지면 허영이란 '실익이 없는 자기만족'이다. 그런데 남의 시선을 의식하느라 어쩔 수 없이 '없어도 있는 척'하는 행동에는, 자신이 속한 집단에서 따돌림 당하지 않으려는 일종의 '방어적인 측면'이 다분히 있다. 따라서 이런 경우는 자기만족을 위한 허영과는 다소 거리가 있다고 나는 생각한다. 그리고 이런 나의 견해가 옳다면, 남의 이목 때문에 할 수 없이 하게 되는 과소비는 단순히 그 개인의 잘못이기보다는, 그 사회의 문화적 특성 때문에 발생하게 되는, 좀더 구조적인 문제로 보아야 할 것이다.

이런 의미에서 나는 내가 쓴 이 책을 읽을 한국의 젊은이들에게 "남의 시선을 의식하지 말고 자신만의 헛된 꿈, 즉 '허영심'을 좀

더 가져 보라"고 말해 주고 싶다. 모두가 다 똑같은 목표로 인생을 살 필요가 없다는 것을 깨닫게 된다면, 사회가 좀더 다양해지고, 그러다 보면 불필요한 경쟁도 조금은 완화되고, 지금보다는 좀더 매력적인 문화를 만들 수 있지 않겠는가. 과거 역사를 돌이켜 보면 어느 국가라도 그 당시의 '그런 허영심'이 없었다면 우리가 지금 매력적이라고 부를 만한 문화는 결코 만들어지지 못했을 것이다.

부록

중국 영화 읽기

서유기

영화를 통한 문화의 이해

감상자에게 감동을 줄 수 있다는 점에서 영화는 그 자체로 훌륭한 예술의 한 장르이다. 나는 물론 감동받기 위해서 영화를 보지만, 때로는 그냥 재미로 보는 영화도 있고, 책 읽기 대신 보는 영화도 있다. 또한 나는 어떤 나라의 문화와 사회를 이해하기 위해서 그 나라의 영화를 보기도 한다. 아니 좀더 정확히 표현하자면, 영화를 보고 나서 그 나라의 문화와 사회를 더 잘 이해하게 된 경우가 많이 있다. 아무리 허구의 이야기를 바탕으로 영화를 만들지라도 영화에는 그 나라의 문화와 사회의 모습이 담겨져 있게 마련이고, 외국인에게 이는 훌륭한 시청각 교재가 될 수 있다.

나는 지난 십여 년간 홍콩의 대학에서 학생들을 가르쳐 왔는데, 한국 영화는 한국의 문화 및 사회를 이해하고자 하는 학생들에게 좋은 교재였다. 마찬가지로 중국과 홍콩의 문화를 이해하기 위해 나도 중국어권에서 만들어진 영화를 열심히 보고 있다. 그러다 문득 외국인인 나의 눈에 비친 중국과 홍콩의 모습을 거꾸로 이곳 홍콩인들에게 이야기해 주고 싶었다. 중국인과 홍콩인들에게는 너무도 당연하여 그냥 흘려 보내는 것들을 오히려 내가 발견할 수 있지 않을까 하는 생각이 들었기 때문이다. 이러한 나의 시도가 중국(그리고 홍콩) 문화와 한국 문화를 서로 비교하고 이해하는 데 조금이나마 도움이 되었으면 한다.

로드무비

영화의 한 장르에 '로드무비'(Road Movie)라는 것이 있다. 이런 영화에서는 주인공이 어떤 이유로 길을 떠나게 되고, 목적지로 가는 도중 주인공은 여러 가지 경험을 하게 된다. 그리고 이런 경험이 주인공을 성숙시키고, 결국 목적지에 도달할 즈음, 더 성숙해진 주인공은 이전에 가지고 있던 그의 아픔이나 갈등을 해결할 수 있게 된다. 전문가들은 이런 내용의 로드무비는 그리스의 고전《오디세이아》에서 그 원형을 찾을 수 있다고 한다.

《오디세이아》에서 주인공 오디세우스 장군은 트로이와의 전쟁을 끝내고 고향 그리스로 돌아가려고 하는데 신들의 질투와 노여움으로 뜻하지 않게 여러 모험과 시련을 겪게 된다. 그러나 주인공은 자신의 기지와 용기로 결국 고향으로 돌아가 사랑하는 아내와 다시 만난다. 이러한《오디세이아》의 서사구조는 서양에서 만들어진 대부분의 로드무비에서 찾아볼 수 있다. 그중 대표적 영화라고 한다면 1988년에 만들어진 〈레인맨〉을 들 수 있다. 이 영화에서 주인공은 자폐증이 있는 형과 함께 미국 대륙을 자동차로 가로지르는 여행을 하며 여러 모험을 하게 되고, 다시 일상으로 돌아온 주인공은 예전에 비해 훨씬 더 성숙해진다.

그런데 여행을 통해 한 개인이 성장한다는 이런 식의 영화나 이야기는 동양식 사고방식으로는 너무도 '개인적'이다. 일상에서 벗어나 먼 길을 떠나게 되면 자기 자신을 성찰할 수 있는 더욱 좋은 기회를 갖게 된다. 또한 낯선 곳을 여행하면서 얻은 새로운 경험은 자아를 실현할 수 있는 훌륭한 자양분이 될 수도 있다. 그러나 여행에서 경험하는 모험을 통해 '겨우' 한 개인이 성장한다는 이런 식의 설정은 다분히 현대적이고 서구적인 것으로 한국인에게는 왠지 낯설게 느껴질 수도 있다. 그러면 동양식 로드무비의 원형은 어디서 찾을 수 있을까? 당연히 중국의 고전《서유기》가 동양식 로드무비의 원형이라 해야 할 것이다.

동양의 《서유기》는 서양의 《오디세이아》와는 어떻게 다른 서사구조를 갖고 있는가? 《서유기》의 주인공 손오공도 여행을 떠난다. 구름을 탈 수 있는 손오공에게 서역으로의 여행쯤은 그냥 유람(서유기의 '유'는 '유람하다'는 의미이다) 정도의 쉬운 일이다. 그러나 그에게는 완수해야 할 임무(삼장법사를 수행하여 불경을 가져오는 일)가 있었다. 말썽쟁이 손오공도 이 여행을 마친 후 더욱 성숙해지기는 한다. 그러나 손오공이 성숙해진 이유는 그가 자아를 발견하고 그것을 실현했기 때문이 아니었다. 손오공의 임무는 표면적으로는 삼장법사를 호위하는 것이었지만, 실제로는 여행 중에 만나는 어려움에 처해 있는 불쌍한 사람들을 돕는 것이었다. 이러한 선행을 통해 손오공은 성숙해졌고 결국 깨달음(손오공의 '오'는 '깨닫다'는 의미이다)을 얻었다.

오디세우스 장군의 여행은 그 자신과 그의 가족에게 중요했다. 그러나 손오공의 여행은 그 자신을 포함한 그 사회의 다른 이들에게도 중요했다. 그가 삼장법사를 도와 서역으로부터 가져온 불경이 많은 중생을 구원할 수 있었지만, 손오공은 그 자신도 투전승불(鬪戰勝佛)이 되어 계속해서 중생을 도울 수 있게 되었다. 다시 말하자면, 손오공의 여행은 손오공의 개인적인 것이 아니라 사회(또는 그 사회가 지키고자 하는 '가치')를 위한 것이었다.

도적이 없는 세상

〈천하무적〉(天下無賊)이란 영화가 있다. 2004년 펑샤오강[馮小剛] 감독에 의해 만들어진 이 영화는 어쩐 일인지 최근에야 한국에서 개봉되었고, 나도 얼마 전에야 보았다. 그리고 나는 당연히 이 영화를 보면서 《오디세이아》가 아닌 《서유기》의 서사구조를 볼 수 있었다. 이 영화의 남녀 주인공 왕보[王薄]와 왕리[王麗]는 부부 소매치기단이다. 우연히 만난 시골청년 샤아껀(傻根, '순진하고 바보스럽다'는 의미로 붙여진 이름으로 보인다)과 같이 기차여행을 하게 된다. 이 시골청년은 "세상에는 도적이 없다"고 믿는 아주 순박한 사람이고, 그는 몇 년간 열심히 일하여 번 돈을 몸에 지니고 여행에 나섰다. 주인공 왕보와 왕리는 처음에는 샤아껀의 돈을 훔치려 했지만, 나중엔 오히려 둔갑술이 뛰어난 전설적인 도적 리슈[黎叔]로부터 샤아껀을 보호하기 위해 애쓰고, 결국 왕보는 목숨까지 잃는다.

왜 왕보와 왕리는 세상에 도적이 없다고 믿는 이 순진한 청년 샤아껀을 지켜야 했는가? 나는 2001년에 만들어진 〈북경 자전거〉(十

七歲的單車)라는 영화에서 그 이유를 찾을 수 있었다. 이 영화에서 17세의 농민공 청년은 그가 베이징에서 살아갈 수 있는 유일한 수단이었던 자전거를 도둑맞는다. 영화의 마지막에 그 청년은 자전거를 되찾지만 그의 자전거는 이미 못 쓸 정도로 망가져 버리고 난 후였다. 이 영화에서 누가 그의 자전거를 훔쳐 갔는지는 중요하지 않았다. 중요한 것은, 그가 자전거를 잃었듯이 중국(베이징)은 소중한 무엇인가를 잃어버렸고 예전과 달리 각박한 사회가 되어 버렸다는 사실이다.

급격한 경제성장의 후유증으로 지역 간 계층 간 격차가 현재 중국의 주요 사회문제로 대두되고 있다. 그런데 이러한 사회적 문제를 해소하기 위해서 중국 정부는 그들의 전통적인 가치에서 그 해결책을 찾으려는 듯 '조화로운 사회(和諧社會)'라는 유교사상을 정부 주요 시책으로 정했다. 이런 의미에서 〈천하무적〉이란 영화는 다분히 〈북경 자전거〉라는 영화에 대한 마샤오강 감독의 대답처럼 보인다. 왕보와 왕리는 티벳 라사[拉薩]에서 베이징까지 기차여행을 한다. 그렇다. 바로 17세 농민공 청년이 그의 자전거를 잃어 버렸던 베이징이 목적지이고, 불교의 성지라 할 수 있는 (수많은 순례자들이 고행하며 찾아가는) 라사가 그 출발점이다. 손오공이 삼장법사를 도와 불경을 서역에서 중국으로 가져왔듯이, 왕보는 순수한 청년 샤아껀(그리고 그의 돈)을 라사에서 베이징까지 호위한다. 그렇다면 왕보가 자신의 목숨까지 걸고 지키려고 했던 '샤아껀'이 상징하는 것은 무엇인가? 그것은 아마도 "사람과 사회에 대한 믿음"이라는 중국의 전통적 가치일 것이다.

손오공

원래 요괴였던 손오공이 삼장법사를 노리는 다른 요괴들과 싸웠듯이 도둑인 왕보는 샤아껀을 지키기 위해 다른 도적들과 싸운다. 이는 자기 자신과의 싸움을 통한 수행(修行)을 의미한다. 경찰이 아닌 도적 왕보가 샤아껀을 지킨다는 것은 두 가지 점에서 중요하다. 첫째는 현재의 도적들은 가해자이지만 동시에 사회환경 변화에 따른 피해자일 수도 있으며, 둘째는 도적을 잡는 것만으로 '도적이 없는 세상'이 만들어지지는 않기 때문이다. 손오공이 서역으로 가는 여행에서 그랬듯이 왕보도 처음에는 자신의 진정한 임무가 무엇인지 몰랐다. 그러다 왕보는 왕리가 자신의 2세를 임신한 사실을 알게 되고, 태어날 아이(그리고 그의 미래)를 위해 샤아껀을 자신의 목숨을 걸고 지킨다. 이렇듯 왕보의 수행은 자신을 위한 것이 아닌, 다음 세대에게 더 나은 사회를 만들어 주기 위한 것이라고 할 수 있다.

마침내 샤아껀은 무사히 베이징에 도착하고 나쁜 도적들은 모두 잡힌다. 그러나 왕보를 잃은 왕리는 기뻐할 수가 없다. 또한 베이징까지 샤아껀(중국의 전통적 가치)을 데리고는 왔지만 아직은 아무것도 변한 것이 없다. 왕보의 희생으로 도둑들은 잡혔지만 이것만으로는 '조화로운 사회'가 하루 아침에 만들어지지는 않는다. 이제부터가 시작인 것이다. 영화의 마지막 장면이다. 베이징의 어느 식당에서 그녀는 눈물을 흘리면서도 꾸역꾸역 음식을 계속 먹는다. 출산을 앞둔 그녀는, 사랑하는 연인을 잃어 슬퍼하고 있지만, 태어날 아이를 위해 억지로라도 음식을 계속 먹는다. 미래는 지금과는 달리 좀더 희망적일 것이라고 그녀는 믿고 싶기 때문이리라.

손오공이 구름을 타고 여의봉으로 요괴와 싸우는 《서유기》는 중국 고전 중에서 어찌 보면 가장 황당한 이야기이다. 그래서인지 《서유기》는 아이들을 위한 동화라는 편견이 있고, 실제로 수많은 만화로 각색되었을 정도로 아이들이 가장 좋아하는 중국의 고전이다. 우리는 어른이 되면 중국의 또 다른 고전 《삼국지》를 읽고 열광하는데, 왜냐하면 《삼국지》로부터 세상을 살아가기 즉, 처세를 배울 수 있기 때문이다. 그런데 혼란한 현대사회를 살아가는 우리들이 진정으로 알아야 할 것은 "어떻게 처세해야 하는지"가 아니라 "무엇을 위해 살아가야 하는지"가 아닐까? 그리고 그것을 우리 어른들은 〈서유기〉를 통해서 배울 수 있지는 않을까?

개방화 이후 중국은 급격한 사회환경 변화를 겪고 있다. 그리고 이에 따라 적지 않은 사람들이 아픔을 안고 살아 가고 있다. 이런 상황에서 중국의 영화감독이나 작가들은 얼마나 많은 이야기를 하고 싶겠는가! 찬란한 역사와 문화전통을 자랑하는 중국이 지금의 이런 성장통을 어떻게 이겨내고 있는지가 바로 현재 나를 포함한 많은 사람들이 중국 영화에 주목하는 이유 중 하나일 것이다.

한국의 국토는 중국의 백분의 일 정도에 불과하다. 기차를 타면 어디든 한나절이면 갈 수 있다. 또한 한국은 삼면이 바다이고 나머지 한쪽은 북한으로 가로 막혀 있다. 거기에 비해 중국은 광활하기 그지 없다. 그 광활한 중국 대륙을 여행하는 또 다른 현대의 손오공 이야기를 계속 보고 싶다. 만약 손오공이 이곳 홍콩에서 출발하는 기차를 타고 광조우와 상하이를 거쳐 베이징까지 여행한다면, 그가 여행 중 무엇을 경험하게 될지, 그리고 그가 베이징까지 소중히 가져가는 것은 과연 무엇일지를 보고 싶다.

홍콩식 사랑이야기

1990년대의 사랑이야기

혹시 〈내 사랑 스잔나〉라는 영화를 기억하는지? 1976년에 한국에서 개봉되어 폭발적인 인기를 끌었던 영화이다. 이 영화는 한국-홍콩 간의 합작 형태로 만들어졌지만, 한국인에게는 홍콩 영화라고 기억되고 있다. 여주인공이 불치병으로 죽는 마지막 장면으로 당시 중학생이었던 나의 어린 마음을 흔들어 놓았던 이 영화가 내가 본 첫 번째 홍콩산 영화이자, 첫 번째 홍콩산 애정영화였다. 이 영화 이후 성룡이나 주윤발이 나오는 무협영화나 갱영화가 아닌 홍콩산 애정영화가 다시 한국에서 흥행하려면 한참을 기다려야 했다.

독특했던 왕가위(王家衛) 감독의 영화들을 제외한다면, 한국인에게 홍콩식 사랑이야기를 감동적으로 전했던 영화로는 1996년의 〈첨밀밀〉과 1999년의 〈유리의 성〉(Try To Remember)을 들 수 있다. 이 두 영화는 모두 사랑하는 연인들 간의 이별과 재회에 관한, 비교적 호흡이 긴 사랑을 이야기하고 있다. 〈첨밀밀〉에서 두 주인공은 모두 중국에서 홍콩으로 이주해 온 이민자들이었고, 〈유리의 성〉의 두 주인공은 같은 대학교에서 공부하던 학교 친구였다. 각각의 영화에서 '비슷한 배경'을 가진 이 두 쌍의 남녀 주인공들은 젊은 날 서로 사랑을 한다. 그러나 주변 사정에 의해 서로 엇갈리며 헤어지게 되고, 오랜 시간 후 다시 재회한다.

대부분의 사랑을 주제로 한 영화에서는, 사랑하는 두 연인은 둘

사이의 오해로 말미암아 헤어지게 되고, 영화의 결말에 가서야 오해를 풀고 다시 재회한다. 그러나 〈첨밀밀〉과 〈유리의 성〉에서는 이런 '오해에 따른 이별과 이해를 통한 재회'의 공식을 따르지 않는다. 〈첨밀밀〉의 여자 주인공은 자신이 어려울 때 도와 주었던 또 다른 남자의 곁을 지키기 위해 진정으로 사랑하는 연인에게 가지 못하는데, 남자 주인공은 그러한 그녀를 이해한다. 아마도 그 둘은 '비슷한 배경'을 가졌기에 오해하지 않고 서로를 이해했고, 그래서 역설적으로 헤어지게 되었다. 한편, 〈유리의 성〉에서 남자 주인공은 연인을 홍콩에 남겨둔 채 프랑스로 홀로 유학을 떠나야 했는데, 이런 상황 때문에 힘들어 하고 그녀를 위해 연락을 끊었다. 이런 그를 그녀는 또한 이해했고 둘은 결국 헤어지게 되었다. 이것 또한 '오해'는 없고 '이해'만 있는 이별이다. 이런 식의 이별은 불가항력이 아닌 듯하여 (주권 이양을 전후로 한 당시의 홍콩 사회를 이해하지 않고는) 어쩌면 공감하기 어렵지만, 영화 속 남자주인공의 우유부단한 모습이 그들의 이별을 설명해 주는 듯했다. 우연히도 두 영화 모두 여명(黎明)이 남자주인공을 연기했는데, 영화 속 그의 자신감 없는 표정이 사랑에 대해선 지나치게 소심한 당시의 홍콩 남자들을 대변하는 것처럼 보였다.

사랑했던 연인과 헤어졌어도 그(또는 그녀)와 계속 연결해 주는 것은 '함께 했던 추억'이다. 〈첨밀밀〉과 〈유리의 성〉에서 헤어진 두 쌍의 연인들은 서로를 계속 그리워하지만, 그들은 재회를 위한 별다른 노력을 하지는 않는다. 그들의 재회는 어쩌면 그냥 우연히 만들어진 (아니라면, 운명적인) 것처럼 보인다. 〈첨밀밀〉에서 남자주인공은 그의 연인이 자신이 살고 있는 뉴욕시의 어딘가에 와 있다는 사실을 깨닫고, 마침내 자전거를 타고 시내 구석구석을 찾아 헤맨다. 그러나 그 둘을 재회하게 만들어 준 것은 덩리쥔[鄧麗君]의 사망소식을 알리는 길거리의 텔레비전이었다. 즉, 그 둘을 한자리에 있게 해 준 것은 그들이 공유했던 덩리쥔의 노래에 대한 추억이었다. 한편, 〈유리의 성〉의 영어 제목이 'Try To Remember'인 것처럼 그 둘은 자신들의 학창 시절 추억을 잊지 않고 기억하고 있었기에 오랜 이별 후에도 재회할 수 있었다.

이 두 영화에서 연인들의 재회는 그 시점과 공간에 있어서 묘한 대조를 이룬다. 홍콩의 주권 이양 직전에 만들어진 〈첨밀밀〉에서는 두 주인공이 홍콩을 떠나 미국에서 재회하고, 주권 이양 직후에 만들어진 〈유리의 성〉에서는 미국에서 살던 남자주인공이 홍콩으로 다시 돌아와 중국어(광동어가 아닌 북경어)를 가르치는 한 어학원에서 홍콩에 남겨졌던 그녀와 재회한다. 홍콩의 주권 이양은 홍콩인들에게 심리적으로 많은 충격을 주었다. 이 두 영화가 보여주는 "상황에 순응하느라 사랑하는 연인과 어쩔 수 없이 이별하지만 언젠가는 추억을 함께 했던 사람과 재회한다"는 서술 구조는 당시의 사회상을 반영하고 있어 당시 홍콩인들에게 많은 공감을 주었다.

2000년대의 홍콩식 사랑이야기

그렇다면 홍콩 반환 이후 십여 년이 지난 오늘 홍콩식 사랑은 어떻게 변했을까? 이런 생각을 하면서 2009년 초 개봉되었던 〈유룡희봉〉(游龍戱鳳)이라는 홍콩산 애정영화를 보았다. 〈유룡희봉〉의 남녀 주인공은 각각 유덕화(劉德華)와 서기(舒淇)이다. 서기는 〈유리의 성〉에서 같은 학교 남학생(여명)을 사랑했던 그녀를 연기했던 바로 그 배우이다. 그리고 그녀의 상대역으로 이번엔 유덕화가 등장하는데, 그의 카리스마 넘치는 이미지는 이번엔 사랑에 한층 더 적극적인 홍콩 남자의 모습을 예고하는 듯했다.

영화에서 유덕화는 카지노와 호텔 등을 소유한 홍콩의 억만장자 사업가 샘(Sam)을 연기했고, 서기는 낮에는 샘이 소유한 카지노에서 딜러로 일하고, 밤에는 소극장에서 무용수로 일하는 미란(米蘭)을 연기했다. 이런 류의 다른 영화에서처럼, 여자는 남자가 부자인지 모르면서도 그에게 잘해 주고, 남자는 자신의 재산이 아닌 한 남자로서 자신을 좋아하는 여자에게 끌린다. 장소는 일확천금을 꿈꾸는 카지노의 도시 마카오가 배경이다. 그렇지만 이 영화는 가난하지만 착하고 예쁜 여자의 신데렐라 이야기이라기보다는, 부유한 남자의 진정한 사랑 찾기에 관한 이야기이다.

이 영화에는 억만장자와 가난한 무용수의 사랑 이외에도 두 쌍의 사랑 이야기가 더 나온다. 한 쌍은, 샘과 친구처럼 지내는 그의 운전기사 청꺼[成哥]와 마카오에 사는 가난한 미혼모 후오샹루(霍湘如)와의 사랑이다. 그리고 또 다른 한 쌍은, 미국유학까지 다녀온, 능력은 있으나 여성적인 매력이 다소 부족한 샘의 여비서 조(Joe)와 중국 산동성에서 온 순수하고 정직한 기능공 림지우(林九)와의 사랑이다. 여기서 조와 림지우는 각각 홍콩과 중국을 의인화하고 있는 것 같아 흥미롭다. 영국의 식민지로 있으면서 홍콩은 국제금융도시로 그 명성을 쌓았다. 그러나 도시국가의 한계가 있었다. 마치 능력은 있으나 무언가가 부족한 조처럼 말이다. 그리고 홍콩보다는 세련되지도 않고 경제적으로도 뒤처져 있지만 홍콩을 아끼는 마음은 그 누구보다도 앞서는 중국은 순박한 림지우의 모습에서 찾을 수 있다. 영화에서 조는 림지우의 진솔함을 이해하고 그의 사랑을 받아들인다. 이런 조의 모습에서 홍콩의 주권 이양 이후 중국을 자신의 정체성으로 받아들이고 있는 홍콩인의 모습을 볼 수 있다.

이 영화에 나오는 세 쌍 모두는, 사회적 지위와 배경에서 크게 차이가 나는 것을 알 수 있는데, 영화는 진정한 사랑은 이러한 차이를 극복하는 것이라고 말해 주려고 한다. 배경이 다른 두 사람이 만나게 되면, 서로를 이해하기 위해 얼마나 노력하느냐에 따라 그들의 사랑이 이어질지 아니면 끝날지가 결정된다. 영화에서는 '깨진 유리구슬'에 관한 우화를 반복해서 들려주는데, 이 우화의 교훈은 "그 누구도 모든 것을 다 가질 수는 없다"는 것이다. 그렇다면 배경이 서로 다른 세 쌍의 연인들이 그들의 사랑을 실현하기 위해서는 무엇인가를 포기해야 한다는 것인데, 그들은 사랑을 얻기 위해 과연 무엇을 포기할 것인가?

진정한 사랑을 찾았다고 확신한 샘은 미란에게 자신의 정체를 밝히고 결혼을 제안한다. 그러자 아들의 갑작스런 결혼 발표에 놀란 샘의 어머니는 미란에게 이혼할 경우 금전적 보상을 제한한다는 내용의 동의서에 서명할 것을 요구한다. 이에 당연히 미란은 매우 혼란스러워한다. 한편 청꺼는 사랑을 확신하지 못하고 머뭇거리자 후오상루는 자신에 대한 그의 사랑을 오해하고 그를 멀리하게 된다. 조와 림지우의 사랑도 순탄하지 못하다. 림지우는 그의 사랑이 받아들여지지 않을까 하는 두려움에 아예 숨어 버려 조를 애태우게 한다. 엉뚱하게도 이들의 위기에 빠진 사랑을 구해 주는 것은 〈행복은 쟁취하는 것〉이라는 한 텔레비전 방송국의 생방송 쇼 프로그램이었다. 십여 년 전 〈첨밀밀〉에서 길거리의 텔레비전이 헤어졌던 두 연인을 연결시켜 준 것처럼, 〈유룡희봉〉에서도 배경이 다른 세 쌍의 연인들 사이의 오해를 해소시키기 위해 텔레비전 쇼가 다시 한 번 매개가 된다.

변한 것과 변하지 않은 것

〈첨밀밀〉과 〈유리의 성〉에서 두 쌍의 연인들은 주변 상황에 순응하는 것을 순리로 여겼고, 자신의 사랑을 얻기 위해서는 소극적이었다. 〈유룡희봉〉에서도 〈행복은 쟁취하는 것〉이라는 텔레비전 쇼가 매개가 된다는 설정에서 볼 수 있듯이, 여전히 홍콩 사람들은 진정한 사랑(또는 행복)을 찾는 데 전혀 적극적이지 않다. 그나마 텔레비전 쇼라도 나가겠다고 적극성을 보였던 이는 산동성 출신인 림지우였고 나머지 (홍콩과 마카오 출신) 광동인 다섯 명은 여전히 수동적이었다.

영화에서 자주 언급되는 유리구슬의 우화처럼, 그 누구도 모든 것을 다 가질 수는 없다고 하는데, 사랑 이외에 모든 것을 다 가진 샘이 사랑을 얻기 위해 실제로 포기한 것은 아직 아무것도 없었다. 영화 속의 또 다른 홍콩 남자 청꺼도 이것저것 계산하고 주저하느라 사랑을 잃을 뻔했다. 이렇듯 신중하기만 한 홍콩인들에게는 정열적이고 맹목적인 사랑이 여전히 어울리지 않는다.

2007년에 개봉되었던 〈생일쾌락〉(生日快樂)이라는 영화에서도 사랑에 신중한 홍콩인의 모습을 엿볼 수 있다. 이 영화에서 여주인공은 어린 시절 어머니의 가출로 상처받았고(이것도 '홍콩 반환'을 상징적으로 나타낸다고 해석할 수 있다), 또다시 사랑하는 사람으로부터 버림받는 것이 두려워 사랑에 자신이 없고 소극적이었다. 남자주인공은 이런 그녀를 이해하고 기다렸지만, 불행히도 그의 갑작스런 죽음으로 그들의 사랑은 결실을 맺지 못한다. 상대를 이해하고 배려하느라, 즉 상대에게 상처를 주거나 받는 것이 두려워, 상대에게 사랑을 요구하지 않는 소극적인 모습이 홍콩의 사랑이야기를 특징짓고 있다.

사람들은 자신과 비슷한 경험과 생각을 가진 사람과 사랑에 빠지곤 한다. 왜냐하면 서로를 이해하기가 그만큼 쉽기 때문이다. 서로에 대한 이해는 상대의 감정에 상처를 주지 않기 위해 필요하다. 오해는 상대방에 상처를 주고 결국 이별을 부를 뿐이다. 물론 사회적 배경이 전혀 다른 두 사람이 서로에게 끌릴 수 있다. 서로의 단점이 서로 보완될 수 있는 경우라면 가장 이상적일 수도 있다. 빠르게 움직이는 국제화 도시 홍콩에서는 사회적 배경이 서로 다른 상대를 만날 기회가 상대적으로 많은 것도 사실이다. 그러나 여전히 자신과 많이 다른 누군가를 사랑하는 것은 그 만큼 상처받기 쉽기 때문에 어려운 일이다.

1990년대를 대표하는 앞의 두 영화와는 달리 〈유룡희봉〉에서 홍콩 사람들은 자신이 속한 좁은 범위를 넘어 사회적 배경이 다른 사람들 중에서 그들의 연인을 찾아 나선다. 이는 마치 커다란 사회적 환경변화가 끝났고 이제는 그들이 심리적으로 안정을 되찾았다는 것을 의미하는 듯하다. 영화의 결말에서 미란은 샘에게 아직 그가 속한 세계에 들어갈 준비가 되어 있지 않지만, 그를 그녀의 세계로 초대할 수는 있다고 말한다. 이를 받아들이겠다는 듯이 샘은 그녀를 포옹하고, 마침내 그 둘은 다시 행복해진다. 즉, 홍콩 남자 샘은 이제 자신의 세계에 안주하지 않고 그가 경험하지 않은 다른 세계로 가보겠다는 의지를 처음으로 보인 것이다.

〈첨밀밀〉과 〈유리의 성〉에서 헤어진 연인들을 재결합시켜 준 것은 바로 그들이 공유한 추억이었다. 이렇듯 추억은 사랑을 이어가는 데 있어 중요하다. 시간과 효율을 무엇보다도 중요하게 여기는 홍콩 사람들에게 이런 추억 만들기가 쉽지 않다. 샘이 미란을 위해 그녀가 어린 시절 타고 놀던 목마를 구해 왔을 때, 그녀는 "추억은 돈으로 살 수 없는 것"이라고 말했다. 추억은 함께한 시간으로만 만들어질 수 있기 때문이다. 즉, 그가 가진 '부'로 미란의 '과거 시간(추억)'을 살 수는 없다. 따라서 그가 포기해야 할 것은 지금 그가 가지고 있는 부가 아니라 미래의 부를 위해 그가 지금 쏟고 있는 시간이고, 그 시간으로 미란과의 추억을 앞으로 만들어야 한다는 것이다. 미란과 다시 만난 샘이 과연 그렇게 할 수 있을지 자못 궁금하다.

홍콩 경찰 이야기

실연으로 마음 아파했던 경찰

1994년 왕가위(王家衛) 감독이 연출한 영화 〈중경삼림〉(重慶森林)은 실연당한 두 남자에 대한 이야기이다. 영화의 두 남자주인공은 각각 경찰663과 경찰223이라고 불리는 홍콩 경찰관이다. 자신을 버리고 떠난 애인을 더 이상 기다리지 않기로 마음먹고 난 후, 경찰223은 어느 술집에서 금발가발을 쓴 마약중개상을 우연히 만나고 둘은 같이 술을 마신다. 그녀는 유럽인 동업자의 갑작스런 배신으로 한바탕 큰 소동을 막 치른 후였다. 경찰223은 술에 취해 잠든 그녀의 구두를 벗겨 주고, 그녀는 마치 큰 짐을 벗어 버린 듯 모처럼 깊은 잠을 잔다. 그 다음날, 이제는 실연을 극복할 수 있다는 듯이, 경찰223은 아침 일찍 일어나 힘차게 달리고, 잠에서 깨어난 그녀는 그동안 자신의 신분을 숨겨 주었던 그 가발을 버리고 어디론가 떠난다.

한편, 식당 종업원 아페이(阿菲)는 경찰663을 짝사랑하면서, 몰래 그의 집에 들어가 그의 전 애인이 남기고 간 기억(물건)들을 하나씩 치운다. 한참 후에야 이를 눈치챈 경찰663은 드디어 그런 아페이의 사랑을 받아들이려 하는데, 이번엔 그녀가 오랫동안 꿈꾸어 왔던 미국 캘리포니아로 떠나 버린다. 그리고 1년 후, 항공사 승무원이 된 아페이는 홍콩으로 돌아오고, 경찰을 그만두고 식당 주인이 된 그를 다시 만난다.

〈중경삼림〉은 홍콩의 주권 이양을 앞둔 홍콩인들의 심리적 불안과 기대를 여러 상징들로 보여 주고 있다. 특히 두 여자주인공은 두 가지 다른 모습의 홍콩을 상징하고 있다. 그렇다면 두 남자주인공은 커다란 사회환경 변화를 앞둔 홍콩인을 대변한다고 해야 할 것이다. 그런데 왜 하필 두 남자주인공의 직업이 경찰인가?

자신의 정체성에 고민했던 경찰

홍콩의 주권 이양 이후에 만들어진 홍콩 영화에서도 경찰을 주인공으로 한 이야기가 많다. 그중 대표적 작품이라면 당연히 2002년 상영된 〈무간도〉(無間道)를 들 수 있다. 흑사회의 조직원으로 잠입한 경찰관 천잉인[陳永仁]과 경찰관이 되어 홍콩 경찰에 잠입한 흑사회 조직원 류쥔밍[劉健明]이 "자신의 정체성에 끊임없이 갈등한다"는 줄거리는 어쩌면 주권 이양 후 홍콩 영화가 당연히 다루어야 할 주제였을 것이다.

〈무간도〉는 같은 해에 개봉된 미국영화 〈본 아이덴티티〉(The Bourne Identity)와 흥미로운 대조를 이룬다. 〈본 아이덴티티〉의 서술 구조는 "기억상실증에 걸린 특수 요원이 자신의 정체를 찾아간다"는 것이다. 미국 영화에서 흔히 볼 수 있는 "잃어버렸던 자신의 자아를 찾아간다"는 서술 구조는 개인주의가 발달된 서구에서 아주 익숙한 주제이다. 잃었던 과거의 자신의 정체를 알아냄과 동시에 국가 정보기관의 치부와 음모를 밝히면서 영화는 끝난다. 즉, 한 개인이 자신의 자아를 찾는 것은 결국 다른 이들에게도 이익이 될 수 있다는 것을 의미한다. 이에 반해 〈무간도〉에서의 주인공은 자신이 속해 있던 사회(조직)를 위해 자신의 신분과 정체성을 버리고 다른 사회(조직)에 가서 본래의 신분을 감추고 살아간다. 이것은 다분히 개인보다는 사회를 더 중시하는 동양적 가치관이 반영된 것이다. 어쨌든 이 영화에서도 홍콩인들의 정체성을 다시 한 번 경찰이라는 신분을 매개로 보여 주고 있다.

〈무간도〉는 〈Departed〉라는 이름의 헐리우드 영화로 리메이크되었고, 미국에서도 흥행은 물론이고 그해 아카데미 작품상까지 받는 큰 성공을 거두었다. 그런데 두 영화의 주제는 다소 차이가 있다. 〈무간도〉에서 천잉인과 류젠밍이 서로의 정체를 모른 채 어느 오디오 상점에서 우연히 만나고, 둘은 나란히 앉아 노래 한 곡을 듣게 된다. 이때 나오는 노래는 "누구인가?(是誰…?)"라는 첫 소절로 시작하는 〈잃어버린 시간〉(被遺忘的時光)이라는 노래인데, 마치 신분을 감추고 있는 두 주인공에게 "너는 누구인가?"라고 묻는 듯하다. 이 영화의 주제가 바로 "자신의 정체성에 갈등한다"는 것을 강하게 암시하는 장면이다. 그렇지만 〈Departed〉에서는 이 장면이 생략되어 있다. 그래서인지 두 영화의 결말도 다르다.

〈무간도〉에서는 천잉인을 비롯한 다수의 경찰이 희생되고, 덕분에 흑사회는 와해되지만 류젠밍의 정체는 끝내 밝혀지지 않고, 그는 계속 경찰로 살아간다는 것을 암시하면서 영화가 끝난다. 한편, 〈Departed〉에서는 그는 다른 경찰에 의해 살해되면서 영화가 끝난다. 자신의 정체를 숨기고 계속 살아가야 하는 류젠밍의 모습은 주권 이양 후 새로운 사회환경에 적응하려고 노력하던 홍콩인들의 은유적인 모습으로 해석할 수 있다. (영화 제목 '무간도'는 '시간이 없는' 즉, '끝없는 고통이 있는 곳'을 의미한다.) 이것은 주권 이양 이전에 만들어진 영화 〈중경삼림〉에서 가발을 버리고 어디론가 떠날 수 있었던 여자 주인공이나 경찰을 그만두고 식당 주인이 된 남자주인공과는 분명히 다른 모습이다.

〈무간도〉의 흥행 덕분인지 범죄조직에 잠복한 경찰이 자신의 정체성에 대해 갈등한다는 서술 구조는 아직까지도 홍콩 영화의 주요 모티브인듯, 각각 2007년과 2009년에 상영된 〈문도〉(門徒)와 〈변절〉(變節)에서도 차용되었다. 이 두 영화에서 잠입근무하는 주인공 경찰관은 자신의 진짜 신분을 모르는 다른 경찰에 의해 쫓기기도 하고, 범죄조직 두목의 여동생과 사랑에 빠지기도 하며, 결국 동료(?)들을 배신해야만 하는 자신의 운명에 괴로워한다. 이 두 영화에서 가장 주목할 만한 부분은 〈무간도〉때와는 상반된 결말이다. 사건이 모두 해결되어 주인공 경찰은 이제 자신의 신분을 숨겨야 하는 잠입근무를 하지 않아도 된다. 그런데 각각의 영화에서 두 명의 주인공 경찰은 자진해서 그 일을 계속하겠다는 의지를 보이면서 영화가 끝난다. 이는 "자신의 정체를 숨기고 살더라도 그것을 이제는 감내할 수 있는 자신감이 생겼다"고 말하고자 하는 것 같다. 그렇다면 홍콩인들은 더 이상 정체성에 대해 갈등하지 않는다는 것인가?

〈절청풍운〉(竊聽風雲)의 경찰

2009년 〈절청풍운〉이라는 또 다른 경찰영화가 만들어졌다. 이 영화의 주인공 아쥔[阿俊]은 동료 경찰 샤오양[小楊], 샤오상[小祥]과 함께 풍화국제라는 회사의 임원들을 도감청하는 임무를 맡게 된다. 도감청 임무를 수행하던 어느 날, 샤오양과 샤오상은 내부자 거래정보를 엿듣게 되고, 목돈이 절실하게 필요했던 두 경찰은 다음날 그 정보를 이용하여 주식을 사서 큰돈을 번다. 아쥔은 경찰관으로서 수호해야 할 법과 동료들과의 의리 사이에서 갈등하지만, 어쩔 수 없이 그들을 돕는다. 그러나 이 사실이 풍화국제의 마회장 일당에 발각되어, 샤오상은 살해되고 샤오양은 가족을 잃고 자신은 크게 부상당한다. 하지만 간신히 살아남은 아쥔은 마회장의 죄상을 입증할 수 있는 증거를 확보하여 마침내 그를 체포한다.

〈절청풍운〉에서는 이전과는 다소 달라진 경찰의 모습을 볼 수 있다. 먼저 경찰은 이제 더 이상 자신의 정체성에 대해 고민하지 않는다. 대신 2009년의 경찰은 법질서와 온정 사이에서 갈등한다. 나는 아직까지 청렴한 홍콩 경찰의 위상이 홍콩의 주권 이양 이후 나빠졌다는 뉴스를 듣지 못했다. 그렇지만 홍콩 사람들 스스로가 이를 나름대로 걱정하고 경계하고 있는 것을 이 영화에서 알 수 있다.

〈절청풍운〉에서는 경찰이 상대해야 할 적도 이전과는 다른 모습으로 바뀌었다. 이제 경찰이 맞서야 할 새로운 적은 합법적인 기업의 기업가이다. 이들은 오늘의 홍콩을 경제적으로 번영케 한 장본인이자 최대 수혜자이다. 경제에 있어서 자유방임적인 홍콩에서 경제질서를 어지럽히는 자가 바로 공공의 적이라고 하니 왠지 낯설다. 예전의 적이었던 흑사회는 위험한 삶을 살고, 조직과 동료를 위해 희생한다는 점에서 경찰과 닮은 점이 많았다. 그러나 새로운 적은 경찰과는 여러 가지로 다른 모습이다. 덥수룩한 외모의 아쥔은 소심한 보통 사람이고, 동료의 잘못을 냉정하게 막지 못해 자신을 위기에 빠트렸다. 반면 말쑥한 신사의 모습을 한 마회장은 매사에 적극적이고, 잘못한 부하를 가차없이 응징하는 냉혈한이다.

마회장이 공공의 적이라는 것을 경찰은 이미 알고는 있지만 그를 상대하기가 쉽지 않다. 왜냐하면 그는 자선사업에 열심인 선량한 기업가의 가면을 쓰고 있기 때문이다. 이전의 적(敵)은 피아(彼我)가 구분되지 않아 상대하기 어려웠지만, 나와 다른 모습의 새로운 적(敵)은 두 얼굴을 가지고 있기에 상대하기 어렵다. 마회장은 자신을 과시하고 진짜 모습을 숨기기 위한 수단으로 영어를 구사하는데, 그의 유창한 영어에 비해 광동어 억양은 어쩐지 어색하여, 그가 보통의 홍콩인과 많이 달라졌다는 것을 암시한다. 이렇듯 〈절청풍운〉에 등장하는 공공의 적은, 우리가 아닌, 우리와 다른 (혹은 과거에는 같았지만 지금은 달라진) 자들 중에 있는 것으로 설정되어 있다. 이는 주권 이양 이후 홍콩인들의 국족화(國族化)가 진행되고 있음을 시사하고 있다.

영화 속 홍콩 경찰

미국을 포함한 다른 지역에서 만든 영화에서 흔히 볼 수 있는 경찰의 모습은 무능하거나 부패하고 심지어 선량한 시민들을 괴롭히는 악역이 대부분이다. 반면, 홍콩 영화에 자주 등장하는 홍콩 경찰의 모습은 이와는 아주 다르다. 〈절청풍운〉에서 홍콩 경찰은 사랑하는 여자 때문에, 병든 자식 때문에, 그리고 궁핍한 경제상황 때문에 고민하는 보통 사람들의 모습을 보여준다. 이렇듯 홍콩 영화에서는 전혀 마초적이지도 않으며 착하고 정의롭지만 보통 사람들처럼 어딘가 약한 면도 있는 홍콩 경찰관들이 주인공으로 자주 등장하고 있다.

나는 홍콩의 주권 이양 직전인 1997년 2월에 홍콩에 왔다. 그리고 얼마 후, 앞으로 인민해방군이 홍콩에 상주할 것이라는 신문기사를 보고, 그동안 홍콩에는 국경을 수비하는 군인들이 없었다는 사실을 새삼 알게 되었다. 그리고 이런 이유로 홍콩의 경찰은 내가 살던 한국의 경찰과는 다를 수 있다는 점도 깨닫게 되었다. 홍콩은 경제자유도가 세계 최고 수준으로 약육강식의 법칙이 적용되는 소위 정글(중경삼림의 '삼림'이 이와 비슷한 의미이다) 자본주의가 시행되는 곳이다. 따라서 사회적 약자들을 위한 사회보장제도는 미약한 편이다. 당시 홍콩 시민들에게 그들의 안전과 재산을 지켜 주는 유일한 방패는 경찰밖에 없었던 것이다.

홍콩에서 경찰의 위상은 다른 나라에 비해 상당히 높다. 홍콩에서는 똑똑한 엘리트 청년들이 경찰이 되고자 한다. 편한 직업 대신 고된 경찰의 길을 택한 젊은이들을 홍콩 시민들은 내심 고마워하는 것 같다. 더구나 홍콩 경찰은 세계적으로도 청렴한 편이니 홍콩 시민들의 사랑을 받아 마땅하다. 홍콩은 국제도시이자 허브도시의 특성상 사람이든 물자이든 자유롭게 들어왔다 자유롭게 나간다. 생산공장은 없고 사무실만 있는 금융회사나 무역회사는 상황이 변하면 상하이든 싱가포르든 언제든지 떠날 수 있다. 주권 이양을 앞두고 불안해 했던 많은 홍콩 사람들이 이렇게 홍콩을 떠났다. 그러나 대부분의 힘없는 홍콩 사람들은 삶을 계속 이어가기 위해 홍콩에 남겨졌다. 그리고 그들 곁에 홍콩 경찰이 같이 있었다. 〈중경삼림〉의 경찰663은 제복을 벗고 민간인이 되었지만, 〈무간도 2〉에 나오는 한 장면처럼, 대부분의 홍콩 경찰관은 영국 황실 휘장을 떼어 냈을 뿐 묵묵히 자신의 자리를 지켰다. 이런 이유로 홍콩 시민들은 영화에서 홍콩 경찰에 자신의 모습을 투영하는 것이 아닐까?

사회적 동물인 인간은 어느 정도 자신의 감정을 숨기고 살아갈 수밖에 없다. 소설 〈나의 성경책〉(一個人的聖經)에서 가오싱젠[高行健]이 "비가오면 우산을 쓰듯 문 밖을 나가면 가면을 쓴다"라고 했듯이, 힘없는 개인은 때로는 자신의 감정을 숨기고 나아가서는 자신의 정체를 숨겨야 한다. 이것은 위선이 아니고 살아남기 위함이다. 홍콩 사람들도 외출할 때면 '가면'을 써야 했던 때가 있었다. 3편으로 구성된 〈무간도〉 시리즈는 2002년과 2003년에 개봉되었는데, 바로 이때가 대부분의 홍콩인에게 가장 참담했던 시기였다. 홍콩 반환 직후 발생한 아시아 경제위기를 시작으로 홍콩 경제는 바닥 없이 추락하고 있었고, 사스(SARS)라는 전혀 새로운 질병의 공포도 경험하고 있었다. 당시 홍콩인들은 감염을 막기 위해 얼굴을 마스크로 가리고 다른 이들과의 접촉을 피했고, 집에 돌아와서는 뉴스를 통해 그날 희생된 사람들의 숫자를 확인했었다.

물론 홍콩인이 겪은 이 시대는 가오싱젠이 목격했던 광기의 시대와는 분명히 다르다. 그렇지만 사회변화의 소용돌이 속에서 많은 홍콩인들이 불안하여 몸을 낮추고 자신의 감정을 숨길 수밖에 없었다. 영화 속 홍콩 경찰이 이런 격변의 시대를 살아갔던 보통 홍콩 시민들을 대변하고 있다는 것은 많은 것을 시사한다. 우리가 '경찰국가'라고 부르는 강요된 사회에서 경찰은 자신의 감정을 드러내는 사람들을 감시하겠지만, 영화 속 홍콩 경찰은 자신이 가면을 쓰고 그 고통을 대신 감내하는 순교자의 모습을 보여 주었다. 이런 홍콩 경찰의 모습은 경제적인 자유를 위해 정치적 자유를 포기했던 홍콩의 특수한 환경과 그동안 홍콩 경찰 스스로가 쌓아온 신뢰 덕분일 것이다. 2009년 영화 〈절청풍운〉에서는 경찰이 더 이상 생존을 위한 가면을 쓰지 않고, 그들이 상대해야 할 공공의 적이 위선의 가면을 쓰고 있다. 이는 홍콩 사람들이 몇 년 전 사스가 끝났을 때 쓰고 있던 마스크를 이미 던져 버렸고, 이제는 자신을 드러내고 자신의 목소리를 내야 한다는 것을 말해주는 것이리라.

청두〔成都〕와 시인

이십사성기(二十四城記)

일전에 나는 홍콩의 한 대표적인 문인 령핑콴[梁秉鈞]의 시를 소재로 논문을 쓰면서 그의 시들을 한국어로 번역하고 분석한 적이 있다.[55] 그의 시 중에 〈청두의 아침〉(成都早晨)이라는 사천성(四川省)의 청두를 소재로 한 아름다운 시가 한 편 있다. 그 시에 나오는 청두의 명물, 대나무 의자가 있는 노변 찻집에 언젠가 꼭 가 봐야겠다고 생각하고 있다. 청두는 시인들과 이런 저런 인연이 많은 곳이다. 청두와 인연이 있는 시인이라면 당연히 당나라의 시성(詩聖) 두보를 이야기해야 할 것이다. 청두에는 바로 두보초당(草堂)이란 곳이 있기 때문인데, 당나라 말기 전란을 피해 청두로 온 두보가 움막을 짓고 몇 년간 지냈던 곳이다. 두보는 얼마 남지 않은 그의 인생 후반부를 그 움막에서 지내면서 훌륭한 율시(律詩)를 여러 편 남겼다.

두보는 당시 전란의 처참함을 경험했지만, 그가 남긴 시에는 세상에 대한 원망이나 분노는 보이지 않고, 같은 시기 비슷한 고통을 함께한 동포들에 대한 연민이 담겨 있다. 두보가 남긴 시들을 '시사'(詩史)라고 하는데, 이는 그가 시를 통해 당시 상황을 사실적이고 담담하게 묘사했기 때문이다. 그의 시사는 요즘으로 치자면 '기록영화(다큐멘터리)'에 해당될 것이다. 한편, 〈스틸 라이프〉(三峽

---

55) 金惠媛, "梁秉鈞詩中1980年代神州風物", 《香港文學》, vol. 287: 12-21(2008).

好人)라는 영화로 유명한 자장커[賈樟柯] 감독은 기록영화와 극영화의 경계를 허문 '시인'이라는 평가를 받고 있다. 그렇다면 그는 현대판 두보인 셈이다. 그의 독특한 영화를 '극정기록영화'[劇情記錄片]라고 부른다. 두보의 율시에서 우리가 엿볼 수 있듯이, 그의 영화에서도 현재 중국을 살아가고 있는 그의 동포들에 대한 연민을 느낄 수 있다. 그가 2007년 두보초당이 있는 청두로 와서 극정기록영화 한 편을 만들었다. 바로 〈이십사성기〉라는 영화이다.

사라진 것들을 위한 기록

청두에 '420창(廠)'이라는 공장이 있었다. 50여 년 전 동북지방에 있던 군수(軍需)공장이 서남쪽인 청두로 이전되면서 만들어진 공장이었다. 이때 동북지방에 살던 많은 노동자들이 청두까지 공장을 따라 이주했다. 두보는 전란을 피해 가족과 떨어져 청두까지 왔지만, 새로운 중국이 건국되고 얼마 지나지 않았던 시절 국가의 부름을 받은 동북 출신 노동자들도 정든 고향을 떠나 낯선 이곳 청두에서 새 삶을 살아가야 했다. 지난 반세기 동안 420창은 자기 소임을 다하고 이제 철거되어 그 자리에는 새로이 고급 아파트단지가 들어서고 있다. 송나라 때 어느 왕이 자신의 영화를 과시하려고 자신이 살던 청두의 성 주변에 많은 부용화를 심었다. 그래서 한때 청두는 부용화의 도시라고 불려졌고, 송나라 시인 조변(趙忭)은 〈성도고금기〉(成都古今記)에 "二十四城芙蓉花，錦官自昔称繁花"(스물 네 성에 부용화가 피어있어, 예로부터 고관들이 번화한 곳이라 불렀다)라고 표현했다고 전해진다. 그 '이십사 성'이 새로이 들어서는 고급 아파트단지의 이름이 되었다.

〈이십사성기〉는 굴곡 많았던 지난 반세기 동안 420창에서 일했던 노동자들의 삶을 담담하게 기록한 영화이다. 그러나 영화의 제목은 '420창기'가 아니라 '이십사성기'이다. 이십사성은 마치 부용화를 심게 했던 송나라의 그 왕이 살던 성처럼, 420창에서 일했던 노동자들이 살기에는 너무 비싼 고급 아파트이다. 송나라의 그 왕이 지금까지 기억되고 있는 것처럼 새로 지어진 아파트 이십사성도 한동안 기억될 것이다. 그리고 사라진 공장에서 일했던 노동자들의 삶도 '이십사성기'라는 이름 뒤에 숨어 조금은 기억될 수 있을 것이다.

청두에 온 한국 시인

한국의 허준호 감독이 청두를 소재로 영화 한 편을 만들었다. 바로 〈호우시절〉(好雨時節)이라는 영화로 한중합작 형태로 만들어졌다. 허준호 감독은 〈8월의 크리스마스〉, 〈봄날은 간다〉 등의 영화에서 그만의 감성적인 영상언어를 보여 주었다. 물론 그의 영화는 사회적 환경 변화로 인해 고통받는 보통 사람들을 그린 자장커 감독과는 달리, 사회적 문제가 아닌 '만남과 이별'을 주제로 한 개인적인 문제에 초점이 맞추어져 있다. 그렇지만 한편으로는 상처받은 사람들에 대한 연민을 그렸다는 점에서 두보나 자장커의 작품들과 비슷한 점이 있다고 할 수 있다.

〈호우시절〉의 남자주인공 박동하는 삼십 대 초반의 한국인이다. 그는 미국 유학 시절에는 문학을 공부하고 시를 쓰던 문학도였지만 지금은 건설용 중장비를 제조하는 한국 회사에서 일한다. 동하는 2009년 5월 청두로 출장을 온다. 그가 청두에 온 이유는 약 일 년 전인 2008년 5월 사천성 일대를 강타했던 지진으로 파괴된 청두 지역을 복구하는 데 그의 회사 장비가 필요하기 때문이다. 그렇다. 2007년 자장커 감독이 새로이 지어진 이십사성을 기록하고 얼마 지나지 않아, 청두는 지진으로 큰 피해를 입었다. 지진이 발생한 후 일 년이 지난 2009년 청두에 온 동하는 피해지역을 둘러 보고 당시 처참했을 상황을 짐작한다. 그런데 동하가 목격한 지진 피해 지역의 모습은 2007년 자장커 감독이 목격한 철거된 후의 420창의 모습과 놀랍도록 닮아있다. 하나는 자진 철거였고, 다른 하나는 천재지변이다. 그러나 파괴된 건물의 잔해는 서로 닮은 모습을 하고 있다. 파괴된 잔해는 마치 힘없는 보통 사람들의 부서진 삶과 그들의 부서진 희망처럼 보였다.

청두에 도착한 날 오후 동하는 두보초당으로 갔다. 이곳저곳을 둘러보다 매점에서 《두보시선》(杜甫詩選)의 영문판을 한 권 사서 나오는데, 어디선가 귀에 익숙한 목소리가 들려왔다. 그곳에 미국 유학 시절 사귀었던 메이(중국어로 '美' 또는 영어로는 '5월')가 서 있었다. 청두가 고향인 메이는 귀국 후 학업을 계속하면서 이곳 두보초당에서 영어 가이드로 일하고 있었던 것이다. 오랜만에 만난 두 사람은 저녁에 다시 만날 약속을 하고 잠시 헤어진다. 그녀와의 만남을 기다리면서 동하는 방금 산 《두보시선》을 읽는다. 이때 화면에 비쳐지는 두보의 시는 바로 〈춘망〉(春望)이다. 그의 오언율시(五言律詩) 중 대표작인 〈춘망〉은 "國破山河在, 城春草木深(전

란으로 나라가 파헤쳐졌으나 산과 강은 그대로 있고, 도시에 봄은 왔으나 초목만 무성하구나)"로 시작되는데, 두보가 아직 살아 있어 재개발과 지진으로 파헤쳐진 지금의 청두의 모습을 본다면 다시 한 번 똑같이 썼을 내용이다.

시를 쓴다는 것

메이가 일과를 마친 후 다시 만난 두 사람은 예전의 기억을 더듬는다. 동하가 메이에게 그가 미국을 떠나면서 그녀에게 남겨 준 자전거에 대해 묻자, 그녀는 자신은 탈 줄 모르기 때문에 다른 이에게 벌써 팔아 버렸다고 대답한다. 그러자 동하는 자신이 직접 타는 법을 가르쳐 주었는데 어떻게 모른다고 할 수 있느냐며 황당해한다. 동하가 그녀와 사귀었던 사실에 대해서 이야기하자, 이번에도 그녀는 그런 기억이 없다고 대답한다. 그녀는 그때의 일을 모른다고 부인하지만, 동하는 지난 시절 그녀와의 사랑이 되살아남을 느낀다.

다음 날, 귀국을 하루 앞둔 동하는 메이를 다시 만나 같이 시간을 보내다가, 두 사람은 갑자기 내리는 비를 피하기 위해 길가의 어느 가게 처마 밑으로 간다. 이때 메이는 "지금 내리는 비는 내릴 때를 아는(知時節) 좋은 비(好雨)야"라고 말한다. (영화의 제목이기도 한 '호우'는 두보의 시 〈춘야희우〉(春夜喜雨)에 나오는 "好雨知時節, 當春乃發生"에서 따왔다고 한다.) 그리고는 동하에게 요즘도 시를 쓰냐고 묻자, 그는 바쁜 사회생활을 이유로 시를 쓰지 못했노라고 대답한다. 호텔로 돌아온 동하는 오랜만에 시를 써 보려 애쓰지만 몇 줄을 쓰다가 이내 지워 버린다.

두보가 시를 쓴 이유는 무엇이었을까? 힘든 현실을 잊기 위해서였을까? 아니면 잘못된 현실을 비판하기 위해서였을까? 그것도 아니면 자기 존재를 세상에 알리기 위해서 였을까? 자신과 같은 고통을 겪고 있던 당시 동포들에게 연민을 갖고 있던 두보는 자신의 힘으로 어떻게 해 볼 수가 없는 현실을 안타까워했고, 그러하기에 시를 썼을 거라고 나는 생각한다. 시를 쓰는 것 외에 다른 해결방법이 있었다면 그는 그렇게 했겠지만, 권력도 재력도 없는 두보가 할 수 있는 일이라고는 시를 쓰는 것뿐이었다.

그렇다면 영화 속 동하가 시를 쓰지 못하는 이유는 무엇이었을까? 동하는 사회생활을 시작하면서 시를 쓴다는 것이 먹고 사는 일과는 직접적인 연관이 없기에 더 이상 시를 쓰지 않게 되었다. 오랜만에 옛 사랑을 다시 만나고 나서, 옛 감정이 되살아남을 느끼자 그는 시를 쓰려고 애썼지만 뜻대로 되지 않았다. 그 이유는, 그가 지금 느끼는 감정이 무엇인지 확실하지 않기도 하고, 이제는 더 이상 열정적인 이십대도 아닌, 인생을 조금 경험하기 시작한 삼십대이기 때문일 것이다.

호우시절

귀국하기 위해 공항으로 온 동하와 그를 배웅하기 위해 달려온 메이는 그들의 짧은 만남 후의 이별이 너무 아쉬워, 동하는 청두에 하루를 더 머물기로 한다. 그리고 옛사랑을 다시 확신한 동하는 메이에게 그의 사랑을 표현하지만, 그녀는 왠지 마음을 열지 않는데, 동하는 이런 그녀의 태도에 당황해한다. 결국 그녀는 동하에게 자신은 이미 다른 남자와 결혼했다고 말하고는 도망치듯 자리를 떠난다.

그 다음 날, 귀국하는 동하를 위해 메이는 자신의 차를 운전하여 그와 함께 공항으로 가는데, 도중 교통사고를 당할 뻔하고, 그 충격으로 그녀는 정신을 잃는다. 동하는 병원으로 달려온 메이의 직장 상사로부터, 그녀의 남편이 일 년 전 청두를 덮친 바로 그 지진으로 희생되었다는 사실을 알게 되고, 그동안 그녀의 이해할 수 없었던 행동을 비로소 이해하게 된다.

사랑하는 남편의 죽음은 당연히 메이에게 엄청난 마음의 상처였다. 그리고 일 년이라는 시간은 그 상처에서 회복되기에 충분히 길지도 그렇다고 짧지도 않은 시간이다. 이러한 상황에서 옛사랑이 갑자기 나타났다. 그리고 메마른 메이의 마음을 적셔 주었다. 마치 내릴 때를 아는 호우처럼. 그러나 그렇다고 그녀는 다시 사랑을 시작할 수는 없었다. 마음의 상처가 아직 완전히 아물지 않았기 때문이다. 동하는 한국으로 돌아갔고, 바로 그 다음 날은 지진사고 일주기 기일이 되는 날이다. 메이는 이제 자신이 다시 슬퍼할 수 있다는 것을 깨달았다는 듯이 남편의 영정 앞에서 오열한다. 아마 이때 그녀가 흘린 눈물은 그녀의 상처를 아물게 해 주었을 것이다.

한국으로 돌아간 동하는 어떻게 되었을까? 영화에는 나오지 않았지만, 아마 그는 다시 시를 쓸 수 있었을 것이다. 그는 사랑하는 여인이 상처받고 아파한다는 것을 알게 되었고, 그녀에게 연민을 느꼈다. 그리고 그가 그녀의 상처를 치유해 주기 위해 해 줄 수 있는 것이 별로 없다는 것을 깨달았다. 두보가 율시를 썼듯이, 그리고 자장커 감독이 영화를 만들었듯이, 동하도 그가 사랑하는 사람에 대한 연민을 시로 썼을 것이다.

동하가 떠나고 얼마 후, 메이는 동하로부터 노란색 자전거 한 대를 소포로 받는다. 일 년 전 지진이 발생할 당시, 그녀는 마침 자전거를 타고 있었다. 그 이후, 자전거는 그때 받았던 충격과 공포를 다시 떠올리게 하여 더 이상 그녀는 자전거를 탈 수가 없었다. 그러나 이제 그녀는 자전거 타기를 다시 배우고, 마침내 예전처럼 탈 수 있게 된다. 이는, 자전거는 혼자의 힘으로 일어서서 타야 하듯이 그녀의 상처가 이제는 치유되었음을 의미하며, 계속 바퀴가 굴러가야 넘어지지 않는 자전거처럼 그녀도 그녀의 삶을 계속 살아갈 것이다.

그리고 매미 울음소리가 한창인 여름 어느 날, 두보초당 정문 앞에 정장이 아닌 캐주얼복을 입은 동하가 누군가를 기다리는 장면으로 영화는 막을 내린다. 아마 이제 동하는 상처에서 회복한 메이에게 사랑한다고 말할 것이고, 그동안 자신이 썼던 시들을 그녀에게 보여 줄 것이다.

어느 위대한 예술가의 삶

베이징오페라

당신은 오페라를 좋아하는가? 귀에 익숙한 아름다운 아리아가 나오는 부분은 온몸에 소름이 돋을 정도로 감동적이지만, 노래 부르듯 과장하여 대화(Recitative)하거나 거구의 여자주인공이 결핵으로 죽어 가는 장면 등 나에게는 몰입을 방해하는 몇 가지 요소들이 오페라에는 있다. 아는 만큼 보인다고 하던가. 그렇다면 중국의 경극은 어떠한가? 마찬가지로 아직은 내가 그것을 십분 즐길 만큼은 경극에 대해 잘 알지 못한다고 말해야 할 것이다.

일본에도 가부키가 있는데, 이상하게 한국에는 오페라나 중국의 경극과 같은 가무극의 전통이 없다. 이런 이유에서인지 나는 현대적인 뮤지컬에도 낯설어 한다. 서양의 오페라가 그러했듯이 경극도 청나라 황실에 의해 보호와 지원을 받아 지금과 같은 고급예술로 자리매김되었다고 하니, 이런 가무극의 전통이 없는 한국인은 소박했던 조선의 왕실을 탓해야 할 것이다.

1993년 〈패왕별희〉(霸王別姬)라는 영화는 첸카이커(陳凱歌) 감독을 명장의 반열에 올라서게 해 주었고, 전 세계의 많은 관객들에게 "중국에는 경극이 있다"라는 사실을 확실하게 알려주었다. '사면초가'는 한국인에게도 매우 익숙한 이야기이지만, 이 영화 이전에는 〈패왕별희〉라는 경극에 대해서 아는 이들이 많지 않았다. 특히 이 영화는 굴곡진 근현대사를 살아갔던 중국 인민들의 아픔을 느낄 수 있게 해 준 좋은 작품이기도 했다. 그리고 십여 년이 지난 2009년 천카이커 감독은 〈매란방〉(梅蘭芳)이라는 경극과 관련된 또 다른 영화를 내놓았다. 나는 중국의 경극과 그것과 관련된 그들의 문화를 좀 더 이해할 수 있기를 기대하면서 그의 새 영화를 보았다.

매란방

내가 본 〈매란방〉이란 영화는 한 위대한 예술가에 대한 전기(傳記)였다. 위대한 예술가는 타고나는 것일까 아니면 만들어지는 것일까? 아마 재능이 있는 사람이라도 부단한 노력을 해야만 위대한 경지에 도달하지 않겠는가. 특히 비르투오소(Virtuoso)의 기교를 보여야 할 연주자라면 천부적인 재능은 물론이고 남다른 노력없이는 오랜 기간 무대에서 최고의 자리를 유지하기는 어려울 것이다. 그렇다면 매란방은 어떻게 해서 중국 최고의 경극 배우가 될 수 있었을까?

〈패왕별희〉의 주인공 데이(蝶衣)가 우희(虞姬)(경극 패왕별희의 여주인공) 역할을 누구보다도 잘 소화할 수 있었던 것은, 그가 남성임을 포기하고 자신이 여성이라고 믿기 시작한 이후였다. 덕분에 그는 무대 밖에서도 성 정체성의 혼란을 겪어야만 했다. 판소리 영화 〈서편제〉에서 주인공 송화는 양아버지 유봉에 의해 눈이 멀고 나서야 득음하게 된다. 거세당한 카스트라토(Castrato)들의 삶을 영화화한 〈파리넬리〉(Farinelli)라는 이탈리아 영화에서는 여성의 고음을 얻기 위해 주인공은 물리적으로 그의 남성을 잃어야 했다. 이것은 무엇을 의미하는가? 한계를 극복하기 위해서는 열심히 노력하는 것만으로는 부족하다는 것을 의미한다. 그렇다면 매란방은 어떻게 그 한계를 극복할 수 있었는가?

〈패왕별희〉의 데이와는 달리 매란방은 성에 대한 정체성으로 고민하지 않았다. 어린 시절 주변의 강요와 유혹을 모두 물리치고 자신의 남성성을 유지했다. 그는 무대 위에서는 여자보다도 더 여자다운 배우였지만 무대 밖에서는 남자였다. 후일 일본군이 협박할 때도 그는 당당히 "나는 무대 밖에서는 남자다"라고 말했다. 그렇다면 어떻게 해서 그는 여자 역할(이를 '단(旦)'이라 함)을 누구보다도 잘 하는 전설적인 배우가 될 수 있었는가? 한 미학자에 따르면, 예술의 토대인 미적 취향(즉, 예술적 감성)은 격정을 억제하고 지각을 섬세화하는 과정에서 만들어진다고 했다.[56] 바로 내가 영화에서 본 매란방의 모습이 그러했다. 즉, 철저하게 자신을 절제할 수 있었던 매란방의 강한 '이성'이 그의 타고난 섬세함을 더욱 발전시켰고, 결국 그를 위대한 경극배우로 만들었다고 나는 생각한다.

무절제함은 예술가의 전형적인 모습인 것도 같지만, 사실은 무대에서 공연하는 예술가에게 자기절제는 절대적으로 필요한 덕목이다. 많은 영화에서 예술가는 무절제하거나 심지어 광기에 사로잡혀 있는 것처럼 그려지기도 한다. 그러나 현실의 예술가의 모습은 이것과는 거리가 있다. 그들은 창작에 몰두하느라 단지 세상물정에 어둡거나 현실감각이 무뎌졌을 뿐이다. 예술가가 되기 위해 비이성적이거나 감정적일 이유는 없다. 나는 이 〈매란방〉을 보고 다시 한 번 이 점을 확인할 수 있었다. 의형제가 되어 매란방을

---

56) 진중권, 《호모코레아니쿠스》, 웅진지식하우스(2007).

후원했던 취루바이(邱如白)의 입을 통해서도 알 수 있듯이, 매란방의 뛰어난 연기는 그의 '고독'에서 나오는 것이었다. 그리고 그는 고독을 유지하기 위해 끊임없이 자신을 절제했고 소울메이트인 멍샤오동(孟小冬)과도 헤어졌다. 이런 점에서 매란방은 전형적인 외유내강적 인물임에 틀림없다.

내가 보기에 경극은 절제 있는 연기를 요구하는 것 같다. 고대 그리스의 희곡에 뿌리를 둔 서양의 오페라는 극이 진행되면서 갈등이 고조되고, 결말에 그 갈등이 해소되면서 관객들에게 카타르시스를 준다. 특히 이탈리아 오페라에서 갈등은 연인의 배신이나 사랑을 빼앗겨 생기는 원한과 분노에서 생긴다. 따라서 이러한 오페라에서 역을 맡은 배우(가수)들은 격한 감정을 드라마틱하게 쏟아내야 한다. 그러나 중국의 경극은 어떠한가? 경극 배우들은 화장의 색깔로 그 배역의 인품이 어떠한지를 말해 주며, 마치 인형처럼 한 가지 표정만을 가지고 있다(영화 속에서 취루바이는 "배우가 자신의 감정을 숨기기 위해 진한 화장을 한다"고 말하기도 했다). 경극의 서술 구조도 갈등의 '전개, 발전, 그리고 해소'라는 서양식 서술 구조를 일률적으로 따르지는 않는다. 즉, 경극에서는 배우들이 자신의 감정을 폭발하듯 표현하지 않는다. 관객과 미리 약속된 동작으로 상황을 설명하기 위해서 과장된 연기를 할 때도 있지만, 한 가지 표정만을 가지고 있는 경극 배우들은 절제된 손끝 동작과 눈빛으로 관객들에게 자신의 감정을 이야기한다. 이렇듯 무표정한 배우의 얼굴에서 여러 다른 감정들을 읽어 내는 것이 바로 경극의 묘미인 듯하다.

영화에서 매란방은 그의 일생에서 네 번의 큰 고비를 맞는다. 첫 번째는 당시 최고의 경극 배우였던 스산엔(十三燕)과의 연기 대결이었고, 두 번째는 멍샤오동과의 만남과 이별, 세 번째는 미국 공연, 그리고 네 번째는 일본군의 협박이었다. 스산엔과의 첫날 대결에서 졌을 때, 매란방은 조금도 조급해하지 않았고, 자신의 방법(경극의 새로운 해석과 시도)에 대한 확신을 가지고 있었다. 모두가 걱정했던 미국 공연에서도 그는 의연했다. 그의 이런 무대 밖에서의 의연함은 무대 위의 연기에서도 그대로 묻어났다. 취루바이가 언급했듯이, "삶이 진실해야 연기가 진실할 수 있다"는 것을 그는 몸소 보여 주었다. 그러나 멍샤오동을 만나고 매란방은 처음으로 배우로서의 삶과 평범한 인간으로서의 삶 사이에서 고뇌했다.

영화 〈레이〉(Ray)의 레이 찰스, 〈앙코르〉(Walk the Line)의 쟈니 캐시, 그리고 〈라비 앙 로즈〉(La Vie en Rose)의 에디트 피아프, 이 세 명의 실존 가수들도 무대 밖에서 모두 방황했었다. 어린 시절 엄마에게 버림받았던 피아프는 가수로 성공한 뒤 사랑하는 연인을 잃고 크게 절망했다. 레이와 캐시는 무대 밖에서의 외로움을 잊기 위해 마약과 술에 탐닉하다가 위기를 맞았다. 그러면 고뇌하던 매란방은 어떻게 되었는가? 매란방의 배우로서의 길을 방해하지 않기 위해 멍샤오동은 멀리 떠나기로 하는데, 매란방은 그녀와의 이별을 안타까워했지만 묵묵히 받아들였다. 그가 큰 고통없이 그녀와의 이별을 극복할 수 있었던 이유는 무엇이었을까?

매란방이 위에서 열거한 세 명의 서양인 가수들과는 달리 고독을 견딜 수 있을 만큼 강인했던 이유는 무엇일까? 앞에서도 언급했듯이 그는 매우 이성적인 인물이었기 때문에 어려운 고비들을 극복할 수 있었을 것이다. 매란방은 새로운 지식의 습득에 게을리 하지 않았고, 관객이 무엇을 원하는지를 이해하고 경극을 새롭게 해석하고자 노력했다. 무엇보다도 그는 다른 모든 이들을 실망시키지 않으려고 항상 노력했다. 그의 이런 외유내강적이고 이성적인 강인함은 후에 일본군에 저항하여 배우로서 그리고 중국인으로서의 자존심을 지켜낸 힘이 되었다. 이런 의미에서 나는 첸카이커 감독이 매란방 역으로 여명(黎明)을 택한 것을 충분히 납득할 수 있었다. 여명은 부드럽고 섬세한 인상이지만 〈패왕별희〉의 장국영(張國榮)처럼 우수에 찬 슬픈 눈빛을 하고 있지는 않기 때문이다.

멍샤오동은 미국 공연을 앞둔 매란방을 떠나면서 그에게 "두려워하지 말라"고 짧게 쓴 편지를 남겼다. 무엇을 두려워하지 말라는 것인가? 고독한 배우의 삶을 두려워하지 말라는 것인가? 멍샤오동의 걱정과는 달리, 매란방은 어느 한 순간도 두려워하지 않았다. 백부가 그에게 남긴 유언은 "경극을 하지 말라. 그러나 두렵지 않거든 한번 해보라"는 것이었다. 어린 시절 경극의 길을 택할 때 그는 두려워하지 않았고, 계속 두려워하지 않기 위해 끊임없이 자신을 절제하려고 노력했다. 매란방에게는 다행스럽게도 그를 떠난 멍샤오동이나 묵묵히 그를 뒷바라지해 준 부인도 자기 절제가 뛰어난 의지의 여인들이었다. 오히려 신식교육을 받은 지식인이었던 취루바이가 매란방의 성공에 지나치게 집착할 뿐이었다. 경극을 타파해야 할 구습이라고까지 생각했다가 매란방의 연기를 본 후 자신이 가진 모든 것을 버리고 매란방의 성공에 헌신했기에 그의 집착도 어느 정도 이해할 만했다.

매란방은 일본군의 협박을 받았을 때 망설이지 않고 그들과 맞섰고, 예술가로서의 자존심을 지켜냈다. 그리고 일본군이 물러가자 그를 기다리던 관객을 위해 그는 다시 무대에 올랐다. 결국 그가 지켜낸 것은 그 자신이 아니라 경극 그 자체였고 경극을 연기하는 예술가의 자존심이었다. 이것은 그의 백부와 그의 선배 배우 스산얀의 유언이기도 했는데, 이런 그의 노력 덕분인지, 한국인인 내가 부러워할 정도로 지금도 중국 사람들은 경극을 즐기며 아끼고 있다.

영화 〈패왕별희〉가 준 영향이 너무 커서, 경극이라고 하면 나는 왠지 슬픈 기분이 들곤 했다. 홍콩 출신의 세계적인 배우 성룡이 경극 배우 출신이라는 사실을 알게 되었을 때, 무대 위에서 남에게 즐거움을 주려고 항상 노력하는 그가 어린 시절 겪었을 그 혹독한 훈련이 떠올라 숙연해지기도 했다. 과거 매란방의 백부나 스산엔이 걱정했던 것과는 달리, 지금은 연예인에 대한 사회적 지위는 크게 향상되었다. 한국에는 많은 청소년들이 연예인이 되고자 옛날로 치면 경극학교라고 할 수 있는 '연예기획사'로 몰리고 있고, 거기에서 매일 구슬땀을 흘리며 연습에 열중하고 있다. 무엇보다도 그들에게 필요한 것은 매란방이 보여 주었던 바로 그 '두려워하지 않는 자세'일 것이다.

세상과 소통하기

스쿠터를 타는 여자

홍콩에 살면서도 불과 몇 해 전에야 이웃 대만을 방문할 기회가 있었다. 홍콩 사람들은 먹거리를 즐기러 대만에 자주 가는데, 처음 가 보는 나에겐 많은 볼거리가 있어 흥미로운 여행이었다. 대만의 많은 볼거리 중 한 가지는 젊은이들이 스쿠터를 타는 광경이었다. 그동안 내가 경험했던 도시들 어디에서도 스쿠터를 타는 여성은 흔치 않은 모습이었는데, 스쿠터 대열에 당당히 합류한 대만의 젊은 여성들을 보고 나는 깊은 인상을 받았다.

스쿠터를 타는 여자라고 하면 당연히 고전영화 〈로마의 휴일〉을 떠올리지 않을 수 없다. 이 영화에서 로마를 방문한 어느 왕국의 공주는 그녀의 긴 머리카락을 싹둑 잘라 버린 후, 스쿠터를 타고 로마 시내를 활주하며 모처럼 맞은 자유를 만끽했다. 다시 그 영화 속 장면들을 하나씩 떠올려 보니, 그 공주는 혼자서 스쿠터 타기가 쉽지 않아 좌충우돌했고, 결국 미국인 기자가 모는 스쿠터의 뒷자리에 앉아 그에게 모든 것을 의지했다. 그런데 대만에 와 보니, 젊은 여성들이 혼자서 스쿠터를 타고 제 갈 길로 거침없이 달리고 있는 것이 아닌가! 나는 그들의 이런 모습에서 지존의 그 공주도 보여 주지 못했던 강한 자립심을 볼 수 있었다. 내가 이번에 본 〈청설〉(聽說)이란 영화도 바로 이런 자립심이 강한 대만의 어느 젊은 여자에 대한 이야기이다.

영화의 주인공 양양[秧秧]은 언니 샤오펑[小朋]과 단둘이서 살고 있다. 두 자매의 어머니는 일찍 세상을 떴고, 선교사인 아버지는 아프리카 파견 중이라, 두 자매는 부모의 도움 없이 자립해야 하는 상황이다. 게다가 언니 샤오펑은 청각장애인이고 지금은 장애인올림픽 수영 종목 출전을 목표로 열심히 훈련 중이다. 따라서 집안 살림을 꾸려나가야 하는 막중한 책임을 어린 양양이 떠맡고 있다. 그러던 어느 날, 바쁜 일과 중 짬을 내어 언니 샤오펑을 응원하러 수영장을 찾은 양양은 그곳에서 티엔쿠오(天闊)라는 청년을 만나게 된다. 식당을 하는 부모를 돕고 있는 티엔쿠오는 청각장애인들을 위해 그 수영장으로 도시락 배달을 온 것이다. 얼마 후 양양은 허겁지겁 다시 일하러 가기 위해 스쿠터를 몰던 중 그만 넘어져 다치고, 마침 뒤따라 나오던 티엔쿠오가 그녀를 자신의 스쿠터에 태워 병원으로 데려다 주면서 두 사람의 인연은 시작된다. 그런데 양양과 티엔쿠어는 서로가 청각장애인이라고 오해하고 있어, 둘은 만나서는 수화로, 헤어져서는 컴퓨터의 메신저나 휴대폰의 SMS로 대화한다.

소통

자신이 장애인이었던 헬렌 켈러는 "눈이 멀면 사물로부터 멀어지게 되고, 귀가 멀면 사람들로부터 멀어지게 된다"라는 말을 남겼다. 이는 "대화가 없으면 사람들로부터 격리된다"는 의미일 것이다. 그런데 중국인이나 한국인의 언어습관으로는 청력이 좋다고 해서 반드시 타인과 원활한 의사소통을 할 수 있는 것은 아니다. 서양에서는 자신의 감정을 솔직히 표현하는 것을 당연히 여기며,

실제 그들의 언어습관도 매우 구체적으로 자신의 의사를 표현한다. 이에 비하면 중국식(또한 한국식) 의사 표현은 참으로 느슨하여 자주 모호하기조차 하다. 그래서 '언불진의'(言不盡意)라고 해야 할 정도로, 말만으로는 화자의 속뜻을 정확히 헤아리기 어렵고, 앞뒤 문맥과 정황을 잘 파악해야만 한다. 즉, 귀가 잘 들린다고 해서 남의 말을 잘 알아듣는다고 할 수 없다는 것이고, 행간에 숨겨져 있는 속뜻을 이해할 수 있는 통찰력이 필요하다. 또한 상대를 배려하는 이심전심의 혜안도 갖추어야 상대에게 실례를 범하거나 상처 주는 일을 피할 수 있게 된다.

샤오펑이 (수화를 못하는) 수영코치의 설명을 다른 청각장애인 동료에게 (수화로) 통역해 주는 것을 본 티엔쿠오는 양양에게 "샤오펑이 입술 모양을 읽을 수 있나?"라고 묻자, 양양은 "샤오펑은 말하는 사람의 표정을 읽고 그가 무슨 말을 하고자 하는지 짐작할 수 있다"라고 대답한다. 이는 샤오펑은 청각장애인이기는 하지만 남을 이해할 수 있는 통찰력이 있다는 것이다. 샤오펑이 가지고 있는 이러한 통찰력은, 과거 자신의 감정을 남에게 드러내지 말아야 했던 대만인(또한 중국인과 한국인)이 지녀야 했던 덕목이었다. 이런 점에서, 샤오펑은 이런저런 이유로 자신의 의견을 말할 수 없었던 '과거의 우리 자신'에 대한 일종의 은유인 셈이다. 즉, 샤오펑과 양양은 각각 '과거의 우리의 모습'과 '과거의 굴레에서 벗어나고자 하는 현재의 우리의 모습'이라고 해석할 수 있다.

과거와는 달리 지금은 '소통의 시대'라 한다. 휴대전화로 언제 어디서나 일대일 쌍방향 소통이 가능해졌고, 인터넷으로는 얼굴도 모르는 사람들과 다자 간의 소통도 가능해졌다. 그러나 불행히도 이러한 소통수단의 발전이 상호 간의 이해를 보장해 주지는 못하고 있다. 오히려 절제하지 않고 마구 쏟아내는 직접적인 감정의 표현들이 상대방에게 상처를 주기도 한다. 타인과 소통하기 위해서는 상대를 이해하고 배려하는 열린 자세가 필요한 것이지, 이런 저런 쓸데없는 말과 글이 필요한 것은 아니기 때문이다. 사정이 이렇다 보니 소통의 시대에 살면서도, 상대에게 상처 주지 않고 자신도 상처받지 않기 위해 오히려 남들과의 소통을 피하는 사람들이 많아졌고, (뒤에 자세히 설명하겠지만) 양양도 그들 중 한 사람이라 할 만하다.

양양은 티엔쿠오에게 그동안의 후의(공짜 도시락)에 대한 답례로 저녁밥값을 내려고 한다. 밥값을 내기 위해 양양이 거리 공연으로 번 동전을 세고 있는 동안, 붐비던 식당 안으로 새로 손님들이 들어오자, 티엔쿠오는 급한 마음에 그녀를 대신해서 밥값을 지불한다. 이에 양양은 자신이 무시당했다며 그에게 화를 내고는 집으로 돌아가 버린다. 한편, 양양이 티엔쿠오를 만나고 있던 동안, 샤오펑은 혼자 집에서 잠이 들었고, 이때 마침 이웃집에서 화재가 발생했다. 밖의 소란을 듣지 못하고 잠이 든 샤오펑은 연기에 질식되어 병원으로 후송된다. 뒤늦게 병원으로 달려온 양양은 자신의 무책임함을 자책하며 샤오펑에게 미안해한다. 이 사고 이후, 양양은 티엔쿠오를 피한다. 티엔쿠오가 자신을 무시했다고 생각하여 싫어진 것이 아니라, (그도 자신의 언니처럼 장애인이라고 믿고 있는) 양양은 자신이 그에게 해 줄 수 있는 것이 별로 없다고 생각하고 있기 때문이다.

양양과 연락이 되지 않자, 티엔쿠오는 그녀의 집으로 찾아온다. 그렇지만 양양은 문 뒤에 숨어 그를 만나주지 않는다. 티엔쿠오는 문 앞에 조그만 선물상자를 두고 돌아가는데, 그 안에는 '한쪽 다리'로 서 있는 물새 모양의 저금통이 들어 있다. 그동안은 고단한 하루하루를 보내느라 특별히 생각할 겨를이 없었지만, 이제 그가 두고 간 물새 저금통을 보면서 그녀는 그가 자신에게 어떤 존재인가를 곰곰이 생각하게 된다.

내 말 좀 들어봐

양양은 샤오펑이 화재 사고의 후유증으로 올림픽에 출전할 수 없다는 소식을 듣게 되자, 모든 것이 자신의 탓이라며 자책한다. 그러나 샤오펑은 오히려 양양에게 미안해한다. 그동안 자신을 위해 너무나 많은 것을 희생한 동생에게 아무 보답도 해줄 수 없게 되었기 때문이다. 이 영화에는 여러 종류의 사랑이 나온다. 먼저 티엔쿠오의 부모가 티엔쿠오에게 쏟는 자식사랑, 티엔쿠오가 양양에게 쏟는 이성에 대한 사랑, 양양과 샤오펑 간의 형제(자매)애, 그리고 양양의 아버지가 쏟는 (영화에서 묘사되지는 않지만) 신을 향한 사랑이 그것이다. 신에 대한 사랑이야 어쩔 수 없다고 하더라도, 인간들 간의 사랑은 상호 양방향이어야 받는 쪽에서 부담스럽지 않은 법이다. 티엔쿠오는 "사랑은 대가를 바라지 않는 것"이라고 말하곤 하지만, 그의 일방적인 호의를 양양은 부담스럽게 느낀다. 마찬가지로 양양의 헌신적인 희생도 언니 샤오펑을 부담스럽게 했다.

티엔쿠오의 부모가 그에게 쏟는 사랑도 일방적이지만, 그는 부모가 자신에게 쏟는 사랑에 대해서 별로 부담스러워하지 않는다. 이는 그가 아직은 자신의 부모에게 의지해도 될 만하다고 여길 정도로 부모 모두가 건재하기 때문이기도 하겠지만, 부모의 자식사랑은 원래가 일방적인 것이기 때문이기도 하다. 티엔쿠오의 상황과는 달리 부모가 부재 중인 상황에서, 양양은 언니 샤오펑에게 부모 역할을 했는데, 샤오펑의 입장에서는 그녀가 양양에게 기대하는 것은 자매간의 양방향적 사랑이지 부모의 일방적인 자식사랑 같은 것은 아니었다. 게다가 샤오펑이 부담없이 양양에게 의지하기에는 아직 양양은 너무 어리고 연약하다. 마찬가지로 양양이 티엔쿠오의 작은 호의에도 부담스러워했던 이유는, 그가 그녀의 도움이 필요한 사람이지 그녀에게 도움을 줄 수 있는 사람이 아니라고 생각했기 때문이다.

어쨌든 양양은 티엔쿠오나 언니 샤오펑과도 소통을 제대로 하지 못했다. 아니, 양양은 세상과 소통하는 데 적극적이지 않았다. 어린 나이에 큰 책임을 안고, 그 중압감으로 힘들어 했을 그녀가 선택한 방법은 '말없이' 그녀만의 조용한 세계 안에서 사는 것이었다. 집안의 유일한 동거인인 샤오펑과는 수화로 이야기할 수밖에 없고, 아프리카에 있는 아버지와는 팩스로 연락을 하고, 가끔씩 찾아오는 티엔쿠오와는 수화로 이야기한다. 또한 돈벌이로 하는 거리공연에서도 그녀가 하는 역할은 '말없이 춤추는 인형'이다. 그녀는 장애인은 아니지만 타인들과 적극적으로 대화를 하지 않았고, 귀가 멀지 않았지만 결국 사람들로부터 멀어져 버리고 말았다. 즉, 그녀는 소통능력이 없어 소통을 못한 것이 아니라, 소통하고자 하지 않았기 때문에 그 능력이 퇴화해버린 것이다.

샤오펑은 양양이 자신의 뒷바라지 때문에 티엔쿠오와의 사랑도 포기하려는 것을 알고는, "계절이 바뀌면 떠나는 물새처럼 너도 떠나야 하고, 그것이 나의 자립을 돕는 일이다"라고 말한다. 이제 양양은 언니 샤오펑이 진정으로 원하는 것은 '자립'이라는 것을 깨닫게 되었고, 또한 자신도 이제 가족(샤오펑)의 그늘(보호와 굴레)에서 벗어나 자립해야 한다는 것을 깨닫게 된다.

며칠 후, 양양은 오랜만에 티엔쿠오와 재회하는데, 그가 혼잣말로 자신을 좋아한다는 말을 하는 것을 우연히 듣고는, 그가 장애인이 아니었다는 것을 알게 되고, 그가 진심으로 자신을 아껴주는 사람이라는 것 또한 알게 된다. 샤오펑과는 대화를 통해 오해가 풀렸지만, 티엔쿠오와는 대화가 아닌 그의 혼잣말을 우연히 듣는 것을 통해 오해가 풀린 것이다. 이는, 내가 말을 하지 않고, 상대방의 말을 조금 더 주의 깊게 듣는다면 많은 오해가 풀릴 수 있다는 것을 상징적으로 보여주는 듯하다.

티엔쿠오의 부모에게 정식으로 인사하러 그의 집으로 가는 길에 양양은 그가 모는 스쿠터의 뒤에 앉아 그의 등에 기댄다. 이제 그녀에게 의지할 수 있는 사람이 새로 생겼다는 것이리라. 그리고 그의 부모와 만난 자리에서 양양은 드디어 수화가 아닌 목소리로 '말문'을 연다. 말문과 함께 그녀의 마음의 문도 열릴 것이다.

〈로마의 휴일〉에서 궁으로 돌아간 공주는 사랑의 결실을 맺지는 못했지만, 그 이틀 간의 휴일로 그녀는 좀더 성숙해질 수 있었다. 왜냐하면, 그녀는 그동안 궁에서는 배울 수 없었던 타인, 즉 세상과 소통하는 법을 배웠기 때문이다. 마찬가지로 양양은, 샤오펑을 통해서는 가까이 있는 사람과는 조금 거리를 두는 법을, 그리고 티엔쿠오를 통해서는 멀리 있는 사람과는 가까워지는 법을 배웠고, 이를 통해 더 낯선 세상과의 소통도 할 수 있게 될 것이다. 그리고 이것이 바로 '혼자 서는' 방법인 것이다. 다시 말하자면, 세상과의 소통이 없이는 진정한 의미에서의 자립을 이룰 수 없다는 것이고, 진정한 의미의 세상과의 소통이란 가족을 포함한 '타인과의 수평적인 소통'을 의미한다는 것이다.

일상과 판타지

평범한 사람들의 일상

홍콩 사람들과 홍콩 문화를 잘 이해하기 위해선 꼭 봐야 한다며 지난 몇 개월 동안 다수의 홍콩 지인들이 〈크로싱 헤네시〉(Crossing Hennessy, 月滿軒尼詩)라는 영화를 추천했다. (제목의 '헤네시'는 홍콩의 완차이[灣仔]라는 유명 지역의 대표적인 거리로, 서울의 종로나 청계천과 비슷한 곳이라 할 수 있다). 이 영화는, 초능력을 가진 영웅이 거대한 음모로부터 우리를 지켜주거나 불굴의 의지를 가진 주인공이 무언가를 이루어 내지도 않으며, 그렇다고 커다란 사회변화의 소용돌이 속에서 속절없이 당하는 힘없는 사람들의 모습을 보여 주지도 않는다. 단지 평범한 일상을 살아가는 평범한 홍콩 사람들의 모습이 있을 뿐인데, 이것이 홍콩의 지인들이 외국인인 나에게 이 영화를 추천해 준 이유일 것이다.

우리가 매일 반복하는 일상이란, 생계를 위해 해야 하는 일들과 그 사이 막간을 때우는 일들로 이루어져 있다. 홍콩섬과 카우룽반도를 오가는 스타페리(Star Ferry, 관광객들에게 인기가 많은 홍콩의 명물로, 대략 10분정도 소요되는 거리에, 요금은 편도 300원 정도 한다)를 타면, 반바지 차림의 관광객들은 쉼없이 카메라 셔터를 눌러 대지만, 이와는 대조적으로 홍콩 현지인들은 무심히 바다만을 바라볼 뿐이다. 찬란한 햇살 아래 푸른 파도를 가로지르는 이 항해가 홍콩인들에게 짜릿함을 주지 못하는 이유는, 그것이 그들에게는 일상의 일부분이기 때문이다. 이렇듯 아무리 흥미진진한 일이라고도 그것이 일상이 되어 버리고 나면, 우리는 그것에 무료함을 느낀다. 이러한 일상에서 오는 무료함을 조금이나마 달래기 위해서는 여행을 떠나 우리 자신이 반바지 차림의 관광객이 되든가, 그것이 여의치 않다면 잠시 멍하니 공상(空想)에라도 빠져야 할 것이다.

일상은 무료한 것이지만, 다행인지 불행인지 우리의 인생은 그다지 단조롭지만은 않게 전개되곤 하는데, 그 이유는 크고 작은 사건들이 예상치 못한 상황에서 일어나기 때문이다. 그런데 우리의 일상에 변화를 주는 사건들이란, 결국은 새로운 사람과의 만남이나 또는 알고 있는 사람과의 헤어짐에 관한 것이 대부분을 차지한다. 이 영화의 원작을 직접 쓴 아이비 호(岸西) 감독이 〈크로싱 헤네시〉를 통해 보여 주고자 한 것도 평범한 일상을 살아가는 우리들이 마주칠 수 있는 '맘대로 잘 되지 않는' 만남과 헤어짐에 관한 것이다. (호 감독은 영화 〈첨밀밀〉의 시나리오를 공동으로 썼던 작가이기도 하다.)

영화의 남자주인공 로이[阿來]는 사십 대 초반의 미혼이고, 십여 년 전 아버지를 여의고 홀어머니와 큰이모와 같이 살고 있다. 로이는 가전제품 대리점을 운영하는 어머니를 돕고 있으며, 집안일은 어머니를 대신해서 미혼인 큰이모가 도맡고 있다. 한편, 삼십대 초반의 여자주인공 아이린(愛蓮)은 부모를 일찍이 여의고, 건축자재 대리점을 하는 외삼촌 가족과 함께 살고 있다.

영화 제목이 암시하듯 홍콩의 완차이가 이 영화의 주요 배경인데, 이는 두 남녀 주인공이 각자 하루의 대부분의 시간을 보내는 두 상점이 위치한 곳이기 때문이다. 그런데 나는 이 영화를 보면서 새삼 완차이에는 홍콩이 자랑하는 그 흔한 (패션상품을 주로 취급하는) 고급 쇼핑몰이 별로 없다는 것을 깨달았다. 영화에 나오는 두 상점에서 거래되는 물건들은 각각 가전제품과 건축자재인데, 이는 정착해서 일상을 살아가는 현지인들을 위한 것들이지, 어쩌다 길을 잃고 헤매는 반바지 차림의 관광객들을 위한 것이 아니다. 즉, 완차이는 바로 홍콩인들이 일상을 살아가기 위해 필요한 공간이라는 것이다. 이런 점에서, 나와 같은 외국인이 홍콩에 정착하고 일상을 시작하기 위해서는 꼭 들러야 하는 이민국(入境事務處)이 국세청[稅務局] 건물과 나란히 완차이에 있다는 사실은 무척이나 상징적이다. (체류연장 허가를 받고 이민국을 나서게 되면, 헤네시까지 이르는 아주 기다란 육교와 마주하게 된다. 사람들로 항상 붐비는 그 다리 위를 걷다 보면, 마치 홍콩의 일상 속으로 빨려 들어가는 느낌을 받게 된다.)

영화의 이야기는 로이와 아이린이 맞선을 통해 처음 만나면서 시작되는데, 양가 가족이 모여서 둥근 탁자에 둘러 앉아 홍콩식 딤섬을 같이 하는 자리이다. (한국의 '맞선'은 '서로 미리(先) 본다'라는 의미이다. 중국에서는 이를 '상띠'[相睇]라고 하는데 이는 '서로 곁눈질로 힐끔 본다'는 의미이다. 따라서 상띠는 커다란 둥근 탁자에 둘러 앉아서 서로에게 차를 따라 주면서 곁눈질로 상대를 흘끔흘끔 보면서 해야 제격이다. 한국식으로 사각형 탁자에 양쪽 가족이 마주보며 앉는다면 어찌 상띠라고 할 수 있겠는가?) 그런데 맞선의 두 주인공 남녀는 마치 이런 의식조차도 이미 일상이 되어버린 듯 별 흥미가 없어 보인다.

애초부터 로이는 연애나 결혼에 관심이 없었다. 그가 아직까지 미혼인 이유는 어릴 때부터 오랫동안 사귀었던 친구이자 애인인 민루[敏如]가 다른 남자와 결혼한 이후로 여자나 결혼에 대한 관심이 없어져 버렸기 때문이다. 한편 아이린은 아슈[阿旭]라고 하는 남자와 사귀고 있다. 문제는 그녀의 외삼촌이 그와의 교제를 반대하고 있다는 것이다. 아슈는 다소 거칠고 반항적인데, 얼마 전 싸움에 휘말려 현재 감옥에 수감되어 있다.

맞선 이후 다시 만난 로이와 아이린은 솔직하게 각자의 속사정을 털어놓고 관계를 더 이상 진전시키지 않기로 한다. 그런데 두 사람은 한 가지 공통점을 발견하게 되는데, 그것은 둘 다 추리소설 읽기를 좋아한다는 것이다.

추리소설의 묘미는 소설의 마지막에 등장하는 반전(反轉)에 있다. 이 반전을 통해 범인이 누구인지 밝혀지고 주인공은 위기에서 벗어난다. 우리는 일상이 무료하거나 힘들수록 언젠가는 현실에서도 이런 반전이 일어날 것이라고 꿈꾸며 살아간다. 로이에게 일상은 재미없고 무료한 것이고, 그래서 그에게 추리소설은 그냥 시간을 때우기 위함이라 해야 할 것이다. 반면 아이린의 입장은 조금 다른데, 그녀에게 일상이란 무료함이라기보다는 외로움이고(그래서 더 고달프다), 이런 이유로 그녀에게 반전은 더욱 절실한 것이다. 이후, 아슈가 출감하고 그와 함께 시간을 보낼 때에도, 그녀는 추리소설책을 손에서 놓지 않는데, 이는 아슈조차도 고단한 일상으로부터 그녀를 벗어나게 해 주지 못한다는 것을 의미한다.

길들여지는 것

'맞선'을 영어로 굳이 번역하자면 'blind date'라고 해야 할 것이다. 서양인에게는, 전혀 모르는 사람과 만나 결혼 가능성에 대해 이것저것 알아본다는 것은 어쩌면 매우 '맹목적'인 행위로 보일 것이다. 그런데 옛날에는 부모의 결정에 따라 처음 보는 사람과도 결혼해야 했으니, 중국인이나 한국인의 입장에서는 이런 맞선도 따지고 보면 꽤나 민주적인 방식이라 하겠다.

옛날에는 전혀 모르는 사람과도 결혼했고, 소위 중매결혼이라는 풍습이 나름대로 오랫동안 유지되었다. 이것을 두고 한국 사람들은 "같이 살다 보면 서로 정이 든다"고 흔히들 말하곤 한다. 이 말은, 사막에 사는 여우가 멀리서 여행을 온 '어린 왕자'에게 해 준 말과 비슷한 구석이 있다. 중매결혼에 대해 별로 경험이 없었을 그 프랑스인 작가가 여우를 통해 한 말은, "서로 길들여지게 되면 서로는 없어서는 안 될 소중한 존재가 된다"라는 것이다.

그렇다면 '길들여진다'는 것은 무엇인가? 그 현명한 여우는 "시간을 쏟아야 한다"고 어린 왕자에게 말해 준 바 있다. 길들여진다는 것은 상대를—특히 상대의 아픔을—이해한다는 것이고, 그렇게 되기 위해서는 서로에게 시간을 쏟아야 한다는 것이다(물론, 시간을 많이 들인다고 해서 꼭 그렇게 된다는 것은 아니다). 이는, 사소한 것에 곧잘 흥분하여 감탄을 연발하는 관광객들처럼, 누군지도 모르는 사람에게 첫눈에 반하는 것은 길들여지는 것과 거리가 멀다는 의미이다. 일상을 살아가는 우리들에게 필요한 것은, 진심으로 우리의 아픔을 이해해 줄 수 있는 사람들이며, 그들로부터 우리는 무료하거나 고단한 일상을 살아갈 수 있는 힘을 얻는다. 처음엔 무덤덤하게 만났지만, 몇 번의 만남을 이어가면서 로이와 아이린은 서로의 아픔을 이해할 수 있게 되고, 이렇게 조금씩 서로에게 길들여지게 된다.

일상은 '그것에 익숙하다'는 점에서 '습관'과 비슷한 점이 있다. 그러나 습관은 우리가 웬만해서는 바꾸려 하지 않는 것이지만, 일상은 우리가 항상 벗어나고 싶어하는 것이란 점에서 그 둘은 전혀 다르다. 로이는 늦잠 자는 습관이 있는데, 늦잠을 자다 아버지의 임종을 지켜보지도 못했을 정도이다. 그는 이제 아침 일찍 일어나 조깅을 하며 오랜 습관을 고쳐 보려고 노력한다. 이렇듯 우리는 언젠가는 익숙했던 것들과 헤어져야 할 때가 있고, 이러한 헤어짐은 항상 쉽지 않다. 그리고 그것이 잠버릇처럼 단순한 습관이 아닌, '길들여져 있는' (그래서 자신에게 소중한) 사람이라면 그(그녀)와의 헤어짐은 무척이나 고통스러울 수밖에 없다.

어느 날 로이의 어머니는 그에게 불같이 화를 내다가 그만 쓰러져 병원으로 후송된다. 평소엔 잔소리가 심해 성가셨지만 그런 어머니도 그에겐 이미 길들여져 있는 소중한 존재이기 때문에, 그녀가 갑자기 그를 떠날 수 있다는 생각이 들자 로이는 몹시 힘들어한다.

길들여진 사람과의 헤어짐이 힘든 만큼, 아무리 노력해도 길들여지지 않는 사람과 함께하는 것도 힘든 일이다. 오랜만에 민루와 재회한 로이는 그녀가 이혼했다는 소식을 듣게 된다. 그녀가 이혼한 이유는 전남편에게 길들여지지 않았거나 그렇게 되는 것이 싫었기 때문일 것이고, 그녀가 옛 애인인 로이에게 다시 연락한 이유는, 그에게라면 길들여질 수 있다고 생각했기 때문일 것이다. 그러나 로이는 다시 돌아온 그녀에게 이제 그만 만나자고 말한다. 로이는 "다른 여자가 생겼다"고 그 이유를 대지만, "그냥 해 오던 대로 그럭저럭 살고 싶은데, 그렇게 하기가 왜 이렇게도 힘드냐"고 말하는 그의 넋두리 속에 진짜 이유가 숨겨져 있다. 즉, 로이는 더 이상 민루에게 길들여질 수 없다는 것을 깨달은 것이다. 한편, 아슈도 아이린을 떠나게 되는데, 그는 로이로부터 "나는 너와 달리 아이린을 웃게 할 수 있다"는 말을 듣고는, 그녀가 자신에게 길들여지려고 노력했지만 잘 되지 않아 힘들어하고 있다는 것을 깨닫게 되었기 때문이다.

가족의 탄생

이 영화를 통해 보여지는 평범한 홍콩 사람들의 살아가는 모습들 중 외국인인 나의 눈에는 그다지 평범해 보이지 않는 것이 하나 있다. 그것은, 이 영화에서는 어린 아이들의 모습을 볼 수 없다는 것이다. 이 영화에는 여러 가지 이유로 독신이 되어 버린 인물들로 가득하다. 홍콩인들은 결혼은 점점 더 늦게 하고, 아이는 점점 더 적게 낳고 있다. 이제는 한 가족 모두가 모여 식당에 가도 둥그런 테이블 하나를 채우지 못할 정도가 되었다. 물론 이런 이유는 경쟁이 치열한 홍콩 사회에서 살아남기 위해서 어쩔 수 없이 생업에만 열중해야 하기 때문이다. 예전엔 사랑도 없이 전혀 모르는 사람과 결혼해야 했다면, 지금 홍콩에선 사랑은 있지만 결혼은 하기 힘든 상황이라는 것이고, 그래서 홍콩인의 일상은 더욱 무료하고 고단하다.

병원에서 퇴원한 로이의 어머니는 오랫동안 친하게 지내왔던

회계사(그는 아이 대신 애완견 한 마리를 애지중지 키운다)와 서둘러 재혼을 한다. 이런 황혼의 나이에 하는 재혼은 홍콩뿐 아니라 다른 사회에서도 흔치 않은 일이지만, 아마도 이런 설정을 통해 호 감독은 홍콩 사람들에게 꼭 당부하고 싶은 말이 있었던 모양이다: 이제 웬만하면 더 이상 늦추지 말고 결혼하라고. 아니, 인생을 좀 더 즐겨보라고. 피로연이 끝나자 로이는 한걸음에 달려가 (어디 마땅히 갈 곳이 없어 늘 혼자서) 찻집에서 책을 읽고 있는 아이린을 찾는다. 두 사람의 사랑이 어떻게 결론지어질지 모르지만, 그 둘은 서로에게 좀 더 길들여질 것이고, 언젠가는 추리소설을 읽지 않아도 일상을 그럭저럭 잘 지낼 수 있게 될 것이다.

영화에서 로이는 한 인도계 잠복근무 형사와 여러 번 조우하는데, 이는 그의 추리소설에나 존재했던 판타지가 현실의 일부가 되어 버렸다는 것을 상징한다. 그리고 영화의 마지막에 그 형사가 인도식 평상복을 입고 부인과 함께 헤네시 거리를 걷는 장면이 나오는데, 이는 이제 판타지가 끝나고 일상으로 돌아와 가족과 함께한다는 것을 암시한다. 이 영화의 특이하고도 재미있는 점은, 이 영화는 우리의 평범한 일상에 대해 이야기하면서 관객들에게 어떠한 판타지도 주지 않지만, 정작 영화 속 인물들은 그들의 일상에서 벗어나기 위해 판타지가 필요했다는 역설적인 상황이다.

추리소설이 아닌 대부분의 일반적인 소설은 우리의 평범한 삶의 옹호자로서, 우리의 일상적 현실을 이야기한다. 그러나 소설보다 상업성에 더욱 민감할 수밖에 없는 영화는, 비범한 인물을 등장시키거나 아니면 평범한 인물을 비정상적인 상황에 놓는 경우가 많다. 〈크로싱 헤네시〉는 영화로서는 드물게 평범한 인물들의 평범한 일상에 관한 이야기를 다루고 있다. 우리가 우리의 일상에 대한 이야기에 재미를 느끼는 이유가 있다면, 그것은 영화 (또는 소설) 속 인물들이 겪는 아픔이 우리가 경험했던 일이거나 또는 앞으로 일어날 수도 있다는 사실을 통해서 위안을 찾을 수 있기 때문이다. 이것은, 우리에게 필요한 위안은 우리가 일상에서 마주치는 사람들(대부분의 경우, 가족)로부터 얻을 수 있는 것이지, 현실을 잠시 잊게 해주는 판타지를 통해서가 아니라는 것을 의미한다.

후기

나의 홍콩

역사적인 홍콩의 주권 이양(중국으로 반환)을 몇 달 앞둔 1997년 2월, 나는 처음 홍콩에 왔다. 그리고 2000년 약 일 년간 싱가포르에서 산 때를 제외하고는 지난 십여 년을 이곳 홍콩에서 살고 있다. 내가 한국을 떠날 당시 한국의 국가적 화두는 '국제화, 세계화'였고, 그러한 때 가장 국제화된 도시인 홍콩에서 새 삶을 시작하게 되었으니 우려보다는 기대감이 훨씬 컸다.

내가 받은 홍콩의 첫인상은 후덥지근한 날씨였다. 겨울이면 집집마다 가습기가 필요한 한국에서 살다가, 이젠 거꾸로 제습기(除濕機)가 필요한 홍콩의 날씨에 익숙해져야만 했다. 역사적으로 많은 문학비평가들이 기후와 풍토가 그 나라와 민족의 문화와 사상에 영향을 준다고 했다. 그렇다면 홍콩 사람들은 한국 사람들과 전혀 다른 사람들일까? 아침부터 무더운 날씨에도 불구하고 하얀 긴팔셔츠에 넥타이를 맨 직장 남성들과 화장기는 없지만 말끔한 정장 차림의 직장 여성들이 버스 정류장에서 줄을 서서 기다리는 모습을 보니, 이곳 사람들은 굉장히 인내심이 있어 보였다. 한국인인 내가 보기에 가장 부러웠던 홍콩의 '효율적인 시스템'은 이런 인내심 있는 시민들의 도움이 없이는 불가능하겠구나 하는 생각이 들었다.

홍콩 생활에 막 적응하기 시작할 무렵인 1997년 7월 홍콩의 주권이 중국으로 반환되었다. 텔레비전 뉴스를 통해 중국의 인민해방군이 이제 홍콩에 상주한다고 들었다. 그렇다면 이제 〈중경삼림〉의 금성무나 양조위와 같은 영화 주인공들이 앞으로는 경찰이 아니라 군인으로 그 역할을 바꾸지는 않을까? 홍콩 사람들은 이것을 어떻게 받아들이는지도 궁금했다. 불과 몇 년전(1989년)에 있었던 천안문사태의 충격에서 홍콩 사람들은 이제 회복된 것일까? 아니면 한국 사람들과는 달리 정치에 도통 무관심한 것일까? 이러한 일련의 역사적인 사건들을 동요 없이 평온하게 지켜보는 홍콩 사람들의 모습이 내게는 무척 인상적이었다.

주권 반환 이후, 유독 홍콩에 많은 위기가 닥쳤다. 먼저 아시아 금융위기가 왔고, 조류독감이 도시 전체를 떠들썩하게 만들더니, 2003년엔 사스(SARS)라는 사상 초유의 위기가 닥쳤다. 물론 홍콩 사람들이 슬기롭게 대처했지만, 중국 정부도 여러 가지 방법을 동원해 홍콩을 도와 이곳 시민들에게 후한 점수를 받았다. 그래서인지 홍콩 사람들은 이제 중국의 일부로서의 홍콩에 전혀 낯설어 하지 않는다. 사스 위기는 나에게도 일생일대의 커다란 사건이었다. 그때는 정들었던 홍콩을 떠나야 하는가 하고 걱정도 많이 했었지만, 어쨌든 위기가 끝났고 나도 생존자 중 한 사람이라는 사실에 엄청난 자신감을 갖게 되었다.

지난 십여 년간 홍콩에서 살면서 겪었던 가장 기분 좋은 사건 중 하나는 당연히 〈대장금〉으로 대표되는 한류이다. 처음 홍콩에 왔을 때는 이곳 사람들이 한국에 대해 너무도 무관심하여 나는 무척이나 섭섭했었다. 한국 사람이라고 하면, 많은 홍콩 사람들이 그것이 북한인지 아니면 남한인지를 구별조차 하지 못했고, 한국의 수도가 서울인지를 아는 이도 많지 않았다. 지금은 그야말로 격세지감이다. 간단한 한국말 인사를 할 수 있는 택시 기사나 상점 점원을 간간이 만날 수도 있으니 말이다. 대학에서 한국어와 한국 문화를 가르치던 나는 뿌듯했다. 한편으론 어린 시절 이소룡에 열광했던 나의 남편과 장만옥과 양조위를 좋아하여 홍콩 영화 팬이 된 나는, 영화를 비롯한 홍콩의 대중문화가 쇠퇴하는 것을 목격하며 안타까운 느낌이 들기도 했다. 홍콩의 현지인 동료들에게 1990년대 왕조현은 한국 청소년에게 가장 인기 있었던 연예인이었고, 주윤발이 한국의 텔레비전 광고에서 한국말로 "사랑해요"라고 말하곤 했다고 이야기해 주면 다들 믿지 못하겠다는 표정이다.

나에게 홍콩 생활의 즐거움이라면 먼저 홍콩의 아름다운 자연환경을 보고 즐길 수 있다는 것이다. 지금은 대기오염이 몇 년째 사회문제가 되고 있지만, 그래도 홍콩은 정말 아름다운 곳이다. 어디를 가도 바다가 보이고, 어디를 가도 나무가 울창한 산이 보인다. 이곳이 과연 인구 7백만 명의 국제금융도시인가 하고 묻고 싶을 정도로 홍콩은 아름다운 자연의 혜택을 받은 곳이다. 그리고 가끔씩 짜릿함을 느끼고 싶을 때면, 나는 2층버스(더블데커)를 타고 2층 맨 앞자리에 앉는다. 버스가 골목길과도 같은 완차이(灣仔)의 좁은 차도를 지날 때면, 마치 놀이동산의 롤러코스터를 타는 듯한 스릴을 느낄 수 있다. 처음 이런 버스를 탔을 때 나는 혹시 버스가 인도를 걷는 행인을 치지나 않을까 하고 조마조마했는데, 지금은 홍콩에서만 볼 수 있는 독특한 도시의 모습으로 즐길 수 있게

사진은 하이퐁로드(海防道)라는 곳으로, 항상 관광객들이 넘쳐나는 침사추이 지역에 위치하고 있다. 왼쪽의 구룡공원에서 뻗쳐 나온 나무들과 오른쪽의 번잡한 도심 빌딩들이 묘한 대조를 이루며, 마치 홍콩의 정체성을 보여주는 듯하다.

되었다. 아마 런던의 2층버스보다는 몇 배는 더 재미있을 것이다.

홍콩 사람들은 길에서 바삐 걷는다. 한국 사람들도 '빨리빨리'를 좋아하고 바쁘게 살지만 왠지 서두르는 듯한 모습인 반면, 홍콩 사람들은 빈틈이 없고 좀더 효율적으로 보인다. 나는 처음 홍콩에 와서 그 수많은 고층 빌딩들 대부분이 40층짜리 아파트라는 것을 알고는 깜짝 놀랐다. 홍콩은 땅은 좁고 사람들은 많아서 어디 한 곳도 낭비가 없다. 그래서인지 홍콩 사람들을 처음 보면 모두가 깍쟁이로 보인다. 그러나 제법 오랜 시간 이곳에 살면서 경험해 보니, 홍콩 사람들은 한국인의 기준으로도 꽤나 점잖은 사람들이라 할 수 있다. 또한, 숨가쁜 금융도시인데도, 한국보다 훨씬 자살률이 낮고 정신질환 발생 비율도 낮은 것을 보면, 홍콩은 어딘지 신비한 구석이 있다.

홍콩에서 내가 가장 아끼는 장소는, 쇼핑몰이 몰려 있고 관광객이 항상 넘쳐나는 침사추이(尖沙咀) 부근에 있다. 침사추이 지하철역에서 내려 하이펑로드(海方道)에서 칸톤로드(廣東道) 쪽으로 걷다 보면, 오른 쪽으로 구룡(九龍)공원의 아름드리 나무들이 가지를 뻗고 있는 장관을 볼 수 있는 곳이다. 바로 몇십 미터 앞에는 쇼핑몰들이 앞다투어 들어서 있는데, 족히 수백 년은 되어 보이는 거대한 나무들이 나란히 서 있는 모습을 보면, 마치 시계가 흘러내리는 달리의 그림처럼 초현실적으로 보이기조차 한다. 그렇다. 홍콩은 동양과 서양이 만났고, 이런 빌딩 숲속에 공원이 있고, 혼란스러움 속에 질서가 있는 곳이다. 홍콩을 떠나 싱가포르에 살던 시절, 내가 항상 그리워하던 바로 홍콩의 모습이기도 하다.

출전

1. 아시아인들의 문화적 선택

오리엔탈리즘은 극복되고 있는가 — 金惠媛, 文化的权力结构 - 中韩文化比较论之15, Hong Kong Literary (香港文學), Vol. 314: 44-46 (2011).

한류가 죽지 않는 이유 — 金惠媛, 大衆文化 - 中韓比較文化論之10, Hong Kong Literary (香港文學), Vol. 308: 80-82 (2010).

상상력이 부족한 한국인? — 金惠媛, 文化與文學 - 中韩文化比较论之16, Hong Kong Literary (香港文學), Vol. 315: 72-74 (2011).

박정희와 등소평 — 金惠媛, 文化与经济发展 - 中韓比較文化論之9, Hong Kong Literary (香港文學), Vol. 307: 44-46 (2010).

경마와 골프 — 金惠媛, 赛马和高尔夫, 中韓文化谈 : 146-151, 北京大學出版社, 中國 (2013. 1)

2. 언어와 문화

한국어와 중국어 — 金惠媛, 漢語和韓國語 - 中韓比較文化論之3, Hong Kong Literary (香港文學), 2009, Vol. 300: 73-75 (2009).

한국식 피클 — 金惠媛, 外来语和固有语 - 中韩文化比较论之19, Hong Kong Literary (香港文學), Vol. 318: 59-61 (2011).

쉬운 한글, 어려운 한국어 — 金惠媛, 话与文, 中韓文化谈 50-57, 北京大學出版社, 中國 (2013. 1)

3. 동아시아인의 사고방식

혼자 밥 먹지 못하는 한국인 — 金惠媛, 個人意識與團體意識 - 中韓比較文化論之5, Hong Kong Literary (香港文學), 2010, Vol. 303: 86-88 (2010); 金惠媛, 从韩国学发展过程看到的香港对韩国觀的变化, 韓中言語文化硏究, Vol. 21: 395-409 (2009).

제1호 공자학원 — 金惠媛, 第一號孔子學院 - 中韓比較文化論之6, Hong Kong Literary (香港文學), 2010, Vol. 304: 66-68 (2010).

교회 십자가와 마네키네코 — 金惠媛, 教会十字架与招财猫 - 中韓比

較文化論之7, Hong Kong Literary (香港文學), Vol. 305: 42-45 (2010).

기마민족 — 金惠媛, 騎馬民族 - 中韓比較文化論之12, Hong Kong Literary (香港文學), Vol. 310: 69-71 (2010).

우물 밖 세상 — 金惠媛, 紀行文 - 中韩文化比较论之17, Hong Kong Literary (香港文學), Vol. 316: 79-81 (2011).

4. 생활방식과 의식(儀式)에 나타나는 문화 차이

추석 풍경 : 송편과 월병 — 金惠媛, 月餠和松片 - 中韓比較文化論之1, Hong Kong Literary (香港文學), Vol. 298: 37-39 (2009).

강릉단오제를 위한 변명 — 金惠媛, 为江陵端午节的 辨解 - 中韓比較文化論之2, Hong Kong Literary (香港文學), Vol. 299: 74-76 (2009).

떡볶이연구소와 짜장면박물관 — 金惠媛, 炒糕研究所与炸酱面博物馆 - 中韓比較文化論之4, Hong Kong Literary (香港文學), 2010, Vol. 302: 84-87 (2010).

사합원과 한옥 — 金惠媛, 四合院和韓室 - 中韓比較文化論之11, Hong Kong Literary (香港文學), Vol. 309: 89-92 (2010).

중국에는 '두주불사'가 없다 — 金惠媛, 酒 - 中韓比較文化論之13, Hong Kong Literary (香港文學), Vol. 311: 78-80 (2010).

5. 문화를 통한 사회문제의 이해

'얼굴 공정'은 피할 수 없나 — 金惠媛, 学阀和外貌 -中韓比較文化論之8, Hong Kong Literary (香港文學), Vol. 306: 84-87 (2010).

장래 희망은 펀드매니저 — 金惠媛, 錢 - 中韩文化比较论之18, Hong Kong Literary (香港文學), Vol. 317: 80-82 (2011)

한중일 지방색의 차이 — 金惠媛, 地方色彩 - 中韩文化比较论之14, Hong Kong Literary (香港文學), Vol. 312: 70-72 (2010).

한국, 한국인의 인상 — 金惠媛, 韩国和韩国人, 中韓文化谈 : 152-156, 北京大學出版社, 中國 (2013. 1)

에필로그 — 김혜원(金惠媛), 남의 시선 의식하지 말고 자신만의 허영심 가져라, 동아일보(東亞日報), 한국, P29 (22 May 2012)

부록: 중국 영화 읽기

서유기 — 金惠媛, 天下無賊 - 韓國的人文學者 解讀中國電影 之一, Hong Kong Literature Monthly(城市文藝), 2009, Vol. 47: 81-84 (2009).

홍콩식 사랑이야기 — 金惠媛, 游龍戲鳳 - 韓國的人文學者解讀中國電影之二, Hong Kong Literature Quarterly(城市文藝), Vol. 48: 116-119 (2010).

홍콩 경찰 이야기 — 金惠媛, 香港警察故事 - 韓國的人文學者解讀中國電影之三, Hong Kong Literature Quarterly (城市文藝), 2010, Vol. 49: 77-81 (2010).

청두와 시인 — 金惠媛, 成都與詩人 - 韓國的人文學者解讀中國電影之四, Hong Kong Literature Quarterly(城市文藝), 2010, Vol. 50: 80-82 (2010).

어느 위대한 예술가의 삶 — 金惠媛, 一个伟大的艺术家的一生/梅兰芳 - 韓國的人文學者解讀中國電影之五, Hong Kong Literature Quarterly (城市文藝), 2010, Vol. 51: 80-83 (2010).

세상과 소통하기 — 金惠媛, 与外界沟通 - 韓國的人文學者解讀中國電影之六, Hong Kong Literature Quarterly(城市文藝), 2011, Vol. 52: 80-82 (2011).

일상과 판타지 — 金惠媛, 日常与空想, Hong Kong Literature Study (文學評論), Vol. 13: 105-108 (2011).

후기: 나의 홍콩 — 金惠媛, 我所看到的香港, Hong Kong Literature Monthly (城市文藝), 2009, Vol. 43: 56-58 (2009).

딤섬으로 점심 먹기

초판발행 2013년 3월 22일
초판 2쇄 2013년11월 25일

지은이 김혜원

펴낸곳 고려대학교출판부
www.kupress.com
kupress@korea.ac.kr
136-701 서울특별시 성북구
안암로 145
02-3290-4230, 4232
Fax 923-6311

찍은곳 (주)동화인쇄공사

ISBN 978-89-7641-814-2 03380

값 14,000원